Salam Pax

LET'S GET BOMBED

Salam Pax

LET'S GET BOMBED

Schöne Grüße aus Bagdad

Aus dem Englischen
von Charlotte Breuer und Norbert Möllemann

ECON

Die Originalausgabe erschien 2003 unter dem Titel *The Baghdad Blog* bei Atlantic Books Ltd. London

Econ Verlag
Der Econ Verlag ist ein Unternehmen der
Ullstein Heyne List GmbH & Co. KG, München

1. Auflage 2003

ISBN 3-430-17432-5

Gesetzt aus der Gill Sans bei Leingärtner, Nabburg
Druck und Bindung: Pustet, Regensburg
Printed in Germany

Der Westen beherrscht die Welt nicht durch die Überlegenheit seiner Ideen oder Werte oder Religion, sondern durch seine Überlegenheit in der Anwendung organisierter Gewalt. Westliche Bürger vergessen diese Tatsache häufig, nicht westliche nie …

Samuel P. Huntington

> Bagdad-Blog

Salam Pax ist ein Pseudonym. Der Autor lebt in Bagdad.

»Salam Pax ist ein außergewöhnlich talentierter Autor. Die Einzigartigkeit seines Standorts und seines Themas können dazu führen, dass man das übersieht. Mir war das allerdings sofort klar, als ich kurz vor Ausbruch des Krieges anfing, seine Texte zu lesen. Gerade weil Englisch nicht seine Muttersprache ist, kommen seine Beobachtungsgabe und sein Talent, sich auszudrücken, besonders zur Geltung. Indem er ›um seine sprachlichen Unsicherheiten herum‹ schreibt, trifft er den Nagel genau auf den Kopf.«
William Gibson

»Die lebendigste Darstellung des Irakkonflikts.« *Guardian*

»Salam Pax hat mehr als deutlich gemacht, wie unzulänglich die Berichterstattung der als ›embedded‹ bezeichneten Reporter ist. Sein Internettagebuch wurde zur Pflichtlektüre für jeden, der während der amerikanischen Invasion wissen wollte, was tatsächlich am Boden passierte.«
Globe and Mail (Kanada)

»Der verlässliche Chronist des Chaos.« *Der Spiegel*

»Ein geheimnisvoller Iraker, der sich ›Salam Pax‹ nennt und von Bagdad aus ein Internettagebuch führt, ist mit seinen Geschichten aus einer belagerten Stadt zu einer Internetberühmtheit geworden ... seine Website wird so oft besucht, dass der Server blockiert ist und sein E-Mail-Account wegen der zahlreichen Mails von Leuten, die ihn auffordern, seine Identität zu enthüllen, nicht mehr richtig funktioniert.« *La Stampa* (Italien)

»Salam Pax, der anonyme irakische Internetchronist, der während der US-Invasion geschwiegen hat, ist wieder da. Und gibt sich Mühe, den Rückstand aufzuholen ... Seine Berichte aus dem befreiten Bagdad sind faszinierend. Sie sind wesentlich besser als alles, was man in den Zeitungen liest. Was man sonst nie erfahren würde: Thuraya-Satelliten-Handys sind das ultimative Statussymbol in Bagdad, Exilanten, die sich die besten Immobilien unter den Nagel gerissen haben, werden zutiefst verachtet (Chalabi und seine Leute haben Salams Sportclub übernommen), aus Furcht vor amerikanischen Vergeltungsschlägen verscheuchen Einheimische die syrischen Fedajin, und Salam mag die Kommunisten, weil die wenigstens ehrlich sind. Einfach wunderbar.« Nick Denton

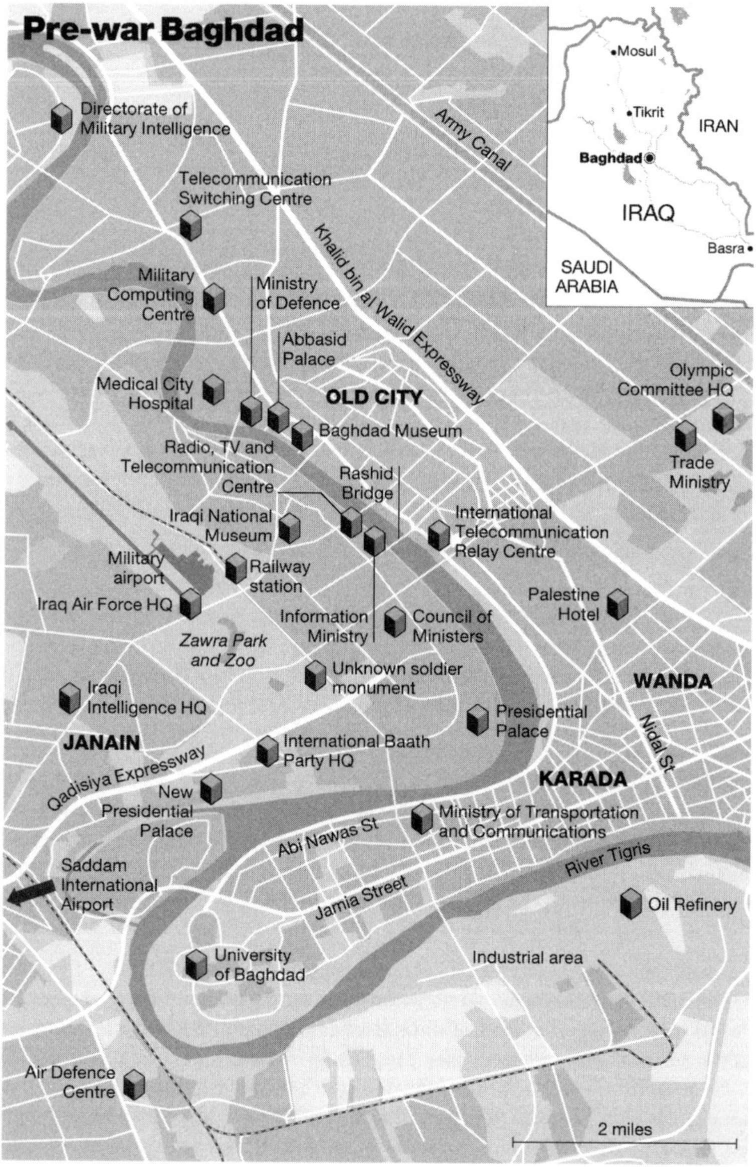

Pre-war Baghdad
Mosul
Tikrit
IRAN
Baghdad
IRAQ
Basra
SAUDI ARABIA
Directorate of Military Intelligence
Army Canal
Telecommunication Switching Centre
Khalid bin al Walid Expressway
Military Computing Centre
Ministry of Defence
Abbasid Palace
Medical City Hospital
OLD CITY
Olympic Committee HQ
Baghdad Museum
Trade Ministry
Radio, TV and Telecommunication Centre
Rashid Bridge
Iraqi National Museum
International Telecommunication Relay Centre
Military airport
Railway station
Iraq Air Force HQ
Palestine Hotel
Information Ministry
Council of Ministers
Zawra Park and Zoo
Unknown soldier monument
WANDA
Iraqi Intelligence HQ
Presidential Palace
JANAIN
International Baath Party HQ
Nidal St
Qadisiya Expressway
New Presidential Palace
KARADA
Ministry of Transportation and Communications
Abi Nawas St
Saddam International Airport
River Tigris
Jamia Street
Oil Refinery
University of Baghdad
Industrial area
Air Defence Centre
2 miles

Inhalt

Einleitung

Ich bin erst sehr spät auf »Where is Raed?« gestoßen, die Webseite mit dem mysteriösen Namen, auf der ein Großteil des Materials dieses Buches ursprünglich erschien. Etwa eine Woche, bevor die Bomben fielen (ich meine die letzten paar, wie Salam sich vielleicht ausdrücken würde), hatte ein Kollege mich per E-Mail auf ein bemerkenswertes Internettagebuch aufmerksam gemacht, das offenbar von einem gewieften jungen Iraker aus einem Vorort von Bagdad geführt wurde. Inzwischen erfreute sich Salam Pax bereits großer Beliebtheit bei der internationalen Gemeinde der Blogger – der stets wachsenden Anzahl von Computercracks, deren Schmähschriften, Gedanken und Banalitäten sich zu einem der interessantesten neuen Phänomene im Internet entwickelt haben. Salams Website wies mehr Links zu anderen Sites auf als jede andere, und im Web wurde lebhaft darüber diskutiert, wer hinter dem Pseudonym Salam Pax stecken könnte. Kaum hatte ich mich in die schrullige, messerscharf beschriebene Welt dieses Bloggers eingeloggt, wusste ich auch, warum. Salams Tagebuch war einfach das Erfrischendste und Spannendste, was man aus dem Irak zum Lesen bekam.

Zweierlei fiel mir sofort auf. Das Erste war die atemberaubende Respektlosigkeit gegenüber Saddams Regime. Während ausländische Journalisten beinahe einen Doktortitel in »Baathologie« brauchten, um in den ritualisierten Bezeugungen der Lehnstreue von gewöhnlichen Irakern irgendwelche Spuren einer abweichenden Meinung zu entdecken, behandelte Salam seine Regierung mit kaum verhüllter Verachtung. Das Zweite war die Erkenntnis, dass er genauso war wie wir. Wir hatten uns daran gewöhnt, die Iraker als arm, anti-westlich, teilweise hysterisch und als insgesamt anders anzusehen, und hier war plötzlich einer, der uns in perfektem Englisch ansprach, der auf David-Bowie-Texte abfuhr und das neue Album von »Massive Attack« mit derselben Ungeduld erwartete wie irgendein Fan aus Glastonbury. In einem meiner Lieblingseinträge wenige Tage vor Ausbruch des Krieges beschreibt Salam einen trotzigen Besuch in einem Musikladen und notiert anschließend voller Genugtuung, dass »›The Deftones‹ und ›Black Rebel Motorcycle Club‹ jetzt auch im CD-Regal von Radio Pax stehen«.

Und noch etwas machte den eindringlichen, subversiven Reiz dieses Tagebuchs aus: Es war, der Himmel möge mir verzeihen, total witzig. Anscheinend fand Salam ein außerordentliches Vergnügen daran, seine Zwangslage – und die seines Volkes – bis ins kleinste Detail zu beschreiben. Am 11. Februar berichtete er, nachdem er sich über den diplomatischen Stil von George Bush ausgelassen hatte, dass es DJs im englischsprachigen Radio in Bagdad verboten war, den Namen der Band »Bush« auszusprechen: »Sie müssen ihn buchstabieren: ›Be U Es Ha haben eine neue Single rausgebracht.‹ Ich wette, sämtliche DJs danken Gott dafür, dass es keine Band namens Schwartzkopf gibt.« Einige Wochen später verhöhnte er einen BBC-Reporter, der eine Bemerkung über Iraker gemacht hatte, die versuchten, die Normalität einigermaßen aufrechtzuerhalten. »Wie stellen Sie sich das denn vor? Sollen wir vielleicht laut jammernd durch die Straßen laufen? Der Krieg steht vor der Tür, aaaaaaaaaaaaaaahh!« Der Eintrag endete mit »andere normale Sachen, die wir diese Woche gemacht haben«. Auf der Liste stand unter anderem das Zukleben der Fenster, die Installation einer Handwasserpumpe und der Kauf von Gasmasken.

Unter den gegebenen Umständen war es nicht verwunderlich, dass manche meinten, der »Bagdad Blogger« sei einfach zu gut, um echt zu sein. Salams Lust am Spiel mit Worten – sein Pseudonym bedeutet »Friede« auf Arabisch und Latein, und seine Webadresse enthält das Palindrom »dearraed« – gab den Spekulationen zusätzlich Nahrung. Dass die Überzeugung derer, die glaubten, Salam sei ein Agent der Baath-Partei, dem Verdacht jener, die ihn für einen Mossad- oder CIA-Agenten hielten, in nichts nachstand, war einfach köstlich. Einige Internetbeobachter unterzogen Salams E-Mails ausgefuchsten technischen Untersuchungen, um herauszufinden, von wo er sie abschickte, andere führten ihre E-Mail-Kontakte zu ihm als Beweis für seine Glaubwürdigkeit an. Ich selbst hatte nie den geringsten Zweifel: Salams Tagebuchaufzeichnungen waren einfach zu detailgetreu und zu kenntnisreich – sie *rochen* förmlich nach Bagdad –, um etwas anderes als authentisch zu sein.

Salam hatte sein Internettagebuch ein halbes Jahr zuvor begonnen, um mit seinem Freund Raïd* in Kontakt zu bleiben, der nach Jordanien gezogen war. Nun war er offenbar völlig verblüfft darüber, wie viel Staub er damit aufwirbelte. Als ich ihn per E-Mail um die Erlaubnis bat, Auszüge aus seinem Tagebuch im *Guardian* zu veröffentlichen, schrieb er: »Hm. Das Ganze gerät allmählich außer Kontrolle, es wird viel zu sehr aufgeblasen und man schenkt ihm übertriebene Beachtung. Tun Sie, was Sie wollen. Aber machen Sie nicht so einen Riesenwirbel darum.« Am 24. März, zwei Tage nachdem der Angriff auf Bagdad begonnen hatte, veröffentlichten wir eine Passage aus Salams elektrisierender Beschreibung der Vorkriegsstimmung in der irakischen Hauptstadt. Sie endete mit den Worten: »18:05h. Noch zwei Stunden, bis die B52-Bomber Irak erreichen.«

Vier Tage lang kein Update – und dann, am 25. März, erschien ein knapper Bericht über die ersten Tage des Krieges. Von den üblichen Scherzen fehlte diesmal jede Spur. »Die Leute (und ich wette, auch die ›Alliierten‹) hatten sich das alles viel einfacher vorgestellt«, schrieb er. »Es gibt keine jubelnden Massen, die die Amerikaner empfangen, und sie ergeben sich auch nicht zu Tausenden. Die Leute tun, was wir alle tun: Sie sitzen zu Hause, hoffen, dass ihnen keine Bombe aufs Dach fällt, und halten die Türen geschlossen.«

Zu meinem Kummer meldete er sich für die Dauer des Krieges nicht mehr. Die E-Mails, die ich alle paar Tage an ihn schickte, blieben unbeantwortet. Ich schrieb an Diana Moon, die wundervolle New Yorker Bloggerin, die zu Salams engster Internet-Freundin geworden war, und bat sie, meine Nachrichten an ihn weiterzuleiten. Immer noch nichts. Wir hofften das Beste (dass er vorübergehend keinen Zugang zum Internet hatte) und fürchteten das Schlimmste (War er von Saddams Geheimdienst Mukhabarat aufgespürt worden? Von einer alliierten Bombe getroffen?).

Dann, einen Monat, nachdem Saddams Standbild auf dem Firdaus-Platz von seinem Sockel gerissen worden war, rumorte es im E-Mail-Buschfunk: Salam hatte sich mit ein bisschen Unterstützung von Diana Moon wieder zu Wort gemeldet. Zwar war ihm der Zugang zum Internet abhanden gekommen, nicht aber seine Angewohnheit zu bloggen. Während der Angriffe hatte er auf einem Laptop akri-

* Englische Schreibweise: Raed; daher auch das Palindrom DearRead (Anm. d. Übers.).

bisch festgehalten, wie sich der Krieg von seiner Vorortwohnung aus darstellte, die er in »Hotel Pax« umbenannt hatte, nachdem alle möglichen Verwandten dort Zuflucht gesucht hatten. Salams Tagebuchaufzeichnungen aus der Kriegszeit schwankten zwischen der ausgelassenen Beschwingtheit seiner früheren Blogs und einer düsteren Stimmung, die wir bislang nicht von ihm kannten.

Am 25. März schrieb er: »Der Ironie-des-Schicksals-Abteilung meines Lebens kann ich das unglaubliche Pech hinzufügen, dass ich, als ich mir einen Spielfilm anschauen wollte, weil ich die ewigen Nachrichten satt hatte, nur einen einzigen Film fand, den ich noch nicht in- und auswendig kannte, und zwar *The American President*. Kein Witz. Ein Freund hatte mir das Video vor Monaten geschenkt, ich hatte es mir jedoch nie angesehen. Gestern Abend hab ich's dann getan. Der amerikanische ›Präsidentenpalast‹ sieht ja gar nicht so schlecht aus. Aber Michael Douglas gibt als Präsident eine verdammt traurige Figur ab.« Salam fand außerdem Zeit, sich über seinen Heuschnupfen zu beklagen. Doch am 2. April blieb ihm nur die Kraft für ein paar Zeilen: »Bin eigentlich zu müde, verängstigt und ausgebrannt, um irgendwas zu schreiben. Ja, wir sind wieder rausgegangen, um nachzusehen, was getroffen wurde … Ich kann das Fernsehen und die Lügen in den Nachrichten nicht mehr ertragen. Keine guten Neuigkeiten, wohin man auch blickt.«

Neben der Bestätigung, dass er noch am Leben und gesund war, enthielt Salams Blog vom 7. Mai einen faszinierenden Hinweis auf seine Identität. Ganz beiläufig erwähnte er, dass sein enger Freund G., dessen Initial in Salams Blog regelmäßig auftaucht, in Bagdad für den *Guardian* als Übersetzer gearbeitet hatte. Sofort mailten wir sämtliche Korrespondenten des *Guardian* an, die aus der irakischen Hauptstadt berichtet hatten. Zwei von ihnen wussten tatsächlich, wer G. war – und nach etwa einer Woche war ein Treffen mit Salam selbst vereinbart. Das Interview, das er Rory McCarthy später gab, beantwortete viele Fragen, die seine zahllosen Fans beschäftigt hatten.

Wir erfuhren, dass er seine Kenntnisse der westlichen Kultur – sowie sein elegantes Englisch – zwei längeren Aufenthalten in Wien verdankte, wo er Architektur studierte. Wir erfuhren, dass er seine Blogs entweder in dem Architekturbüro, wo er arbeitete, ins Netz stellte oder in seinem mit CDs voll gestopften Zimmer, wo über dem Bett ein Poster von *The Matrix* hängt. Sein eigener Vater, so berichtete er McCarthy, hatte nichts von seinem heimlichen Web-Tagebuch geahnt, bis er eines Tages im Radio bei BBC World Service einen kurzen Bericht über den Blogger von Bagdad hörte und seinen Sohn zur Rede stellte. Mehr als einmal hatte er befürchtet, Saddams Geheimpolizei hätte ihn schließlich erwischt: »Ein paar Tage lang hab ich gedacht, jetzt ist es aus. Aber dann wartest du ein paar Tage ab, und nichts passiert, und dann sagst du dir: ›Okay, probieren wir's nochmal.‹ Blöde Risiken, immer wieder.«

Da es genug Leute in Bagdad gibt, die ihm seine Offenheit übel nehmen, bat Salam uns, ein letztes Puzzleteil geheim zu halten, nämlich seinen Familiennamen (Salam ist tatsächlich sein Vorname). Für uns kein Problem – aber andere zogen ihre eigenen Schlüsse. *New York Times*-Reporter Peter Maass schrieb einen denkwürdigen Artikel über den Augenblick, in dem er erkannte, dass er Salam Pax direkt vor der Nase gehabt hatte. »Ich lachte lauthals … ich kreischte. Salam Pax, der berühmteste und mysteriöseste Blogger der Welt, war mein Dolmetscher gewesen.«

Für ein Internetphänomen sehr ungewöhnlich, schaffte Salam den Sprung in die alten Medien mit einer 14-tägigen Kolumne für den *Guardian* (zwei davon sind in diesem Buch abgedruckt). Die Kolumnen, ob er nun über die politische Apathie der irakischen Studenten schimpft oder Verhaltensweisen britischer und amerikanischer Soldaten gegenüberstellt, beweisen denselben scharfsinnigen Blick fürs Detail und trockenen Witz, der Salams Blog zur Pflichtlektüre macht. In einer etwa macht er sich Gedanken über die vielen Tageszeitungen, die in der Stadt wie Pilze aus dem Boden schießen. »Es gibt zwei Fragen, die keiner beantworten kann: Wie viele politische Parteien gibt es heute im Irak? Und: Wie viele Zeitungen werden wöchentlich gedruckt? … Ich ziehe in Erwägung, eine eigene Zeitung herauszubringen: *Pax News – All the Rumours, All the Time*[+].«

Am Ende des Krieges war Salam weit über das Internet hinaus berühmt. Es gab Salam-Pax-T-Shirts und Salam-Pax-Kaffeetassen. Für Nick Denton war er die »Anne Frank des Krieges«, und Peter Maass fügte hinzu: »Und sein Elvis.« Aber seine wachsende Berühmtheit zog auch eine weniger willkommene Art der Aufmerksamkeit nach sich. Jene, die der Meinung waren, sein Blog sei allzu kri-

[+] »Pax News – Alle Gerüchte, jederzeit« (Anm. d. Übers.).

tisch gegenüber den »Befreiern« des Irak, ergingen sich in düsteren Anspielungen auf Verbindungen von Salams Eltern zur Baath-Partei. Irgendwann platzte Salam der Kragen, und er riet seinen Verleumdern, »irgendwo anders Agatha Christie zu spielen«. Seine Mutter, erklärte er, hatte im Erziehungsministerium als Soziologin gearbeitet und ihr Amt niedergelegt, als man ihr sagte, dass sie nur dann Karriere machen könne, wenn sie Parteimitglied würde. Sein Vater war ein hoch angesehener Wirtschaftswissenschaftler gewesen, der jedoch, vor dieselbe Wahl gestellt, eine ähnliche Entscheidung getroffen hatte. »Ihr verhaltet euch respektlos gegenüber den Leuten, die mir als Erste George Orwells *1984* in die Hand gedrückt haben ... verschleudert euren Dreck woanders!«

Bei der Besessenheit, mit der sich die Verschwörungstheoretiker auf die angebliche Regimetreue von Salams Familie stürzten, übersahen sie einen der faszinierendsten Aspekte seines Web-Tagebuchs völlig: Er versprüht sein Gift in *alle* Richtungen. Während der letzten Kriegstage beschimpfte er die Fedajin Saddam, Getreue der Baath-Partei, die versuchten, zur Verteidigung der Stadt Guerilla-Truppen aufzustellen, innerhalb weniger Zeilen als »sickos« (kranke Hirne), »chicken shit« (Feiglinge) und »creepy fucks« (widerliche Arschlöcher). Bringt er den Besatzern des Irak schon reichlich wenig Respekt entgegen, so zieht er deren irakischen Kritikern gegenüber noch schärfer vom Leder. Und wie ein wildes Tier, das uns daran erinnert, dass es keinesfalls die Absicht hat, sich zähmen zu lassen, hat sein Erfolg im Mainstream sein instinktives Bloggermisstrauen gegenüber uns Vertretern der alten Medien in keiner Weise geschmälert. Nach seinem Interview mit McCarthy notierte er in seinem Blog: »Ich habe meine Seele an den Teufel verkauft. Ich habe mit Rory vom *Guardian* gesprochen. Aber soll ich euch mal was sagen? Er hat für ein erstklassiges Essen in einem Laden mit Klimaanlage bezahlt, wo jede Menge Ausländer waren. Es hat Spaß gemacht, mit ihm zu quatschen, aber als Raïd mich nach dem ›talk‹ gesehen hat, meinte er, ich würde aussehen, als hätte mich jemand vergewaltigt. Ich hatte also offenbar ein paar Schuldgefühle. Aber die wurden von der kühlen Luft aus der Klimaanlage weggeblasen. Ja, so billig bin ich nun mal zu haben. Für eine gute Flasche Wein würde ich sogar meine Eltern verkaufen.«

Ian Katz
Guardian Features Editor

Vorwort

Mein Name ist Salam Pax, und ich bin blogsüchtig. Manche Leute schauen sich von morgens bis abends Seifenopern im Fernsehen an, ich lese Blogs. Ich folge ihren Hyperlinks. Geführt von Bloggern, reise ich durch das Web. Ich lasse mich gefangen nehmen von dem, was sie erzählen. Irgendwann verfolgte ich so viele Blogs gleichzeitig, dass ich sie mir in Gruppen einteilen musste: Einige las ich täglich, andere kamen jeweils an einem bestimmten Wochentag dran. Das Lesen von Blogs hat etwas Voyeuristisches, vor allem bei den wirklich persönlichen: Es ist alltägliches, banales Zeug und dadurch faszinierend. Blogs erlauben kleine Einblicke in das Leben anderer Menschen, die zum Teil erstaunliche Dinge erzählen. Es geht nicht um Politik, einfach nur um das, was die Leute erleben. Wie sie mit Schmerz oder Trauer umgehen, wie sie ihr Glück mit jedem teilen, der interessiert ist.

Und ich war interessiert. Wir hatten keinen Zugang zu Satelliten-TV, und Zeitschriften mussten ins Land geschmuggelt werden. Die Blogs eröffneten mir eine andere Welt. Satelliten-TV und das Internet standen auf Saddams Liste der Dinge, die den Charakter verderben. Wer eine Satellitenschüssel besaß, musste mit Gefängnis und einer saftigen Geldstrafe rechnen, weil die über Satelliten ausgestrahlten Sender uns angeblich nur den Kopf verdrehten und uns dazu verführten, schlimme Dinge zu tun. Sie verbreiteten unmoralische Werte. Saddam und seine Kumpane waren natürlich immun dagegen, und deswegen konnten sie so viel Satelliten-TV gucken, wie sie wollten. Dasselbe galt für das Internet. Während der Rest der Welt schon im Highspeed-Internet surfte, bläute man uns ein, das Internet sei völlig überbewertet. Als im Jahr 2000 dann das erste (staatlich betriebene) Internetzentrum aufmachte, waren die Leute alle ziemlich vorsichtig, weil man immer befürchten musste, sich Ärger einzuhandeln, wenn man beim Browsen auf einer neuen Site erwischt wurde.

Als wir ein Jahr später von zu Hause aus ins Internet gelangen konnten, veränderte sich unser Leben. Jetzt konnten wir nach Herzenslust browsen, ohne dass uns die Aufpasser im Internetzentrum dauernd über die Schulter schauten und wissen wollten, welche Site wir da mal wieder angeklickt hatten. Natürlich war das alles nicht ganz so einfach, denn es gab eine Firewall. Eine schwarze Seite mit großen, orangefarbenen Buchstaben: ZUGRIFF VERWEIGERT. Man musste ein Formular unterschreiben, in dem man erklärte, dass man Sites mit »unfreundlichem« Inhalt nicht öffnen und unverzüglich dem Systemadministrator melden würde. Bestimmte Suchbegriffe wurden blockiert, und es wurden tatsächlich ein paar Leute dazu abgestellt, die URL-Anfragen zu überprüfen, die über den offiziellen Server liefen. Das klingt ziemlich absurd, aber es ist wahr. Ich hatte einen Freund, der beim ISP (Internet Service Provider) arbeitete, und er hat mir immer erzählt, was im Geheimdienstraum los war. Manchmal, wenn Mr. Site-Killer sich mal wieder fürchterlich darüber aufregte, dass die Leute bei Google Informationen über Saddam und seine Söhne suchten, wurde Google kurzerhand blockiert, und dann dauerte es Tage, bis die Leute vom ISP ihn davon überzeugen konnten, dass nicht Google der Bösewicht ist und dass die Suchmaschine nichts mit den Inhalten zu tun hat, die die Leute suchen. Außerdem hatten wir keinen Zugang zu Sites, auf denen kostenlose E-Mail-Adressen oder kostenloser Web-Space angeboten wurde. Man musste den Mail-Account des ISP benutzen, und man konnte seine Funkmaus darauf verwetten, dass die Mails zensiert wurden. Aber das Schöne am Internet ist, dass es nicht statisch ist, es verändert sich dauernd. Es gibt immer wieder neue Sites, die alle möglichen Arten von Service anbieten, und die Leute, die für die Firewall verantwortlich waren, hatten nicht immer den optimalen Durchblick. Für die war das alles ebenso neu wie für uns, und es war ein ständiges Wettrennen. Wir benutzten einen bestimmten Mail-Service, bis die Site blockiert wurde, dann suchten wir uns einen neuen. Man musste bei der Auswahl seiner Suchbegriffe sehr kreativ sein und viel Geduld haben. Und für diejenigen, die ein bisschen gewiefter waren, bot das Internet einen unermesslichen Schatz an Tunneling-Software zum Downloaden, kleine Programme, die es einem ermöglichen, kleine Löcher in die Firewall zu bohren, durch die man Zugang zu blockierten Sites findet. Saddams Aufpasser wussten natürlich davon. Es war ein Katz-und-Maus-Spiel.

Bei einer dieser Suchaktionen entdeckte ich die Blogs. Durch die Blogs begann das Net auf eine viel persönlichere Weise mit mir zu sprechen. Kleine Nachrichtenschnipsel bekamen plötzlich eine andere Bedeutung, und erstaunlicherweise waren diese Blogs miteinander vernetzt. Dieser Hyperlink zum nächsten Blog? Ich konnte überhaupt nicht mehr aufhören, alles anzuklicken. Und das Beste daran war, dass Mr. Site-Killer keinen blassen Schimmer davon hatte. Ehrlich gesagt war es nicht unbedingt der Wunsch, mich der Welt mitzuteilen, was mich dazu brachte, mit dem Bloggen anzufangen. In erster Linie ging es mir darum, mit Raïd in Kontakt zu bleiben, meinem jordanischen Freund, der nach Amman zurückgekehrt war, nachdem wir unser Architekturstudium in Bagdad abgeschlossen hatten. Er ist ein lausiger E-Mail-Schreiber, er reagiert einfach nicht. Er beantwortet die Mails, die man ihm schickt, wenn man ihn das nächste Mal trifft. Statt ihm also E-Mails zu schreiben, die ich dann später wieder hätte ausgraben müssen, stand jetzt einfach alles in meinem Blog. Das war der Beginn von »Where is Raed?«✦. Ursprünglich lautete die URL where_is_raed.blogspot.com, und es war nichts weiter als ein alberner kleiner Blog für Raïd und mich. Ich habe mir nie Gedanken darüber gemacht, dass Saddams Leute, die das Web kontrollierten, den Blog entdecken könnten, denn er enthielt bloß belangloses, privates Zeugs. Eines Tages trug ich die Blog-Adresse auf einer Site, die Blogs auflistete, unter Irak ein, und das war meine erste unbesonnene Tat. Ich ließ mich dazu hinreißen, nachdem ich ein paar Tage lang nach arabischen Blogs gesucht und nur religiöse Sites gefunden hatte. Ich fand, die arabische Welt hatte es verdient, in der Blog-Sphäre ordentlich repräsentiert zu sein, und beschloss, mich als perversen Araber zu outen und die profane Seite zu vertreten – für den Fall, dass sich jemand dafür interessierte.

Nachdem ich meine Site in dieses Portal (eatonweb) eingetragen hatte, veränderte sich mein Blog. Zuerst erschien bei Legendary Monkey ein Link zu meinem Blog, dann bei Instapundit, einem Blog, der einem die Besucher scharenweise auf den Hals hetzen kann. An einem Tag sprang mein Site-Zähler von den üblichen 20 Besuchern pro Tag auf 3 000, und die kamen alle über Instapundit. Wenn ich mich recht erinnere, war das die Reaktion auf einen Kommentar,

✦ Siehe Fußnote S. 13.

den ich am zwölften Oktober gepostet und in dem ich den Plan der Amerikaner, den Irak anzugreifen, ein kolonialistisches Vorhaben genannt hatte. Ich war so richtig schön in Fahrt gewesen, hatte mir eine halbe Stunde lang meinen Ärger von der Seele geschrieben und wunderte mich nun, dass die Welt von mir Notiz nahm. Allerdings irritierte es mich ziemlich, dass die Leute, die mir schrieben, so taten, als sei ich der Sprecher des irakischen Volkes. Es gibt 25 Millionen Iraker, und ich bin nur einer davon. Mit der Aufmerksamkeit, die ich plötzlich genoss, kam die Angst, dass irgendjemand im Irak meinen Blog lesen könnte, weil ich mich damit auf Kriegs-Blog-Territorium begeben hatte. Aber Mr. Site-Killer blockierte meinen Blog nicht. Ich redete mir ein, dass Saddams Aufpasser nichts davon mitbekommen hatten. Die waren nicht gerade für ihre Geduld bekannt. Wenn die von meinem Blog wüssten, sagte ich mir, dann würde ich längst irgendwo mit dem Kopf nach unten an der Decke hängen und wegen regierungsfeindlicher Aktivitäten verhört werden.

Aber der Ärger fängt erst richtig an, sobald die großen Medien Wind von etwas bekommen, und das passierte, als der Blog und mein URL in einem Artikel bei Reuter erwähnt wurden. Ich bin total ausgeflippt. Ich habe E-Mails an Legendary Monkey+ geschrieben und Eve Tushnet++ gesagt, falls sie die Blogger Site blockierten, würde ich ihr mein Passwort geben, damit sie meine sämtlichen Archive löschen könnte. Drei Tage lang habe ich alle paar Stunden blogspot.com und blogger.com angeklickt, denn wenn diese Sites gesperrt würden, dessen war ich mir sicher, bedeutete das, dass man mir auf die Schliche gekommen war. Alles wurde noch schlimmer, als der Reuters-Artikel von anderen Medien verbreitet wurde. Schließlich merkte mein Bruder mir meine Aufregung an, und ich musste ihm alles erzählen. Er schimpfte mich einen Idioten, meinte, ich würde die ganze Familie in Gefahr bringen, womit er Recht hatte. Tagelang machte ich mir Vorwürfe. Dann wurde Blogger blockiert. Das war das ENDE. Mein Bruder und ich klickten blogger.com alle paar Stunden an. Aber die ZUGRIFF VERWEIGERT-Seite erschien immer noch nicht. Ich loggte mich ein, löschte das Archiv und setzte ein paar Tage lang nichts ins Netz. Zu meinem großen Leidwesen stellte ich fest, dass blogspot die Archive nicht löscht. Selbst wenn

+ Host der Website vaspider.surreally.net/suddennothing.
++ eve-tushnet.blogspot.com.

ein Blog gar nicht mehr existiert, bleibt das Archiv im Netz. Ich war verloren. Ich wartete. Nichts passierte. Mich juckte es in den Fingern, und es gab so viel zu berichten, dass ich es schließlich nicht mehr aushielt. Ich änderte den URL. Da das, was ich schrieb, an Raïd gerichtet war, wählte ich dearraed.blogspot.com als neue Adresse, brachte die Links auf den neuesten Stand und fing wieder an zu schreiben. Ich sagte ja bereits, dass Bloggen süchtig macht. Diesmal war es schon schwieriger, unauffällig zu bleiben. Der Krieg stand vor der Tür, und die Suchmaschinen verwiesen Anfragen über den Irak auf meinen Blog. Ich war immer noch der Meinung, dass ich mich vor allem vor den großen Medien in Acht nehmen müsse, glaubte aber eigentlich nicht, dass die sich überhaupt für mich interessieren würden.

Gegen Ende Januar lag der Krieg schon in der Luft, und jede Menge Leute besuchten meinen Blog. Zweifel kamen auf, dass ich wirklich aus Bagdad schrieb. Das Hauptargument lautete, in einem Polizeistaat könnte so etwas niemals so lange unbemerkt blieben. Ich habe wirklich keine Ahnung, wie das möglich war. Ich habe keine Ahnung, ob Saddams Aufpasser von meinem Blog wussten oder nicht. Mir war es einfach wichtig, dass es unter all den Weblogs über den Irak und den Krieg wenigstens einen irakischen Blog geben sollte, wenigstens eine Stimme: Egal, was man von meinen politischen Ansichten hält, zumindest habe ich mich bemerkbar gemacht. Manchmal war ich richtig sauer über die verschiedenen Artikel in der Presse, in denen der Welt erklärt wurde, wie die Iraker sich fühlten und wie sie in ihrem vom Rest der Menschheit abgekapselten Land lebten. Die Journalisten konnten sich mit keinem Menschen auf der Straße unterhalten, ohne dass ihnen ein Geheimdienstmann über die Schulter schaute.

Als der Krieg näher rückte, wurde mein Blog immer häufiger erwähnt. Einige Leute zitierten daraus, obwohl ich sie gebeten hatte, das nicht zu tun, weil ich fürchtete, zu viel Aufmerksamkeit auf mich zu ziehen. Ich redete mit so wenig Leuten wie möglich und reagierte auf keine Interview-Anfrage, aber in allen möglichen Medien wurde auf meinen Blog verwiesen. Die Fragen, die man mir stellte, wurden komplizierter, und ich erhielt unglaublich viele Hass-Mails. Raïd meinte, ich hätte allen Grund, in Panik zu geraten. Die Leute erwarteten eine klare Linie von mir und einen eindeutigen Standpunkt für oder gegen den Krieg. Aber ich hatte nur Zweifel und Unsicherheit zu bieten. Einer der Ersten, der einen Link zu meinem Blog auf seine Site setzte, schrieb: »Es geht um einen Typen, der seine Eier riskiert, um uns mitzuteilen, dass er pervers ist und sein Freund ihm gern zuschaut.« Ich verstehe eigentlich immer noch nicht, wie mein Blog zu dem wurde, was er heute ist. Für mich wird er immer eine wunderbare Erinnerung an die Zeit sein, die meine Freunde, meine Familie und ich im letzten Jahr durchgemacht haben.

Salam Pax
September 2003

> Bagdad-Blog

> September 2002

Samstag, 7. September 2002

Ich stelle gerade eine Liste für den Notfall zusammen – Vorschläge jeder Art sind willkommen. Bisher habe ich:

Kerzen

Alkohol (vielleicht Rotwein?)

gute Bücher

Knabberzeugs.

Damit müsste ich die Bombardierung eigentlich ganz gut überstehen.

:: salam pax 12:52h ::

Donnerstag, 19. September 2002

Ich hasse Geburtstage. Aber ich werde jetzt nicht darüber jammern, warum dieses Jahr das schlimmste ist (Ich hatte die »best days of my life« Anfang des Jahres – und seitdem geht es unaufhaltsam bergab).

Hier sind fünf Gedanken, bei denen mir ein wohliger Schauer über den Rücken läuft:

1. Linkylove von Legendary Monkey[+]: Sie steht auf Portishead und verfügt über eine magnetische Poesie. Ich habe mich in ihren Kühlschrank verliebt. Jetzt übe ich das Summen auf niedrigen Frequenzen, um das Kommunikationsproblem zu lösen.

[+] Host der Sudden Nothing Website: vaspider.surreally.net/suddennothing.

2. Raïd, der mich um Mitternacht anruft und mir sagt, dass dies das letzte Jahr ist, in dem ich sagen kann ›Ich bin Ende zwanzig‹. Nicht witzig. Er findet es total witzig und hat sich halb totgelacht. Grausamer Mistkerl.

3. Freunde und Verwandte, die mittlerweile raushaben, dass ich mich bei so was ziemlich dumm anstelle und an solchen Tagen eher schlecht gelaunt bin. Statt mir die Bude einzurennen, bekomme ich also E-Mails und Anrufe mit guten Wünschen und viel Liebe (aber keiner hat mir gewünscht, was ich wirklich brauche, nämlich ihn zu sehen und zu wissen, dass es ihm gut geht).

4. Mir *Dancer in the Dark* nochmal anzusehen. Ich ♥ Björk.

:: salam pax 12:05h ::

Ich wünschte wirklich, Massive Attack würden sich mehr darum kümmern, dass ihr neues Album endlich rauskommt, als um das hier.⁺ Aber es tut gut zu wissen, dass diesen Leuten nicht egal ist, was im Irak passiert. Ich war höchst erfreut über die Nachricht, dass Massive Attack gemeinsam mit der Organisation für nukleare Abrüstung CND eine Demonstration und eine Unterschriftensammlung plant. Das Diskussionsforum ist großartig. Die Teilnehmer haben einen echt schrägen Sinn für Humor.

Wusstet ihr schon, dass Massive Attack 1991 ihren Namen in »Massive« umgeändert haben, weil das Erscheinen ihres Albums *Blue Lines* zeitlich mit dem Ausbruch der, äh, ›Mutter aller Schlachten‹ zusammenfiel? Jetzt wisst ihr's.

Heute im Büro hat man mir eröffnet, dass ich diesen Monat kein Geld bekomme. »Cashflow-Probleme«, meinte der Chef. Aus irgendeinem Grund fand ich das komisch. Ich konnte mein Kichern nicht unterdrücken. Er dachte, ich hätte einen Nervenzusammenbruch oder so was. Außer »Sie sind gefeuert« ist das

⁺ »No Massive Attack!«, ein Artikel im *New Musical Express*: www.nme.com/news/102988.htm. Damon Albarn (von Blur) und Robert ›3-D‹ Del Naja (von Massive Attack) haben am 18. September 2002 in einem offenen Brief an den britischen Premierminister Tony Blair gegen eine Invasion des Irak protestiert.

wohl das Witzigste, was das böse Chefmonster einem an seinem Geburtstag sagen kann.

:: salam pax 13:01h ::

Samstag, 21. September 2002

Alle Idioten, die das ganze Wochenende über gearbeitet haben, obwohl man ihnen gesagt hat, dass sie nicht dafür bezahlt werden, bitte auf dieser Seite aufstellen.

Ich hatte wirklich nichts Besseres zu tun. Außerdem hatte ich ganz vergessen, wie gern ich mit der VIZ-Software+ arbeite. (Ich hatte bisher noch keine Gelegenheit, euch die Entwürfe für das 100-Betten-Krankenhaus zu zeigen, die ich in Jordanien gemacht habe. Ich werde die Bilder später ins Netz stellen.) Ich probiere gerade release 4 aus. Es hat ein richtig geiles Rechtsklick-Menu – mir geht jedes Mal einer ab, wenn ich es anklicke. Seht ihr das rote rechteckige Dings in dem Bild? *Das* ist das Kontextmenu für ein Editable Mesh mit einem Slice Modifier. Affenscharf!

Aber kehren wir zurück in diese Welt.

Heute habe ich mir meine Stats angesehen und festgestellt, dass Pandavox einen Link zu mir eingerichtet hat. Das ist der zweite Link in zwei Tagen. Die Linkylove-Göttin hat mich gesegnet. Ich hab mein Modem verbrannt und meinen heiligen Linkyhurentanz getanzt – und es hat funktioniert. Seht bei Pandavox nach, ihr werdet überrascht sein. Ich sitze zwischen einem israelischen und einem iranischen Blog – geografisch absolut korrekt!

Was meine Aufmerksamkeit sofort erregt hat, war ein Eintrag mit dem Titel »A war to end wars«. Ich hätte wirklich gern was von dem Stoff, auf dem du drauf warst, als du das geschrieben hast. Pandavox, Schätzchen, das kannst du nicht ernst meinen.

Irak: First we take Baghdad.++

+ Eine Visualisierungssoftware von Kintix.
++ pandavox.blogspot.com.

Klar… and then we take Berlin (Leonard Cohen ist schon immer einer meiner Lieblingssänger gewesen).

> **Das irakische Volk wird einen nie gekannten Wohlstand erleben. Das irakische Volk wird einsehen, dass das amerikanische Volk sein Freund ist. Vor allem aber wird der Irak keine terroristischen Gruppen mehr mit Geld unterstützen.**

Sicher. Wir werden billiges, zuverlässiges Öl zur Verfügung stellen, um die westliche Wirtschaft zu schmieren. Ach Pandavox, ich wünschte, die Dinge wären so einfach, wie du sie in deinem kleinen Märchen darstellst.

> **Wenn ihre feindseligen Regierungen erst einmal gestürzt sind, werden viele radikale Islamisten keinen Grund mehr zum Kämpfen haben. Dann können wir uns wieder für eine Weile des Friedens erfreuen.**

Meg Ryan sollte unbedingt in diesem Streifen mitspielen. Diese Böser-Mensch-wird-gut-und-glücklich-Rollen liegen ihr.

Es ist drei Uhr früh, und ich sollte schlafen gehen. Morgen haben wir eine Sitzung im Gesundheitsministerium, und ich muss drei libanesische Ingenieure von meiner Firma unterhalten.

Raïd, wenn ich einen Comments Link einrichte, würdest du ihn benutzen?

:: salam pax 3:45h ::

Nach drei Monaten blauem Himmel und praller Morgensonne ist es heute Morgen bewölkt, mit Temperaturen um 29°C/85°F. Mmmmm, kühler, bewölkter Himmel, ich liebe dich.

Guter Artikel im *Economist:* »Auch wenn sie sich im Stillen noch so sehr wünschen, Saddam Hussein loszuwerden, ihre Erfahrungen mit amerikanischen Waffen sind nicht sehr angenehm.«[+] Und ein lustiges Titelbild auf der Druckausgabe dieser Woche.

OK. Muss jetzt los.

:: salam pax 9:47h ::

[+] Aus: »Saddam plays his ace« (Saddam spielt seine Trumpfkarte), in *The Economist* vom 19. September 2002 (www.economist.com).

Sonntag, 22. September 2002

Raïd hat mir sein OK für den Comments Link gegeben. Ich mache nichts, ohne Master Raïd vorher zu fragen, ob's ihm auch recht ist.

Und hier ist noch ein Artikel aus der *New York Times* über die Kriegspläne. Diese Artikel hängen mir allmählich zum Hals raus. Tut es einfach, verdammt, und sehen wir zu, dass wir es hinter uns bringen!

> **Aus offizieller Quelle hieß es jedoch, der Angriff würde mit einem ausgedehnten Luftangriff beginnen, ausgeführt von B2-Bombern, bestückt mit satellitengelenkten 900-kg-Bomben, um die Kommandozentrale des irakischen Militärs und die Luftabwehr zu zerstören. Es hieß, das Hauptziel der Bombardierung bestehe darin, Bagdad von der Kommunikation abzuschneiden und Saddam Hussein von seinen Befehlshabern im Landesinnern zu isolieren.⁺**

:: salam pax 3:00h: :

Montag, 23. September 2003

Die letzten Tage habe ich doppelte Schicht gearbeitet: von 9:00h bis 14:00h, dann wieder von 17:30h oder 18:00h bis 24:00h oder so. Dieses 3-D-Modelldings kann ich tagsüber nicht machen, also muss ich abends nochmal herkommen. Macht mir eigentlich nichts aus. Es macht mir Spaß, mit VIZ zu arbeiten. Außerdem, wenn ich das Büro ganz für mich allein hab, kann ich die Lautstärke voll aufdrehen und rumspringen, während mein lahmarschiger Computer die Bilder aufbaut.

Musik für die Arbeit mit VIZ:

Toufic Farroukh: *Drab Zeen* (richtig gute arabic/jazz/dance-Fusion)

Röyksopp: *Melody A. M.*

⁺ »Bush Has Received Pentagon Options on Attacking Iraq« (Pentagon legt Bush Optionen für einen Angriff auf Irak vor) von Eric Schmitt und David E. Sanger in der *New York Times* vom 21. September 2002 (www.nytimes.com).

Timo Maas: *Loud* (und macht eine Pause, wenn »that's how we've been dancing« kommt, damit ihr voll loslegen könnt)

David Bowie: *Heathen*

Lamb: *What Sound*

Und denkt dran: Versucht niemals zu arbeiten oder Auto zu fahren, während ihr euch Björk oder Aphex Twin anhört – die Musik hat seltsame Auswirkungen auf die Gehirnzellen.

:: salam pax 19:26h ::

Dienstag, 24. September 2002

Heute habe ich erfahren, dass wir am 15. Oktober PRÄSIDENTSCHAFTSWAHLEN haben. Also, ich wusste von den Wahlen, aber ich kannte das Datum nicht. Ich weiß nicht, ob ich lachen oder weinen soll, aber es ist eher lustig als tragisch.

:: salam pax 9:56h ::

Das hab ich gerade im *Guardian* gelesen:

> **... wie viele Iraker nach 20 Jahren Krieg [ist er] ein Fatalist. Er ist ein starker Raucher, *liebt cholesterinhaltiges Essen* und bereitet sein Krankenhaus auf den Angriff der Amerikaner vor.**[+]

Seine Liebe für »cholesterinhaltiges Essen«??? Ist das etwa auch ein Verstoß gegen die UN-Sanktionen? Wollen wir mal eines klarstellen – wenn die hierher kommen und sämtliche Firmen zerstören, die cholesterinhaltige Nahrungsmittel herstellen, werde ich nicht tatenlos zusehen. Kämpft für euer Recht auf einen Herzinfarkt! Und genau wie ich hätte der gute Mann offensichtlich gern ein Fahrrad:

> **Die gesamte Bevölkerung bereitet sich auf den Krieg vor. »Jeder hat sich mit Lebensmitteln, Wasser, Öl und *Fahrrädern***

[+] »After 20 years of war, Iraqi doctors await attack with mix of fatalism and dismay« (Nach 20 Jahren Krieg sehen irakische Ärzte dem Krieg mit einer Mischung aus Fatalismus und Bestürzung entgegen) von Ewan MacAskill im *Guardian* vom 19. September 2002 (www.guardian.co.uk).

eingedeckt. Diese Dinge muss man haben wegen der Bedrohung«, sagte er …

Plötzlich interessieren Iraker sich für umweltfreundliche Transportmittel. Diese Briten sind seltsame Menschen, wirklich.

Raïd, willst du wirklich in Jordanien bleiben und den ganzen Trubel hier verpassen? Heirate bloß nicht – komm zurück, dann lassen wir uns zusammen bombardieren.

:: salam pax 10:22h ::

Mittwoch, 25. September 2002

Tut mir Leid, Schätzchen, heute keine Bilder, denn ich habe meine Bandbreitenbegrenzung überschritten.

Raïd, wenn du schon mein reicher Freund im Ausland bist, dann könntest du doch meinen Image-Hosting-Account bei villagephotos.com bezahlen, oder?

:: salam pax 12:04h ::

Samstag, 28. September 2002

Ratet mal, was heutzutage das am meisten gebrauchte Wort bei uns ist? Es ist »ba3deen« (*Arablisch*; für alle, die kein Arabisch sprechen – es heißt »später/nachher«). Alles, was irgendwie mit irgendeiner Entscheidung die Zukunft betreffend zu tun hat, wird beantwortet mit »ba3deen«.

Beispiel 1

[salam]: Hör zu … Du hast mich seit zwei Monaten nicht bezahlt, und ich arbeite wie ein Galeerensklave. Wie wär's, wenn du mir einen besseren Monitor spendieren würdest? Mein alter flimmert.

[böse_chef_einheit]: Wir werden es in Erwägung ziehen. ›Ba3deen.‹

[salam]: Wie, ›ba3deen‹? Nachdem ich blind geworden bin?

[böse_chef_einheit]: Nein. Was glaubst du eigentlich, wer sich zurzeit noch für dich interessiert? Warte, bis es vorbei ist.

[salam]: Wie bitte??? Ich ... aahhh, du meinst *es*. Na ja, da werden wir wohl mal abwarten, was danach passiert.

Beispiel 2

[salam]: O Gott! Ihr habt ja immer noch diese scheußlichen Vorhänge! Ihr hattet doch versprochen, sie rauszuwerfen!

[weibliche_eltern_einheit]: Oh ... Ich hab mir gedacht, ich behalte sie noch ein bisschen und kaufe später neue.

[salam]: Sie sind absolut hässlich und es gibt keine Entschuldigung dafür, dass sie noch da hängen ... das weißt du genau!

[weibliche_eltern_einheit]: Ich hab gesagt ›ba3deen‹ ... und falls dich das beruhigt, sie werden wahrscheinlich sowieso von all den Glassplittern zerfetzt, die demnächst hier rumfliegen.

[salam]: Ach, *das* meinst du ... Also gut, dann warten wir bis ›ba3deen‹.

Alles klar mit ›ba3deen‹?

Raïd ist für ein paar Tage in Bagdad und da wir zurzeit einen klaren Himmel haben und gerade ein wunderschöner Halbmond aufgeht, sitzen Raïd und Salam mit ihren Drinks auf dem Dach und überlegen, was sie ›ba3deen‹ unter einem Halbmondhimmel tun werden.

Und noch was für die Abteilung wohlige Schauer: Raïd hat mir tatsächlich angeboten, die Gebühr für meinen Account zu bezahlen (es zahlt sich aus, reiche, tollkühne Freunde zu haben, und NEIN, ich weiß nicht, was ein Blutsauger ist ...), aber ich hab zu ihm gesagt, warten wir lieber bis ›ba3deen‹.

:: salam pax 11:43h ::

Sonntag, 29. September 2002

Die Legendary Monkey hätte gern Vorschläge, was sie als Nächstes lesen soll. Zeigt ihr, was ihr gerade lest!

:: salam pax 2:36h ::

Tja ... wie gesagt, Raïd ist nach einem kurzen Aufenthalt in Basra (im Süden des Irak) für ein paar Tage in Bagdad. Er pennt gerade auf meinem Sofa. Er trägt dieses T-Shirt mit Aufschrift rund um die Uhr. MY LIFE IS HAPPY. Klar doch. Und ich hab einen Körper wie Schwarzenegger.

:: salam pax 2:51h ::

> Oktober 2002

Donnerstag, 3. Oktober 2002

Mit mir geht's bergab. Seit 9 Uhr höre ich mir nonstop *Politik* von Coldplay an. Entweder ist die Welt es nicht wert, dass man sie kommentiert, oder ich bin ganz einfach stinkfaul.

:: salam pax 11:39h ::

Samstag, 5. Oktober 2002

Das Wochenende war spitze. Ihr hättet dabei sein sollen. G. rief mich Donnerstagabend an und meinte, er führe gerade zusammen mit Laurent ein Experiment durch. Es habe mit drei Gläsern und einer Flasche billigstem Wodka zu tun. Ich denke: »Was soll's? Es wird entweder dazu führen, dass ich mich noch schlechter fühle, oder dass ich mich umbringen will.« Ich hab mir also ein paar Rasierklingen zurechtgelegt, um mir um drei Uhr früh die Pulsadern aufschlitzen zu können, dann hab ich mich umgezogen und mir ein Taxi genommen. (Der Fahrer war so ein Idiot, dass ich mir wünschte, ich hätte meine Rasierklingen dabei, um jedes Mal, wenn er über das Leben fluchte, einen Strich in meine Handgelenke ritzen zu können – »Hör auf damit, du Arschloch! Mein Blut wird an *deinen* Händen kleben!«)

Aaaannnnyway. Ich treffe also mit einem schweren psychischen Schaden bei G. ein. G. liest unter korrekten atmosphärischen Bedingungen ein Buch. Einmal hat er bei ausgeschalteter Klimaanlage ein Buch über die arabischen Wüstenstämme gelesen (das bedeutet etwa 46°C mitten in der Nacht!). Jetzt liest er *Scham und Schande* von Salman Rushdie. Dazu hat er Räucherstäbchen angezündet, trinkt Wodka mit O-Saft und hat sich sein Bettlaken wie einen Sarong um den Bauch gewickelt, was wirklich nach Scham und Schande aussieht. Ich liebe seinen Sinn fürs Theatralische.

Bei Laurent brennen ebenfalls Kerzen und Räucherstäbchen (verdammt, Bewunderer des Orients finden das cool ... Gebt mir Raumspray von L'eau d'Issey, und zwar sofort!) und überall stehen Gläser mit Wodka rum, die alle Schlagseite haben. Ziemlich irritierend. Das sollte man in einem Raum, wo man vor lauter Räucherstäbchen fast erstickt, keinem antun, vor allem keinem, der gerade in Selbstmordstimmung ist. Die Gläser haben einen schiefen Boden, und ich denke: »Wieso setzt der Wodka sich nicht in meinem Glas?? Sieht man die Welt so, wenn man kurz vorm Sterben ist??« Nach dem dritten Wodka spielt es keine Rolle mehr, und wir befinden uns mitten in einer völlig abgedrehten Diskussion. Gegen 2 Uhr führt Laurent uns vor, wie Arrak mit wunderschönen blauen Flammen verbrennt, und kippt ein ganzes Glas von dem Zeug in einem Zug runter, einfach so. Ich denke: »Iihhh! Ich kann nicht mal den Geruch von Arrak ausstehen!« Anschließend verlangt er, dass wir alle ins ZarZur gehen und Kebab essen (Übrigens: Das ZarZur wurde zweimal wegen eines Verstoßes gegen die Hygienebestimmungen geschlossen – ich überlege kurz, ob der Tod durch Lebensmittelvergiftung vielleicht weniger dramatisch ist als Selbstmord durch Aufschlitzen der Pulsadern, aber der Gedanke verflüchtigt sich rasch wieder). Als Nächstes fährt uns ein betrunkener – ein völlig besoffener – Franzose durch Bagdad, während wir über kulturellen Imperialismus diskutieren. Der Typ kutschiert uns beinahe durch das Tor zu einem von Saddams Präsidentenpalästen; die beiden irakischen Passagiere kreischen vor Panik, und die beiden Nicht-Iraker finden uns zum Schießen und lachen sich tot. Im ZarZur geht die Diskussion weiter. Die Kellner sind so begeistert von uns, dass wir vom Salat so viel Nachschlag bekommen, wie wir wollen.

Zurück bei Laurent gibt's noch jede Menge Alkohol zu vernichten, und ab da wird's richtig interessant: G. kennt einen, der diese sumerischen, zylindrisch geformten Tonobjekte (winzige Dinger – höchstens 5 cm groß –, aber sie wirken absolut echt) und Münzen aus der Abbasiden-Ära verkauft (verschiedene

Kalifen). Kein Teil kostet mehr als 20 Dollar, und er hat ganze Kisten voll von dem Zeug. Er behauptet, er hätte es irgendwo in der Nähe seines Dorfes gefunden. Die haben doch tatsächlich Ziegelsteine vom Fundort benutzt, um Backöfen zu bauen – hihihi. Brot aus Öfen der alten Sumerer – das ist der Hit!

Vor ein paar Monaten hab ich gesehen, dass so ein sumerisches Dings bei eBay für etwa 400 Dollar verkauft wurde, und zwar ohne Echtheitszertifikat – es gab nichts weiter als die Aussage eines Experten, der meinte, *es sähe echt aus*. Nach einer kurzen Kopfrechnung im Suff bin ich steinreich – bildhübsche Kerle stehen Schlange, um mir die Füße zu massieren …

Um 6:00h zu Hause, bis 14:00h geschlafen, von Reichtümern geträumt.

Ihr hättet dabei sein sollen.

Und noch eine gute Nachricht: Nach *Politik* höre ich mir jetzt *A Smile Upon Your Face* von Coldplay an. Drei Stücke in drei Tagen – das nenne ich Fortschritt.

:: salam pax 21:45h ::

Sonntag, 6. Oktober 2002

Googlefight! Googlefight! Googlefight!⁺

Raïd vs Salam.

Salam gewinnt mit sagenhaften 268 000 Treffern im Vergleich zu Raids 17 700. Vielen Dank, Ladys und Gentlemen, und gute Nacht.

Und das musste ich auch noch ausprobieren⁺⁺ … Autsch! Sie haben uns haushoch geschlagen … wie prophetisch …

:: salam pax 14:13h ::

⁺ www.googlefight.com.

⁺⁺ Salam hat die Begriffe »Irak« und »USA« in die Suchmaschine eingegeben. »Irak« landete 14 300 000, »USA« dagegen 69 900 000 Treffer.

Mittwoch, 9. Oktober 2002

Real-Life™ von GOD Inc. ist nicht die beste verfügbare Software. Jedes Mal, wenn ich das verdammte Programm starte, stürzt das System ab … Die SIMS sind viel besser. Wollte ich euch nur sagen.

:: salam pax 11:57h ::

Vielen Dank für den hervorragenden Counterpunch-Link. Ich meine, wo sonst findet man Artikel mit Überschriften wie »Schließlich hat er versucht, meinen Vater zu töten!«: der Irak als amerikanische Projektion.+

Nein, das ist nicht der Link zu dem Artikel, es ist ein Link zu L. Monkeys … äh … Remix. Ich finde ja, dass er Recht hat, aber das Ganze klingt wahrscheinlich für die meisten zu voreingenommen, und wenn man versucht, so was irgendwo in Europa zu veröffentlichen, kriegt man sofort den Stempel ANTISEMIT auf die Stirn gedrückt. Aber es macht verdammt viel Spaß, das Zeug zu lesen.

Der nächste Artikel ist einfach geil. Ich wette, bei dem ganzen Medien-im-Krieg-Rummel habt ihr so was noch nicht gelesen:

> **… aber es gibt noch ein anderes, wenig bekanntes Szenario, das auf dem theologischen Glaubenssystem der amerikanischen Führung beruht. Bush, Vizepräsident Dick Cheney und Generalstaatsanwalt John Ashcroft sind selbst erklärte *Wiedergeborene Christen, und ebenso wie ihre Mitgläubigen könnten sie die Endzeitprophezeihungen in der Bibel durchaus wörtlich nehmen. Solche messianischen Prophezeihungen schließen die Überzeugung ein, dass es, bevor der Messias auf die Erde zurückkehren kann, einen großen Ost-West-Krieg geben wird* und die Juden ihren Tempel in Jerusalem neu errichten müssen.++**

+ Vaspider.surreality.net.

++ »Might Sharon Nuke Iraq? How Things Could Go Bad, *Very* Bad« (Könnte Sharon eine Atombombe über dem Irak abwerfen? Wie alles ein schlimmes, ein sehr schlimmes Ende nehmen könnte) von Linda S. Heard am 2. Oktober 2002 auf www.counterpunch.org.

Ihr seht also, sie bereiten sich auf die Rückkehr des Messias vor. Das ist das Jüngster-Tag-Szenario, ihr Schwachköpfe!

Möchte wissen, ob sich schon jemand die Filmrechte daran gesichert hat.

:: salam pax 12:35h ::

Hey. Hab schon wieder mein Bandbreitenlimit überschritten.

Raïd, da kannst du mal sehen, was du damit angerichtet hast, dass du meinen Image-Hosting-Account nicht bezahlst. Mit 5MB pro Tag kann ich nicht leben …

:: salam pax 13:30h ::

Donnerstag, 10. Oktober 2002

Für wie viel würdet ihr eure Niere verkaufen?

Salah hat seine für 250 $ verkauft. Seine Verlobte hat ihre zum selben Preis verhökert. Die beiden sind schon eine ganze Weile verlobt, und sie brauchten die 500 $ (das entspricht etwa einer Million irakische Dinar), um im Haus seiner Eltern zwei Zimmer auszubauen, in denen sie wohnen können. Ich weiß das, weil ein Verwandter von mir der Käufer war.

Tief durchatmen. Thema wechseln.

Nur für den Fall, dass ihr es noch nicht wisst, am nächsten Sonntag ist Zachariastag. Ihr könnt euch schon mal drauf vorbereiten. Ihr wisst schon … Zacharias, der Vater von Johannes dem Täufer. Dieselbe Geschichte wie in der Bibel steht auch im Koran. Kinderloser alter Sack kriegt per himmlischem Express ein Überraschungspaket, und was findet er darin? Einen Jungen! Wenn eine Frau sich also am Zachariastag einen Sohn wünscht und dann auch einen bekommt, bedankt sie sich, indem sie an dem Tag fastet und kleinen Jungen Kerzen und kleinen Mädchen *tablas* (arabische Trommeln) schenkt. Nicht gerade subtil, der Symbolismus, oder?

Und wisst ihr, wie die Wünsche ausgesprochen werden? Man nimmt die Kerze von einem Jungen und pikst eine Nadel rein.

Aua. Wie schnell könnt ihr das Wort »Penisneid« aussprechen? Und da meine Mutter zweimal »gesegnet« wurde, veranstaltet sie jedes Jahr einen Riesenzirkus. Ich persönlich finde ja, dass sie betrogen wurde. Ich kann mir nicht vorstellen, dass sie die Nadel in die Kerze gerammt und dabei gedacht hat: »Gib mir einen ketzerischen Idioten, bitte, bitte, bitte!« Zahlt Mr. Z. auch Schadenersatz?

Also, Jungs und Mädels, haltet eure Kerzen und Nadeln bereit. Ich sage euch, ich verstecke meine Kerze dort, wo niemand außer mir irgendwelche Nadeln reinpikst – besorgt euch eure eigenen Kerzen, ihr bösen Hexen, das hier ist meine. Ich frage mich, ob die Jungs wohl bis Sonntag geliefert werden, wenn ich jetzt anfange, meine Nadeln in die Kerze zu bohren? Na ja, probieren kann man's ja mal.

Heute fängt für mich das Wochenende an – und meine religiöse Überzeugung verbietet mir das Bloggen am Freitag.

Raïd, ich rate dir im Guten, zu jedem einzelnen Eintrag, den du in den letzten Tagen übergangen hast, einen Kommentar abzugeben – oder mir per E-Mail eine verdammt gute Erklärung zu liefern. Und zwar ein bisschen PLÖTZLICH! Falls Tota bei dir ist und dich ans Bett gefesselt hat, vergebe ich dir im Voraus.

Sag ihr, Salam lässt grüßen.

:: salam pax 17:00h ::

Samstag, 12. Oktober 2002

> **Das Weiße Haus entwickelt einen detaillierten Plan zur Einsetzung einer Militärregierung unter Führung der USA im Irak, falls es den USA gelingt, Saddam Hussein zu stürzen. Der Plan sieht eine Übergangszeit von Monaten oder Jahren bis zur Wahl einer zivilen Regierung vor.+**

Verzeihung, aber erwartet nicht von mir, dass ich amerikanische Fähnchen kaufe, um die neuen Kolonialherren willkommen zu

+ »US Has a Plan to Occupy Iraq, Officials Report« (Regierungssprecher: USA planen die Besetzung des Irak) von David E. Sanger und Eric Schmitt in der *New York Times* vom 11. Oktober 2002 (www.nytimes.com).

heißen. Das ist wirklich ein verdammt schlechtes Remake von einem noch schlechteren Film. Oder unterscheidet sich das Ganze am Ende doch von der Herrschaft Großbritanniens über Irak um 1920? Muss mir irgendwie entgangen sein. Die zivilisierte Welt gibt uns, den barbarischen nomadischen Arabern, eine Lektion in kultiviertem Leben und befreit uns von allem Bösen (oder noch besser: befreit die Welt von allen Arabern, weil wir per se böse sind).

Ja, macht nur. Kippt alle Anstrengungen von Leuten, die aufrichtig für einen unabhängigen Irak gekämpft haben, in den Ausguss. Menschen haben gekämpft, demonstriert und ihr Leben geopfert, damit meine Generation mit ansehen muss, wie all ihre Träume auf den Kopf gestellt werden – und zwar zweimal. Zuerst von ihr-wisst-schon-wem und jetzt, indem das Land wieder zur Kolonie wird.

Gott, mir tut es um jeden Leid, der jemals Ideale hatte und dafür gekämpft hat. Mir tut jeder revolutionäre Iraker leid, der ein Buch oder ein Gedicht geschrieben hat und deswegen hingerichtet wurde. Wenn sie bloß gewusst hätten, dass so was passieren würde – dass wir wieder als Kolonie enden würden –, dann hätten sie sich die Mühe sicher gespart. Da verbringt man seine Zeit doch besser mit Sex, Drogen und Bauchtänzerinnen. Der große Onkel Sam wird kommen und uns endlich zeigen, wie man ein Land ordentlich unter Kontrolle hält und wie man ihm seine Waffen abkauft – »Vergeude dein Geld nicht für nutzlose chinesische Technologie, *habibi*«.

> **Ein amerikanischer Offizier würde für ein Jahr oder länger als Beauftragter für den Irak ernannt werden, während die Alliierten nach Waffen suchten und die irakischen Ölfelder in Betrieb hielten. Für die Dauer der Besatzung würden die Koalitionspartner die zweitgrößten Ölreserven der Welt kontrollieren, fast elf Prozent der Weltreserven. Ein höherer Regierungsbeamter erklärte, das Öl-für-Lebensmittel-Programm der Vereinten Nationen würde verlängert werden, um damit die Stabilisierung und den Wiederaufbau des Landes zu finanzieren.+**

\+ Ebenda.

[uncle_sam_einheit]: Ich hab dir doch gesagt, du sollst dir wegen der Kosten nicht den Kopf zerbrechen, Baby. Du wirst dafür bezahlen.
[salam]: Hab ich denn eine Alternative, Sam? Was ist, wenn mir nicht gefällt, was du tust?
[uncle_sam_einheit]: Nein, du hast keine Alternative, und ich sage dir, es *wird* dir gefallen!

Das wirklich Ironische daran ist, dass die Bush-Administration für die Invasion des Irak dieselben Argumente anbringt wie Saddam bei seinem Überfall auf Kuweit. »Nationale Sicherheitsinteressen« und »um den armen Schweinen dabei zu helfen, sich von ihrer bösen Regierung zu befreien«. Versucht doch wenigstens, ein *bisschen* origineller zu sein.

Ich sage euch, es geht um Gier und Macht – darum geht es doch immer. Ihr und ich, wir sind nur gut für die zukünftige Statistik. Die Frage ist, unter welcher Rubrik werden wir aufgelistet werden: TOTE oder VERLETZTE?

:: salam pax 20:06h ::

Dienstag, 15. Oktober 2002

Raïd hat mir eine lange E-Mail geschickt (d.h. mehr als fünf Worte), um mir zu sagen, dass sich das hier allmählich zu einem Kriegs-Blog entwickelt und ihm das nicht gefällt. Ich werde also ein bisschen kürzer treten, denn wenn er mich nicht mehr mag, dann muss ich das nächste Mal, wenn ich in Jordanien bin, ein Hotelzimmer bezahlen. Ich würde aber schon gern noch für eine Woche dorthin fahren, bevor man mich aus dem Sonnensystem hinauskatapultiert.

Als Erstes möchte ich euch erzählen, dass ich ein glücklicher JA-Abstimmer bin. Ich hab gar nicht gelesen, was auf dem Zettel stand, aber ich wusste, dass die Antwort JA lautete. Und sämtliche Leute in dem Wahlzentrum, wo ich meine Stimme abgegeben habe, wissen ebenfalls, dass ich JA angekreuzt habe. Es war nämlich so, dass ich meine Brille vergessen hatte und jemanden bitten musste, mir zu zeigen, welches das richtige Kästchen war. Ich habe meine Bitte so laut vorgetragen, dass jeder sie hören konnte – hier braucht man keine Kabinen und keine Heimlichtuerei.

Draußen wurde bereits gefeiert, obwohl die Wahlzentren gerade erst geöffnet hatten. Es gab Süßigkeiten und Datteln und Tee mit Zimtgeschmack. Ich persönlich trinke meinen *chai* ja lieber mit frischer Minze – und es gab *keinen* Kaffee! (Ich brauche meinen Kaffee – zu Hause versteckt meine Familie den Kaffee dauernd vor mir. Wo ich doch mein Koffein wirklich brauche ...) Ich hab also eine Weile da gestanden und einigen Kindern, die mit Plastikblumen in der Hand vor dem Wahllokal rumsprangen, zugesehen. Wir hatten den Tag frei, und ich hatte keine Lust, zurück nach Hause zu gehen. Denn seit letztem Samstag kommt mir das Haus vor wie ein Studentenwohnheim.

Anfangs war es ganz okay. Ein netter kleiner Besuch, um meiner Mutter bei ihrem Zachariastagdings zu helfen. Jetzt hockt ein kleiner Vetter von mir im Wohnzimmer und macht die ganze Zeit Videospiele, ein anderer hängt oben vor der Glotze ab und zieht sich Wrestling-Videos rein, der nächste sitzt in meinem Zimmer und paukt, und eine Kusine hat meinen Computer mit Beschlag belegt und surft durch saudische Diskussionsforen mit Themen wie »Wie sieht der Mann deiner Träume aus?«.

Gestern Abend, als ich gerade versuchte, mich zu entscheiden, ob ich mir halb nackte Muskelmänner beim Ringen ansehen oder »whisper of the night« (Nachtgeflüster) sagen sollte, wie der Mann meiner Träume aussieht, wurde mir klar, dass ich mich unbedingt besaufen musste.

Ein kurzer Anruf bei Vetter Nr. 246 (ja, ich habe viel zu viele davon – meine Mutter hat acht Geschwister), der sofort dabei ist. Aber wir müssen uns beeilen, weil sämtliche Schnapsläden abends um zehn dichtmachen und es keine Bars/Clubs/Restaurants gibt, wo Alkohol ausgeschenkt wird (außerdem gibt es freitags, an religiösen Feiertagen und, das Allerschlimmste, den ganzen Monat Ramadan lang keinen Alkohol).

Wir kommen also bei unserem freundlichen Teufelswasserhändler an, als er gerade das Licht ausschalten will. Er sieht die Verzweiflung in meinen Augen, lächelt und erklärt uns, dass er kein einheimisches Bier mehr hat, nur importiertes. Mann, ich hab seit zwei Monaten kein Geld mehr gesehen! Ich will kein importiertes Bier kaufen, gib mir schon das billige einheimische Gift. Der Teufelswasserhändler grinst nur. Ich kaufe, was er hat, und starre irritiert seinen Sohn an. Er ist höchstens sieben und trinkt Laziza, ein alkoholfreies Bier. Was macht dieses Kind mit Laziza? Sein Vater sieht amüsiert zu, wie der kleine Teufel die Flasche auf der Straße zerschlägt. Ich halte das nicht länger aus und verstecke mich im Auto, während mein Vetter dem Teufelswasserhändler Geld gibt. Der kleine Teufel winkt uns zum Abschied.

Explosionsfeuer füllt den Bildschirm.

Alles wird schwarz.

Nachspann.

:: salam pax 14:37h ::

Mittwoch, 16. Oktober 2002

Ich bin schwer beeindruckt! Jim Henleys Website Unqualified Offerings: War, Peace, Freedom, Fish, More+ hat eine äußerst gut informierte Quelle. Wollen wir mal sehen, ob seine Quelle ihm sagen kann, was am Montag mit den Telefonleitungen passiert ist. Sie sind am Zug, Mr. Henley.

:: salam pax 12:53h ::

Donnerstag, 17. Oktober 2002

Auf unerklärliche Weise bringt Diana++ mich dazu, ihr Dinge zu erzählen, die ich lieber für mich behalten sollte. Aber ich kann einfach nicht anders. Und seht nur, was ich mir damit eingebrockt habe. Heute schickt sie mir diesen Link von der *Los Angeles Times* und will wissen, ob es sich bei dem Stammesführer, von dem da die Rede ist, um meinen Großvater handelt:

+ Unqualified Offerings (»Peace Now! Socialism Never!«): www.highclearing.com.
++ Diana von Letter from Gotham: letterfromgotham.blogspot.com.

Shwerid fungiert als Schlichter bei Streitigkeiten, sowohl zivil- als auch strafrechtlicher Art. Obwohl er sich nicht über das nationale Recht stellt, wenden seine Gefolgsleute sich häufig lieber mit Problemen an ihn, als an irakische Gerichte.[+]

Bevor ihr den Rest des Artikels lest, denkt bitte an Folgendes: Das nationale Recht ist ein Witz, weil das gesamte System vollkommen korrupt ist. Wenn es Ärger gibt, rufen die Leute nicht die Polizei, weil die Bullen ihre Berichte immer nur zugunsten von demjenigen schreiben, der sie am besten bezahlt. Jetzt könnt ihr euch über das wundern, was als Nächstes kommt:

Wenn z. B. ein Mensch einen anderen getötet hat, verlangt Shwerid vom Täter, dass er der Familie des Getöten 7000 $ Blutgeld zahlt.

Also, *das* ist glatt gelogen. Schande über dich, Shwerid – und du nennst dich einen Stammesführer …

Na ja, wenn *ihr* zu einer Zahlung von 7000 $ Blutgeld verdonnert werdet, dann liegt das daran, dass ihr Ausländer seid, und die werden sowieso immer abgezockt. Wenn ihr einen Einheimischen losschickt, der für euch verhandelt, kommt ihr mit 1 000 $ weg – höchstens 2000. Wirklich. Es sei denn, ihr habt was richtig Schlimmes verbrochen und ein ganz wichtiges Stammesmitglied umgebracht – den Sohn des Ältesten z. B. Dann werdet ihr viermal so viel berappen müssen wie für irgendeinen normal Sterblichen.

Aber bevor ihr jetzt anfangt euch aufzuregen und mir lauter böse E-Mails schickt, vergesst bitte nicht, was ich anfangs geschrieben habe. Das Gesetz hat sehr wenig Einfluss in ländlichen Gegenden, und beim Blutgeld handelt es sich um eine abschreckende Maßnahme, nicht um ein Kopfgeld.

Aber zurück zu Scheich Shwerid:

»Ja, wir werden uns jedem Eindringling, der hierher kommt, mit unseren Waffen entgegenstellen«, sagte Shwerid in seinem Gästehaus, wo er Stammesmitglieder empfängt, die aus allen

[+] Aus einem Artikel in der *Los Angeles Times* (www.latimes.com).

Teilen der Region kommen, um sich von ihm Rat und Hilfe zu erbitten. »Der Stamm kooperiert in jeder Hinsicht mit der Regierung.«

Mit »hierher« meint Shwerid natürlich das Land, das ihm und seinen Stammesmitgliedern gehört. Mit der Regierung hat das nichts zu tun. Diese Menschen leben vom Land, und zwar vom höchsten Besitz, den man im Irak sein Eigen nennen kann: fruchtbares Land. Was macht man also, wenn man eine Horde Bewaffneter auf sich zukommen sieht? Man verteidigt sein Land, seine Ernte und seine Familie. Und wenn man ein mächtiger Stamm in der Region ist, dann hält man alle anderen Stämme in Schach: »Vergreif dich nicht an meinem Land, dann vergreife ich mich nicht an dir.« Dass die Regierung von der Kontrolle, die diese starken Stämme in bestimmten Gegenden ausüben, profitierte, war nur ein zufälliger Nebeneffekt. Aber die Regierung hat das Potenzial schnell erkannt und die Stämme

»protegiert, sich ihr Wohlwollen mit Geld und Naturalien erkauft«

– und ihnen schicke Autos geschenkt, die als Teil des Lebensmittel-für-Öl-Programms importiert wurden.

Bei Allah, sie hat's schon wieder geschafft! Okay, ich habe dir das *nicht* erzählt, Diana.

Und, Süße, um auf deine Frage zu antworten: Nein, das ist nicht mein Großvater. Aber Scheich Shwerid gibt mir wirklich das Gefühl, ein »Hey hier gibt's Schnäppchen«-Mensch zu sein. Ich hoffe, niemand kriegt raus, dass wir so billig abzuknallen sind. Mein Stammesführer sollte schnellstens seine Preispolitik auf den neuesten Stand bringen.

:: salam pax 3:42h ::

Ein deutscher Wissenschaftler behauptet, er könne feststellen, welche der vielen Saddams falsch sind und welcher der echte ist. Das wurde um den 26. September im deutschen Fernsehen berichtet. Ihr könnt es auf den Diskussionsforen von msnbc.com, news24.com oder (wo sie den Bericht richtig ernst genommen und angefangen haben, überall nach Doppelgängern zu suchen) FM4 nachlesen. – Es ist allerdings auf Deutsch.

Um die erstaunliche Fähigkeit der Analyse von Gesichtszügen zu demonstrieren, hat die *New York Times* dieses interaktive Dings eingerichtet.[+] Seht's euch an. Es ist ein Witz. Klickt den Link an, wo steht »Can you spot Saddam?« (Erkennt ihr Saddam?), und lest die Antwort nach.

Mir sagt sie nichts. Natürlich sieht der Typ nicht so aus wie die auf den anderen Bildern, weil das Foto, auf dem Dr. Dieter den echten Saddam erkannt hat, Anfang der 70er Jahre geschossen wurde, während die restlichen Bilder relativ neuen Datums sind (also aus diesem/letztem Jahr). Können die einem Mann nicht zugestehen, dass er ein paar Falten kriegt? Ja, Saddam hat vielleicht Doubles, aber Dr. Dieter hat überhaupt nichts bewiesen.

:: salam pax 13:42h ::

Sonntag, 20. Oktober 2002

> **»Anfangs werden wir ruhig zusehen, wie die amerikanischen Kugeln über unsere Köpfe hinwegfliegen«, sagte ein verstimmter Intellektueller. »Aber wenn die Flitterwochen zwei Jahre dauern, werden wir auf die Amerikaner schießen. Die Iraker werden sich niemals von Fremden regieren lassen.«** [++]

Ich fürchte, den meisten Irakern ist nicht klar, was eine amerikanische »Invasion« mit sich bringen wird. Man sollte sie nur als Katalysator für Veränderungen betrachten. Die harte Arbeit müssen wir schon selber leisten. Die Veränderungen müssen von innen kommen. Es hat keinen Zweck, sich zurückzulehnen und darauf zu warten, dass die anderen unsere Probleme lösen. Und der Irak wird tatsächlich von Fremden regiert werden, wenn die Iraker sich nicht an allem, was passiert, aktiv beteiligen. Das Problem ist, dass wir nach all den Jahren, in denen man uns alles vorgeschrieben hat, zu Fatalisten geworden sind, die alles als *maktub* – gottgegeben – hinnehmen. Ganz so, wie es sich für gute, gläubige Menschen gehört.

[+] »Will the Real Saddam Hussein Please Step Down?« (Würde der echte Saddam Hussein bitte zurücktreten?) von Tom Zeller am 6. Oktober 2002 (www.nytimes.com).

[++] »Waiting, with bravado and anxiety« (Abwarten mit Mut und Angst zugleich), in *The Economist* vom 17. Oktober 2002 (economist.com).

Fun-Fact des Tages: Wann hatte der irakische »Mann auf der Straße« zum letzten Mal das Recht, seine Meinung über die Regierung frei und offen zu äußern?

Antwort: 1962. Das ist 40 Jahre her.

Ich kann nur hoffen, dass unsere amerikanischen Freunde nicht vergessen, reichlich Exemplare von *Demokratie für Dummies* und *Wie treffe ich eine Entscheidung – Es ist gar nicht so schwer* mitzubringen.

Das obige Zitat stammt aus *The Economist.* Ihr solltet euch den Artikel ganz durchlesen. Was mir daran besonders gut gefällt, ist, dass er sich liest wie ein Ratgeber von der Sorte *Wie die Iraker sich heutzutage fühlen.* Es steht alles drin ...

Die Bitterkeit nach Jahren der Sanktionen und Armut:

> **»Angenommen, ich würde sagen, ich mag unseren Präsidenten nicht, so glaube ich immer noch, dass einige seiner Positionen gerecht sind«, sagte ein Bagdader Taxifahrer, der früher Steuerberater war. »Halten die Amerikaner es für gerecht, dass ich gezwungen bin, Taxi zu fahren, damit meine Kinder in Schuhen zur Schule gehen können?«**

Die Auswirkungen der jahrelangen Propaganda (und glaubt mir, es funktioniert – nachdem etwas, das einem immer wieder eingehämmert wurde, zur »Tatsache« geworden ist, stellt man es nicht mehr in Frage. Man denkt nicht mehr nach. Ohne es zu merken, hat man alle Antworten auswendig gelernt):

> **Die Feindseligkeit gegenüber Amerika, von vielen Irakern geäußert, vom erfolgreichen Bagdader Bildhauer bis zum Tagelöhner auf einem Dorf, ist verständlich. Unablässig wiederholte Filmberichte über die Brutalität der Israelis, häufig begleitet von Bildern von »Kollateralschäden« durch amerikanische Bombenangriffe auf Afghanistan und in irakischen »Flugverbotszonen« füllen die vom Staat kontrollierten Fernsehprogramme.**

Die Angst davor, dass alte Konflikte wieder aufbrechen, falls das Land im Chaos versinkt:

> **Die kleine christliche Minderheit, eher wohlhabend, aber durch Auswanderung dezimiert, fürchtet, dass die muslimische Auf-**

bruchbewegung, die das Land erfasst hat, sich gegen sie wenden könnte, wenn der Schutz durch die säkulare Baath-Partei wegfällt. Die Sunniten, die in der Regierung überrepräsentiert, den Schiiten jedoch zahlenmäßig weit unterlegen sind, fürchten um ihre traditionelle Vorherrschaft. Loyalisten in der Baath-Partei und Dutzende arabische Stämme – darunter sowohl sunnitische als auch schiitische Clans – fürchten Rache.

Das mit der »säkularen Baath-Partei« kapier ich nicht. Der muslimische Aufbruch wird von der Partei weitgehend finanziert.* Egal.

Und schließlich die allgemeine Unzufriedenheit über die Verschlechterung der Zustände:

Bagdad, einst eine Stadt mit breiten Boulevards, Villen und Wohnungen, die dem europäischen Standard entsprachen, erinnert jetzt eher an Kinshasa, die traurige Hauptstadt des Kongo, einschließlich der Abwasserseen, Müllberge, Bettler und ausufernden Flohmärkte.

Es macht mir eigentlich mehr Spaß, wenn ich westlichen Journalisten widersprechen kann. Na ja, vielleicht finde ich ja doch was, wenn ich den Artikel nochmal lese.

Ganz anderes Thema: Ich stelle gerade eine Liste von meinen Lieblings-Anti-Bush-Sprüchen zusammen, die hier im Irak auf Englisch kursieren. Zurzeit habe ich zwei, die um den ersten Platz wetteifern: »Bush Go Hell!« und »Down Down Bush and his Tail Blair!«

:: salam pax 1:56h ::

Letzten März hat Arraf im Londoner *Daily Telegraph* einen Artikel veröffentlicht, [in dem] sie schreibt: »Die Leute auf den Straßen dürfen nicht mit Fernsehjournalisten sprechen, oder

* Das Wort »Baath« bedeutet »Renaissance«. Die ursprüngliche arabische sozialistische Baath-Partei wurde in den 1940er Jahren in Syrien gegründet. Die irakische Baath-Partei wurde 1951 ins Leben gerufen. Saddam Hussein trat 1956 in die Partei ein, die am 8. Februar 1963 durch einen Putsch an die Macht kam, bei dem Brigadier Abdel Karim Qasim gestürzt wurde (der wiederum 1958 die von den Briten eingesetzte irakische Monarchie gestürzt hatte). Saddam Hussein wurde 1966 zum stellvertretenden Generalsekretär der Partei gewählt und putschte sich 1968 an die Macht. Von 1979 bis 2003 war er Präsident, Vorsitzender des Revolutionsrats und Generalsekretär der Baath-Partei.

besser, den Fernsehjournalisten ist es nicht gestattet, mit ihnen zu sprechen. ›Warum wollen Sie sie über Politik ausfragen? Sie können Ihnen sowieso nichts darüber sagen‹, meinte ein Funktionär...«+

Tja... wenn das stimmt, warum rennen britische Journalisten dann durchs ganze Land, um die Leute zu interviewen? Man braucht ja nur auf der Straße rumzustehen, um mit einem britischen Journalisten zusammenzustoßen. Im *Economist* steht ein Artikel mit Interviews, und hier sind noch zwei von der *Guardian*-Website: »›Warum hassen sie uns?‹ Iraker bereiten sich auf US-Angriff vor« und »Ein Kreuz für den Despoten: Den Irak in die Demokratie zu bombardieren, könnte sich als kontraproduktiv erweisen«. ++

Ich verlange, interviewt zu werden! Ich werde am besten den ganzen Tag in der Arasat-Straße stehen bleiben, denn nach dem zu urteilen, was Mr. Rory McCarthy über die Straße weiß, scheint er dort seine meiste Zeit zu verbringen:

Die Geschäfte in Bagdads Arasat-Straße riechen nach dem Wohlstand korrupter Dritte Welt-Eliten. Großbildfernseher, die mehrere hundert Pfund kosten, daneben Läden, die sich auf Chrom-Ersatzteile für Toyota Land Cruiser spezialisiert haben. Supermärkte haben ausländische Zigaretten im Angebot, und unterm Tresen werden kubanische Zigarren zu 100 Pfund die Schachtel verkauft. Jedes zweite Auto auf der Straße ist entweder ein nagelneuer BMW oder ein Mercedes-Benz. Und all das in einem Land, das aufgrund von UN-Sanktionen angeblich nichts anderes als humanitäre Güter importieren darf.

Ganz genau. Und es gibt sogar noch einen nagelneuen gelben VW Käfer, der auch auf der Straße rumkurvt. Wahrscheinlich sollte Mr. McCarthy auch besser in der Arasat-Straße bleiben, denn Ausländer neigen ja dazu, sich seltsame Krankheiten zuzuziehen, wenn sie woanders essen.

:: salam pax 11:35h ::

+ Aus einem Artikel in *The New Republic* (ssl.com).

++ »But why do they hate us? Iraqis face up to the threat of a US attack« von Rory McCarthy am 20. Oktober 2002. »X marks the despot: Bombing Iraq into democracy could well prove counterproductive«, von Brian Whitaker am 16. Oktober 2002 (www.guardian.co.uk).

Dienstag, 22. Oktober 2002

Ich sollte darüber eigentlich etwas schreiben, aber ich kann nicht. * Die Amnestie besagt also, dass alle politischen Gefangenen nach Hause gehen dürfen. Und wo steckt H.? Sie haben gesagt, nach dieser Amnestie dürfte keiner mehr länger als 48 Stunden im Gefängnis bleiben. Also, wo ist er? Ich möchte, dass er zu Hause und in Sicherheit ist. Stattdessen rufe ich dauernd seinen Bruder an, nur um mir zum hundertsten Mal sagen zu lassen, dass er immer noch nichts von ihm gehört hat.

:: salam pax 4:00h ::

Mittwoch, 23. Oktober 2002

Raïd, tut mir Leid, aber der David-Bowie-Song *I'm Afraid of Americans* geht mir nicht mehr aus dem Kopf, und mir fällt nichts ein, was ich schreiben könnte.

God is an American
I'm afraid of Americans.
I'm afraid of the world.
I'm afraid I can't help it
I'm afraid I can't
I'm afraid of Americans.

Eigentlich ... eigentlich gibt es eine Menge zu erzählen, aber es spielt keine Rolle. H. ist noch immer nicht zu Hause. Nach dem, was ich heute gehört habe, sollte ich mich auf schlechte Nachrichten gefasst machen. Zünde eine Kerze für mich an, ja, Raïd? In den letzten beiden Tagen kostet es mich ganz schön Nerven, nicht zusammenzubrechen.

Und vergiss den Trip nach Amman. Vor ein paar Tagen wolltest du wissen, was sich an der jordanischen Grenze abspielt. Tja, die Jordanier lassen keinen Iraker unter 50 mehr durch. Rat mal, warum? Weil die amerikanische und die israelische Armee in der westlichen Wüste Krieg spielen (na gut, von Jordanien aus

* »Saddam sets free political prisoners« (Saddam lässt politische Gefangene frei) von Rory McCarthy am 21. Oktober 2002 (www.guardian.co.uk).

gesehen im Osten). Und die Jordanier halten begierig ihren Hintern hin, um sicherzustellen, dass die Amis so tief wie möglich eindringen. Jawohl, mein Herz – und die brauchen dafür nicht mal ein Gleitmittel. Der Krieg hat noch gar nicht angefangen, und schon sind wir im Irak eingesperrt. Jordanien hat die Grenzen dichtgemacht und Iran ebenfalls (Schau selber nach, ich hab keine Lust. Ich hab's vor ein paar Tagen in der *New York Times* gelesen.), und weißt du, was ich noch in der *New York Times* gelesen hab? Die Amerikaner studieren, wie die Israelis in Dschenin gekämpft haben.

Dschenin. Weißt du noch, wie es dort nach der Belagerung ausgesehen hat? Wirklich sehr beruhigend!

Tut mir Leid, aber ich muss mir ein bisschen Angry-Boy-Music anhören und mit dem Kopf gegen die Wand *bangen* (head…, you know?), bis ich blute; dann wird's mir bestimmt wieder besser gehen. Hab ich dir schon gesagt, dass ich die Welt verabscheue?

P.S. Raïd, komm bloß nicht auf die Idee, in den nächsten Tagen/Wochen nach Bagdad zu reisen. Die lassen dich womöglich nicht wieder zurück nach Jordanien. Außerdem will ich dich in den nächsten Tagen nicht hier haben. Ich habe vor, sie im Vollrausch zu verbringen. Dabei will ich dich nicht in der Nähe haben.

Love,
Salam

:: salam pax 4:13h ::

Entwurf für die amerikanisch-britische Resolution bezüglich Irak: »… **um den internationalen Frieden und die internationale Sicherheit wiederherzustellen«.**

Frieden und Sicherheit. Ha!

Los, bombardiert uns endlich. Spart euch das Gesülze.

:: salam pax 11:56h ::

Donnerstag, 24. Oktober 2002

Heute werde ich *keine* Nachrichten lesen, und werde mir nur *So 80's* auf VH1 ansehen – *und* euch von allem erzählen, was mich zum Lächeln gebracht hat.

1. Die E-Mails zu lesen, die ich von Legendary Monkey, Kashei+ und Diana bekommen habe. Vielen Dank. Selten so schöne wohlige Schauer erlebt.

2. Dass einer meiner Einträge von Samizdata.net zum »Slogan des Tages« gekürt wurde und mir die »zweifelhafte Ehre eines permanenten Link« zuteil wurde. Zieht euch warm an – in Zukunft wird eine Menge Blog-spezifische Terminologie auf euch zukommen. Macht euch auf mein *Bloggokabular* gefasst.++

3. Eine E-Mail von Joe Schmo von www.boredshitless.com mit lauter Fragen vom Typ »Wer zum Teufel bist du eigentlich?«. Du wirst deine Antworten bekommen, aber glaub mir, Diana wird immer noch mehr wissen als du – sie hat ihre eigenen Methoden. Ist »Telehypnose« ein Wort? Joe hat mich zu den Links auf seinem Blog gesetzt. Ich bin einer von den neuen Links, ebenso wie Letter from Gotham [letterfromgotham.blogspot.com] (jetzt komm ich mir wie was ganz Besonderes vor).

4. Dass mein jüngerer Bruder beschlossen hat, mit ein paar Freunden auf der ganzen Welt einen eigenen Group-Blog zu eröffnen. Endlich hab ich ihn angesteckt. Jetzt kann ich so tun, als würde ich nicht in seinem Weblog lesen, genauso wie er dauernd so tut, als würde er nicht in meinem rumschnüffeln. EIN BLOG FÜR JEDEN IRAKER! – das wird mein Wahlkampfslogan.

5. Dass die Sekretärin im Büro, seit ich ihr meine Lieblings-Onlinespiele vorgeführt habe, endlich aufgehört hat, ihr Solitärspiel zu verstecken, das sie auf ihrem Computer geladen hat. Der nächste Schritt wird eine Demonstration gegen die unterdrückerischen Gesetze von Böses Chefmonster sein.

:: salam pax 13:30h ::

+ www.alarmingnews.com, betreut von Kashei und Peter.
++ www.samizdata.net/blog/glossary.html.

Sonntag, 27. Oktober 2002

Bei der Durchsicht der E-Mail Alerts der *New York Times* hab ich das hier gefunden: »Zwölf Amerikaner führen Protestaktion durch, die Hussein bereitwillig gestattet«.⁺ Während ich den Artikel lese, frage ich mich, ob Mr. JOHN F. BURNS aus demselben Bagdad berichtet, in dem ich lebe. Nichts darüber in den Nachrichten, und keiner im Büro macht irgendwelche Bemerkungen über Diese-armen-verwirrten-Seelen-können-es-mal-wieder-nicht-lassen (was eine der beiden Reaktionen ist, die diese Art Aktionen hervorrufen – die andere wäre »Möchte wissen, wie viel Geld Saddam ihnen als Dankeschön dafür bezahlt«). In dem Artikel erklärt Mr. Burns, bei der »Protestaktion« seien so gut wie keine irakischen Medienvertreter zugegen gewesen. Weiter so. Genauso gut hätte Ms. Kelly⁺⁺ die Protestaktion in ihrem Badezimmer veranstalten können.

Liebe amerikanische Freunde, bitte schickt sie nicht mehr hier rüber. Sie ist uns keine Hilfe. Manche mögen glauben, dass mich so was amüsiert. Das tut es NICHT. Kelly, Baby, man hat dich benutzt. Sie haben dich nur für den Westen in Szene gesetzt. Was mich persönlich angeht, ich habe das Interesse verloren, nachdem Dinge von dir zitiert wurden wie z. B.: »Ich wünschte, die Menschen in meinem Land würden den zwei Millionen Gefangenen in unserem Gefängnis denselben *Willen zur Vergebung und Versöhnung* entgegenbringen.«

Ich finde, du solltest dein »Dankeschön«-Geschenk einpacken und nach Hause fahren. Und zwar pronto. Ich habe das Gefühl, du trittst mir auf die Füße. Und ich bete für »eure« Gefangenen, dass ihr ihnen nicht denselben »Willen zur (kein-Prozess-erschießt-sie-einfach-ich-will-nichts-mehr-von-ihnen-hören) Vergebung« entgegenbringt.

Ich hätte dir ja gern die Hand geschüttelt und dich zum Dank umarmt, aber dieser Satz ... ts ts ts.

Ist sie wirklich so naiv, oder versucht sie nur, auf der richtigen Seite der Barrikaden zu stehen? Letzteres würde ich

⁺ Ein Artikel von John F. Burns am 27. Oktober 2002 (www.nytimes.com).
⁺⁺ Vorsitzende der Organisation Voices in the Wilderness.

ihr verzeihen. Schließlich müssen wir alle irgendwie überleben.

:: salam pax 19:10h ::

Dienstag, 29. Oktober 2002

Was ist sexier? Ein CIA-Fuzzi zu sein oder ein Propagandatrick?

Vor einer Woche hat Kathy K. von On the Third Hand [siteessential.com] einen Eintrag auf meiner Website angeklickt und am Ende ihres Kommentars geschrieben: »Ich beobachte ihn schon seit einer Weile, und ich glaube, er ist echt.«

Ich habe ihr geantwortet: »Ich bin echt. Wirklich.«

Fast alle, die sich bei mir einloggen, fragen sich nachher auf ihrem Weblog oder erkundigen sich bei mir per E-Mail, ob ich echt bin – mit Ausnahme von Legendary Monkey. Das liegt schlicht daran, dass sie legendär ist. Sie *weiß* es einfach.

Aber Al von Culpepper Log[+] war der Meinung, dass die Frage nach meiner Echtheit einen ausführlichen Artikel wert ist. Ich übergebe also an dich, Al:

> »... [der Blog] **fasziniert mich aus mehreren Gründen. Erstens bin ich verdammt neugierig zu erfahren, was die Leute im Irak (und überhaupt im Nahen Osten) über die USA denken. [...] Glauben sie tatsächlich an diese von der Baath-Partei verbreitete Geschichte vom Satan Amerika?** [Also, wir hatten mal einen anderen Satan. In den 80er Jahren war Ajatollah Chomeini der Scheitan, aber jetzt sind wir mit dem Iran befreundet, und darum ist Amerika der neue Scheitan. Sehr orwellianisch, was?]
>
> **Können sie es wirklich kaum erwarten, dass wir kommen und sie »befreien«, wie unsere Regierung immer behauptet?** [Oh-oh ... hat er gesagt »befreien«?] **Raïd scheint unsere Befreiungsaktion zu befürworten** [Wie bitte??? Gibt es irgendeine Stelle, an der ich mich nicht eindeutig ausgedrückt habe? Und bitte benutze dieses Wort nicht mehr, es tut weh!] – **wenn auch mit einer gewissen Beklommenheit. »Ha. Bombardiert uns doch endlich.**

[+] Al Barger, Betreuer von Culpepper Log: www.morethings.com/log/.

Spart euch das Gesülze.« [Das war sarkastisch gemeint, oder glaubst du im Ernst, diese Resolution wird den internationalen Frieden und die internationale Sicherheit wiederherstellen? Aber es geht noch weiter...] **Die Site wirkt glaubwürdig. Andererseits WILL ich auch glauben, dass sie echt ist.** [Hier hat er einen Link zur X-Files Site – offenbar glaubt er auch, dass ich vom Planeten K-Pax stamme.] **Schon das allein macht mich misstrauisch. Die Einträge haben einen irgendwie zynischen und fatalistischen Ton, der mir authentisch vorkommt. Außerdem gibt es ziemlich kryptische persönliche Einlassungen.** [Diese Einlassungen sind nicht kryptisch. Das ist Arablisch. Weil die halbe Welt glaubt, Kommunikation ist nur auf Englisch möglich, müssen wir unsere Sprache an diese nicht arabischen Systeme anpassen. Ya3ni lo a77*i inglizi lo 2aba6il.]⁺ **Sein Gebrauch des Englischen ist überzeugend ungeschliffen.** [O Mann, man hat mir x-mal gesagt, dass mein Arabisch ungeschliffen ist, ich weiß, dass mein Deutsch ungeschliffen ist, jetzt ist auch noch mein Englisch ungeschliffen. Daran sind meine Eltern schuld, weil sie alle fünf Jahre mit uns umgezogen sind. Ich brauche eine Muttersprache. Soll ich's vielleicht mal mit Esperanto versuchen?] **Aber bedeutet das wirklich, dass er echt ist? Wenn jemand von der CIA versuchen würde, für unseren Hausgebrauch eine gefälschte irakische Website zu konstruieren, würde dabei wahrscheinlich etwas Ähnliches herauskommen.** [Entschuldige mein ungeschliffenes Englisch – aber was meinst du mit »Hausgebrauch«?? – In einer guten Woche werde ich durchschnittlich zwanzig Mal am Tag angeklickt, es sei denn, Instapundit linkt sich bei mir ein, oder – omeingott – vielleicht ist Instapundit ja auch die CIA!] **Wenn »Raïd« ein Fake ist, dann ist er sehr überzeugend.** [Raïd, Baby, ich hab doch immer gewusst, dass du ein Fake bist. Salam ist der Größte. Yeah!]

Eines hat er wenigstens kapiert:

Eigentlich kann man nicht von ihm erwarten, dass er sich zu erkennen gibt. Immerhin schreibt er Sachen, für die Saddam Husseins Schläger ihn auf der Stelle erschießen würden, wenn sie ihn zu fassen bekämen.

⁺ »You mean, I either speak English or nothing at all.« (Du meinst, ich spreche entweder Englisch oder überhaupt nichts.)

Was du aber wirklich nicht kapiert hast, ist, dass ich nicht Raïd bin. Sieh nochmal nach, wer das alles schreibt. Das hast du noch gar nicht gemacht? Tja, so was passiert, wenn einer allzu sehr auf Verschwörungstheorien und dergleichen fixiert ist.

Und noch was: Weder Raïd noch ich sind »Normalos«. Im Gegenteil, die meisten Normalos würden uns eher misstrauisch beäugen. Ich habe mein halbes Leben im Ausland verbracht und beim Wiedereinleben hier musste ich mir von jemandem helfen lassen, der selbst noch nicht mal gebürtiger Iraker ist, aber das Land einfach liebt (danke, Raïd). Wir sind beide sehr misstrauisch gegenüber Religionen und haben das Tao Te Ching mit mehr Interesse studiert als den Koran. Und wir haben beide ein Mundwerk, das uns oft genug in Schwierigkeiten gebracht hat. Der Normalo wäre eher geneigt, uns vaterlandslose Gesellen grün und blau zu prügeln.

Frag Diana. Sie weiß Bescheid.

UPDATE: letterfromgotham.blogspot.com kommt auch zur Hilfe: »Bloggadavit über die Authentizität eines gewissen Salam Pax aus Bagdad«

:: salam pax 17:15h ::

> November 2002

Samstag, 2. November 2002

Theorie und Praxis von Klatsch und Tratsch: Was mache ich am letzten Wochenende bevor der »heilige« Monat Ramadan beginnt?

Ich sorge für einen ausreichenden Vorrat an Alkohol und genieße noch ein letztes Mal die Trivialität (informiere mich z. B. über die neuesten Gerüchte, die in den Kreisen der Schandmäuler kursieren, bevor die Leute alle in Frömmigkeit erstarren). Verlockt durch Z.'s Versprechen, mir seinen neuen Freund vorzustellen (gibt es besseres Material für Klatsch?), verbringe ich den Donnerstagabend mit Leuten, mit denen mich nichts verbindet. Mein Kopf ist voll mit unzusammenhängenden, nutzlosen Informationen über Autos und Waffen. Z.'s neuer Lover entpuppt sich als Waffenexperte.

Ich meine, wer hat schon mal von einem Schwulen gehört, der mit Waffen handelt? Normalerweise sind die Jungs Dekorateure oder Frisöre und hin und wieder findet sich der eine oder andere erfolglose Architekt in ihren Reihen – äh – oder? Haltet euch gefälligst an eure Stereotypen! Das macht euch zu besseren Zielscheiben.

Apropos Zielscheiben, hier ist Fun-Fact Nr. 1:

Der Schwarzmarktpreis für eine Patrone aus einheimischer Produktion für eine liebevoll umgebaute AK-47 beträgt 35 irakische Dinar – das ist weniger als zwei Cent beziehungsweise niedriger als der Preis für einen künstlich aromatisierten irakischen Lolli. Los, los, Kinder, nuckelt lieber an einer Patrone.

Also, starten wir den Klatschmarathon:

Ich schätze, inzwischen ist klar, warum die ausländischen Reporter aus dem Land geworfen wurden. Wie zum Teufel hätten sie über etwas berichten sollen, das nie passiert ist? Journalisten, die Nachrichten erfinden, würden wir natürlich nicht über den Weg trauen. Heute dies, morgen das – wer weiß was? Die armen Schweine im Informationsministerium tun mir wirklich Leid. Man kann sich kaum vorstellen, was für eine Panik die gehabt haben müssen. Berichte über Demonstrationen, und Uneinigkeit unter den Irakern, nur wenige Tage nach dem 100-prozentigen Wahlergebnis; dazu westliche Journalisten, die über ein solch geschmackloses Ereignis berichten: »*Jalla, jalla*, werft die Reporter raus, bevor wir ihretwegen exekutiert werden!« Noch ein Unglück, und schon wieder berichten Reporter über das repressive irakische »Regime« (man braucht das Wort nur einmal in einem Bericht zu erwähnen, und schon ist das Visum auf wundersame Weise abgelaufen). Typisch irakische Impulsivität. Aber in der Regierung sitzen nicht nur Idioten, und ein paar Tage später geben sie sich wieder äußerst charmant. Laut *New York Times*:

> **Urplötzlich an den Tag gelegtes Entgegenkommen im offiziellen Medienzentrum in Bagdad, dem Hauptquartier für ausländische Journalisten, schien Teil von Saddam Husseins Bemühen zu sein, der Welt angesichts der amerikanischen Kriegsdrohung ein freundlicheres Gesicht zu zeigen. Von allen Seiten wurde dementiert, dass Angehörige des Bagdader CNN-Büros und andere westliche Journalisten ausgewiesen werden sollten, nachdem sie vor einer Woche über spontane Protestdemonstrationen berichtet hatten.**[+]

Versetzt euch mal in die Lage des irakischen Informationsministers und versucht, dem Präsidenten Folgendes zu erklären: Die Reporter aus dem Bagdader CNN-Büro haben ihre Satellitenschüssel benutzt, um die Demonstration live im Fernsehen zu übertragen. – Schon wesentlich geringfügigere Schlamassel haben manchen Minister den Posten und den Kopf gekostet.

[+] »Threats and Responses: foreign correspondents« (Drohungen und Reaktionen: Auslandsreporter) von John F. Burns am 28. Oktober 2002 (www.nytimes.com).

Fun-Fact Nr. 2:

Für 200 $ bekommt man ein gutes, im Irak hergestelltes Gewehr. Es nennt sich Tarek. Und wenn man es schafft, eines davon über die saudische Grenze zu schmuggeln, kann man es gegen einen nagelneuen Toyota Pick-up eintauschen. Ist bei Bauern sehr beliebt.

Update zum Thema jordanische Grenze: Die Altersbegrenzung ist 40, nicht 50. Kein männlicher Iraker unter 40 darf nach Jordanien einreisen, es sei denn, er kann nachweisen, dass er im Besitz eines Flugtickets in ein anderes Land ist. Dann bekommt er ein zehn Tage gültiges Transitvisum. Oder aber er ist im Öl~~schmuggel~~geschäft. In diesem Fall heißt es: »Fahren Sie einfach durch, Mr. Öltransporter.« – Macht nur weiter so, behandelt uns wie Dreck. Ihr seid nicht die Einzigen.

König Abdullah, du treibst mich noch in den Wahnsinn. Seht euch das hier von arabicnews.com an:[+]

> **Der jordanische König Abdullah II. schließt nicht aus, dass der Irak eines Tages von einem Mitglied der Haschemitenfamilie regiert wird.**

Du willst also jetzt auch ein Stück vom Kuchen abhaben? Dafür hab ich nur ein Wort: AASGEIER!

Er betonte, Jordanien sei »neutral und jede Bitte seines Landes um amerikanischen Beistand könnte als aggressiver Schritt gegen den Irak verstanden werden«.

Sorry. Was heißt hier »verstanden werden«? Es *ist* so. Jordanien erfreut sich neuerdings unter Irakern keiner allzu großen Beliebtheit – seht euch vor. Ihr behandelt die Iraker in eurem Land schlecht, also erwartet nicht, dass man euch hier wie Fürsten behandelt.

Ich brauche jetzt keine 400 irakische Dinar (2 $) mehr zu bezahlen, damit ich ins Ausland reisen darf (für eine einmalige Fahrt; ab Stempeldatum ein Jahr gültig). Aber wohin soll ich reisen? Westliche Länder könnt ihr vergessen. Es geht um Visa für Nachbarländer.

[+] www.arabicnews.com.

Kuweit? Haha. Nächster Vorschlag.

Iran? Und meinen Namen vom Geheimdienst registrieren lassen? Die geben einem sowieso kein Visum.

Türkei? Vergesst es. Die lassen einen erst warten, und dann sagen sie April, April.

Jordanien? Fehlanzeige. Männlich, unter 40.

Syrien? Bingo! In meinem nächsten Urlaub mache ich die »Große Syrien-Rundreise«. Die Frage ist nur, wann werden die Syrer in den Sperrt-die-Iraker-ein-Club eintreten? Weitere Clubmitglieder: Libanon und Ägypten.

Fun-Fact Nr. 3:

Einen Tag, nachdem die Gefängnisse geleert wurden, hat das Innenministerium eine Rekordzahl an Festnahmen gemeldet: 400 an einem einzigen Tag. Die Anschuldigungen reichten von Körperverletzung bis Diebstahl.

Fun-Fact Nr. 4:

Das Projekt mit den 14 staatlich kontrollierten Satellitensendern (genannt Rafidain-Netzwerk) scheint ein totaler Flop zu sein. Von 10000 Decodern wurden nur 6000 verkauft, und das in einer Stadt mit etwa fünf Millionen Einwohnern. Kurz der Hintergrund dieser Geschichte: Das Anbringen einer Satellitenschüssel wurde bislang mit bis zu 750000 Dinar und drei Monaten Gefängnis bestraft. Vor zwei Monaten schließlich ist die Regierung auf die Idee gekommen, vierzehn bestimmte Sender, handverlesen mit Unterstützung von ART Network, zuzulassen. Die ART-Sender bekommen den größten Anteil – National Geographic und Discovery sind auch dabei –, und ein westlicher Musiksender, der von den Zeitungen wegen der Unmoral angegriffen wird, die Sender wie dieser im Allgemeinen verbreiten. Neulich wurde Animal Planet in Paramount Comedy Channel umbenannt. Jetzt sehen wir uns *Seinfeld* und *Dharma & Greg* an. Aber Mr. Zapper kann Jay Leno nicht ausstehen, da der Kanal um 22:00h zu TCM umgeschaltet wird (die übernehmen sogar schon das Sendersurfen für uns – soll das Nächstenliebe sein, oder was?). Der Service ist nur in Bagdad verfügbar und ein phänomenaler Flop. Laut Umfrage eines Radiosenders haben die

Leute den Service nicht angenommen, weil er zu teuer war, weil vielen die Auswahl der Sender nicht gefiel (das ART Network ist nicht gerade das attraktivste Paket) und weil es keine Nachrichtensendungen gibt.

Aber das interessiert euch wahrscheinlich alles gar nicht so brennend. Ich denke, wir sind uns alle einig, dass ich zu viel schreibe und mir am besten jemand die Tastatur wegnimmt.

:: salam pax 15:40h ::

Montag, 4. November 2002

Kuweit schließt sich soeben dem Werft-sie-raus-Club an, frei nach dem Motto: Was machen diese schmierigen Journalisten eigentlich in unseren Ländern? Ich schlage vor, wir streichen das Studienfach Journalismus aus dem Lehrplan unserer Universitäten. Der Scheitan spricht mit ihren Zungen. Wir finden garantiert irgendwo eine Koranstelle, die das untermauert.

BBC meldet dazu: »Auch der Sender al-Dschasira ist wegen seiner Berichte im Irak und in Saudi-Arabien in Schwierigkeiten geraten, und sowohl Jordanien als auch Bahrein haben ihm Sendeverbot von ihrem Staatsgebiet aus erteilt.«

Zum zweiten Mal in weniger als dreißig Tagen lässt ein arabisches Land das Büro des Senders schließen. Haltet die Ohren steif, Leute. Ich habe einen neuen Werbeslogan für euch: »Al-Dschasira: der einzige arabische Nachrichtensender ohne Niederlassungen in der arabischen Welt.«

:: salam pax 10:47h ::

Hier hab ich was für euch von BBC News:+

> **Kuweit hat ein weiträumiges Gebiet seines Landes in der Nähe der irakischen Grenze für die Dauer der *amerikanisch-kuweitischen Truppenübungen* abgesperrt ... ein weniger publik gemachtes Manöver von Spezialeinheiten wird außerdem in Jordanien durchgeführt.**

+ news.bbc.co.uk.

Liebes Kuweit,
danke, dass ihr offen und ehrlich damit umgeht, im Gegensatz zu anderen Leuten, die zu feige sind, zuzugeben, dass sie
a) Angst haben
b) uns nicht mehr mögen
c) ein Stück vom Irak-Kuchen abhaben wollen.
Wenn alle das so offen zugeben würden, dann hieße das, dass sie kein subventioniertes Öl im Wert von 500 Millionen Dollar pro Jahr mehr hinterhergeschmissen bekämen.

:: salam pax 12:17h ::

Dienstag, 5. November 2002

Diana bewegt sich auf geheimnisvollen Wegen durchs Netz.

Sie hat sich mit einem weiteren verrückten Iraker verlinkt (mit *dem* Wacky Iraqi – sein Domainname beweist es).+ Er hat sich selbst am 16. Oktober, einen Tag nach der Präsidentschaftswahl, mit einer einzigen notwendigen Stimme zum Präsidenten von wackyiraqi.com gewählt. Außerdem betreibt er ein hervorragendes Online-Journal.

Diana, ich möchte dich daran erinnern, dass du *mir* bereits deine 200 Seidenkleider versprochen hat. Es ist mir egal, wie viele verrückte Iraker du findest, die Kleider gehören mir.

:: salam pax 12:14h ::

Mittwoch, 6. November 2002

> **Der israelische Premierminister Ariel Sharon sagte, wenn die internationale Gemeinschaft das Irakproblem gelöst habe, solle sie ihre Aufmerksamkeit dem Iran widmen. Mr. Sharon gab den Kommentar in einem Interview mit der London *Times* ab.++**

seufz

ungläubiges Kopfschütteln

+ Den Wacky Iraqi findet ihr unter www.wackyiraqi.com/home/.
++ Gefunden auf der Website von VOA News: www.voanews.com.

Mr. Sharon nennt den Iran »ein Zentrum des Weltterrors«. Er sagte, der Iran unternehme Anstrengungen, Massenvernichtungswaffen in seinen Besitz zu bringen, die eine Bedrohung für den Nahen Osten und Europa darstellten. In dem Interview steht *wörtlich*: »eine Gefahr für den Nahen Osten, Israel und Europa«.

Ich frage mich, wie die korrekte Bezeichnung für Israels nukleares Arsenal wohl lautet. Massenliebeundharmoniewaffen vielleicht?

:: salam pax 13:20h ::

Samstag, 9. November 2002

Z. ist in Bagdad. Wa hia 7amil, ra7 tob8a hna ila an t7*eeb.[+] Ich weiß nicht, ob das in Anbetracht der Situation klug ist.

:: salam pax 2:28h ::

> **Mohammed Aldouri** [der irakische Botschafter bei den Vereinten Nationen] **erklärte gegenüber der Agentur Reuters, er sei »sehr pessimistisch. Die Resolution ist in einer Weise abgefasst, durch die verhindert wird, dass die Inspektoren wieder in den Irak zurückkehren können«, sagte er.**[++]

Wie wahr. Wenn die Resolution dazu dienen sollte, die irakische Regierung auf die Palme zu bringen, dann ist das optimal gelungen. Selbst wenn die Inspektoren zurückkommen dürften, gibt es jede Menge Fallen, in die man tappen kann. Und die irakische Regierung ist ja nun nicht gerade für ihre Geduld bekannt. Bitte lest den Entwurf sorgfältig durch und seht selbst. Hier nun ein paar Highlights:

> **3. […] sowie aller sonstigen chemischen, biologischen und Nuklearprogramme, einschließlich jener, bezüglich derer sie geltend macht, dass sie nicht Zwecken im Zusammenhang mit der Produktion von Waffen oder Material dienen** …

[+] »She is pregnant, she will stay here until she gives birth.« (Sie ist schwanger, sie wird hier bleiben, bis sie ihr Kind zur Welt gebracht hat.).

[++] Ein Artikel von Terence Neilan in der *International Herald Tribune* vom 9. November 2002 (www.iht.com).

Ich schätze, dass unsere Universitäten jeden Moment von der UNO zu »Ausnahmezonen« erklärt werden. Nicht dass das beim letzten Mal anders gewesen wäre, als die Professoren Leibesvisitationen über sich ergehen lassen mussten, als wären sie Kriminelle.

4. BESCHLIESST, *dass falsche Angaben* oder *Auslassungen* in den vom Irak nach dieser Resolution vorgelegten Erklärungen [...] eine weitere erhebliche Verletzung der Verpflichtungen Iraks darstellen und dem Rat gemeldet werden, damit er nach den Ziffern 11 und 12 eine Bewertung trifft.

Falsche Angaben, Auslassungen – die haben ganz vergessen, Tippfehler zu erwähnen. »Ein Tippfehler, und du wirst zu Hackfleisch gemacht, du irakischer Abschaum.«

5. [...] sowie sofortigen, ungehinderten und uneingeschränkten Zugang ohne Anwesenheit Dritter zu allen Amtsträgern und anderen Personen, welche die UNMOVIC oder IAEO in der von ihr gewählten Art und Weise oder an einem Ort ihrer Wahl auf Grund irgendeines Aspekts ihres jeweiligen Mandats zu befragen wünschen; beschließt ferner, dass die UNMOVIC und die IAEO nach ihrem Ermessen Befragungen innerhalb oder außerhalb Iraks durchführen können und dass sie die Ausreise der Befragten sowie ihrer Angehörigen aus dem Irak erleichtern können...

Also, mal im Ernst, wie groß ist die Wahrscheinlichkeit, dass sie das zulassen werden? Mein guter Rat an Blixy: Sobald Sie im Irak eintreffen, bestehen Sie darauf, ein hohes Regierungsmitglied vernehmen zu dürfen, das gerade im Ausland weilt – Sie werden allen Beteiligten eine Menge Zeit ersparen.

Und so geht es weiter und weiter.

Über meinem Kopf schwebt ein Wort wie eine Sprechblase: »provokativ«.

In der Zwischenzeit werden die Iraker von der irakischen Regierung behandelt wie Pilze: Man hält sie im Dunkeln und füttert sie mit Pferdemist. In den irakischen Medien wird die Resolution nämlich mit keinem Wort erwähnt.

Der *Independent* verkündet, dass dies der Tag ist, an dem die Welt sich gegen den Irak wendet, und der Taxifahrer, der mich nach Hause bringt, weiß noch nicht mal, dass heute über die UN-Resolution abgestimmt wurde. Klatsch, klatsch! Aufwachen! Morgen werden sie dich auf die Straße zerren, damit du an einer von oben angeordneten Demonstration teilnimmst, und du ahnst nicht mal, wogegen du überhaupt protestierst. Ich werde mitmarschieren und ein Transparent mit der Aufschrift **WIR SIND KEINE IDIOTEN!** hochhalten. Das ist *nicht* unsere »letzte Chance, die Bedingungen zu erfüllen«, damit sorgt Amerika lediglich dafür, dass alles legitim aussieht. Und ich werde nicht allein sein ...

> **»Selbst wenn der Irak die neue Resolution akzeptiert, werden die Vereinigten Staaten ... tausend Gründe finden, um unter Berufung auf die [UN Waffen-]Inspektoren den Irak anzugreifen«, prophezeite Amal Mohammad, eine 35-jährige Hausfrau. »Ich war sehr enttäuscht, als ich erfuhr, dass der US-Entwurf einstimmig angenommen wurde, obwohl er ... den Vereinigten Staaten die Rechtfertigung für einen Angriff auf den Irak gibt, nach der sie so lange gesucht haben«, sagte Kamel Naim, ein 37-jähriger Übersetzer.[+]**

Meine Lieblingsschlagzeile bisher stammt von der Agentur Reuters: **WELT SIEHT CHANCE FÜR FRIEDEN, IRAK SCHWEIGT ZU UN-ABSTIMMUNG.[++]**

Komisch, die Welt sieht den Frieden kommen, während ich einen Luftschutzbunker in meinem Haus einbauen muss.

Falls ihr mich braucht, ich verstecke mich unter meinem Bett, bis das hier vorbei ist.

:: salam pax 3:34h ::

Hier der tatsächliche Wortlaut der Irak-Resolution (ScrappleFace hat bessere Quellen als die *New York Times*):

> IN ANBETRACHT DESSEN ... äh, wo waren wir stehen geblieben? Ah, ja ... in Anbetracht dessen, dass die Medien sowieso niemals die Einzelheiten dieser Resolution veröf-

+ ABC News Online: www.abc.net.au/news.
++ Siehe reuters.com.

fentlichen werden, weil sie nur daran interessiert sind, wer gewinnt – Frankreich oder die USA –, als wäre das irgendeine Art von olympischem Wettkampf, und …

IN ANBETRACHT DESSEN, dass die UNO verzweifelt nach einer *raison d'être* sucht

…

SOLL BESCHLOSSEN WERDEN, DASS Saddam sämtliche Massenvernichtungswaffen im Irak auf der Stelle vernichten muss (was er nicht tun wird), sonst wird die UNO (in Wirklichkeit die USA) ihm beibringen, welche Bedeutung das Wort HÖLLENFEUER hat. +

Das kam über On the Third Hand, betreut von Kathy K. Sie war sich nicht sicher, ob Frankreich die Resolution unterstützen würde, und ich dachte, Syrien würde sich der Stimme enthalten. Schande über euch beide! Nach all den Peugeots 406/306, die die Iraker gekauft haben. Hm? Und was machen wir jetzt? Wir geben jede Menge Geld aus, um uns Freunde zu kaufen, und am Ende spielen wir die Brutus/Caesar-Szene … Et tu, Brute?

:: salam pax 10:36h ::

Mittwoch, 13. November 2002

Für heute Vormittag war eine Parlamentssitzung anberaumt, aber als die Parlamentsmitglieder eintrafen, wurde ihnen mitgeteilt, dass die Sitzung auf den Abend verschoben wurde, gleich nach dem *Iftar*++ (schließlich haben wir gerade Ramadan). Anders sah die Sache für Parteimitglieder aus – für die fand die Sitzung sofort statt. Nach dieser Sitzung wurden 50 Parlamentsmitglieder gebeten, eine halbe Stunde vor dem am Abend geplanten Treffen zu erscheinen. Sie wurden darüber informiert, dass sie während der nächsten beiden Tage zu debattieren und anschließend einstimmig mit **NEIN** gegen die UN-Resolution zu stimmen hätten.

\+ www.scrappleface.com.

++ Das Fastenbrechen im Ramadan nach Sonnenuntergang (Anm. d. Übers.).

Alle Parlamentarier hatten an jenem Tag das Recht, eine eigene Rede zu formulieren, erhielten jedoch Richtlinien, die ihnen vorgaben, welche Dinge sie zu erwähnen hatten. Erschreckenderweise stellte sich heraus, dass einige Parlamentarier die UN-Resolution bis zu diesem Augenblick noch gar nicht zu Gesicht bekommen hatten. Deswegen waren viele der später gehaltenen Reden auch so vage und voller Wiederholungen. Sie hatten einfach die Richtlinien abgeschrieben und sicherheitshalber ein paar Koranzitate eingestreut. Die Presse war eingeladen und die Bühne für ein prima Theaterstück vorbereitet.

Kein Mensch im Irak hat sich die Mühe gemacht, den Fernseher einzuschalten, um sich anzuhören, was die Parlamentarier zu sagen hatten, obwohl al-Dschasira die Sitzung so wichtig fand, dass sie live übertragen wurde. Und die irakische Regierung hat tatsächlich dafür gesorgt, dass sich das für den Sender gelohnt hat. Denn wer hätte ernsthaft gedacht, dass das Parlament die Resolution ablehnen würde? Ich hatte mein Geld darauf verwettet, dass das irakische Parlament die Resolution akzeptieren und Saddam dem schließlich widerwillig zustimmen würde, weil dies »der Wille des Volkes« war. Aber nein! Überraschung, alles ganz anders. Jetzt bin ich sehr gespannt auf die Rede, die er halten wird, um zu »rechtfertigen«, dass er die UN-Resolution *entgegen* der Empfehlung des Parlaments akzeptieren wird. (Nicht dass er irgendetwas rechtfertigen oder sich nach irgendwelchen Empfehlungen richten müsste, aber da die ganze Sache sich in der Öffentlichkeit abgespielt hat, wird er mit seinen Ansichten nicht hinter dem Berg halten – er liebt es, Reden zu halten.)

Ein netter Gag war auch das Papier, das diese wandelnde Freakshow am nächsten Tag vorlegte. Saddam war natürlich viel zu sehr damit beschäftigt, seine Gewehre zu polieren, um es persönlich zu präsentieren. Mit seiner Weisheit und Weitsicht schafft er es, das ganze Parlament wie einen Haufen Idioten aussehen zu lassen. Er hackt auf Russland, Syrien und »anderen Ländern, die ich nicht beim Namen nennen will« herum und macht irgendeine dämliche Bemerkung darüber, wer denn wohl den ersten Schuss abgeben wird. »Wir werden nicht auf die Pfeile warten, die auf uns abgeschossen werden … bla bla bla.« Ich habe das Papier im Internet gefunden – es ist nachzulesen auf einer Website der irakischen Regierung.

Auch wenn ich die Resolution unfair finde und in ihren Forderungen und Zeitvorgaben unrealistisch – und vage genug, um alle möglichen Fallen zu enthalten –, hoffe ich, dass Saddam sie akzeptiert. Nur, um Zeit für uns zu gewinnen. Das irakische Volk kann nur verlieren, egal, wie man es dreht und wendet. Die USA reden noch immer von einem »Regimewechsel«. Aber ich glaube, es würde keinen Monat dauern, bis die Amerikaner »Foul!« rufen. Und sollte es wirklich Krieg geben, bin ich davon überzeugt, dass Saddam, falls er irgendwelche biologischen oder chemischen Waffen besitzt, diese wahrscheinlich gegen sein eigenes Volk einsetzen würde, um CNN und al-Dschasira die blutigen Bilder zu liefern, die alle sehen wollen.

:: salam pax 1:40h ::

Donnerstag, 14. November 2002

Bei diesem Post + von Al Barger bei Sudden Nothing komme ich mir vor wie bei einem Konzert von Nine Inch Nails im Mosh-Pit (ehrlich gesagt, ich war noch nie auf einem Konzert von NIN, und vorn an der Bühne möchte ich auf keinem Konzert sein), aber ihr wisst ja, wie es da unten zugeht: Alle springen und schreien und slammen sich gegenseitig. Ein Mordsspaß.

Al Barger vom Culpepper Log fragt Legendary Monkey – nachdem er erst gemutmaßt hat, ich sei ein CIA-Fuzzi, und seitdem einen auf »Freund« macht (okay, ich lade alle zur großen Nachkriegs-*Chai*-Party auf den Trümmern meines Hauses ein): »Also, beißen wir nun in den sauren Apfel, oder warten wir, bis es noch viel schlimmer wird?«

Kommt nur alle rüber, wir hüpfen alle auf und ab, während ich *I wish* von NIN singe, so laut ich kann. Na ja, vielleicht auch nicht.

:: salam pax 11:44h ::

Freitag, 15. November 2002

Re: Offener Brief an einen irakischen Bürger++

+ vaspider.surreally.net/suddennothing/archives/001828.html#001828.
++ www.morethings.com.log/.

In Ordnung. Wirklich.

Ich verstehe deinen Standpunkt. Aber ich habe auch das Recht, eine andere Meinung zu vertreten (na ja, zumindest hier im Internet), und ich kann nicht einfach hier sitzen und sagen »Macht nur, bombardiert uns!«, denn egal, was du mir sagst, ich werde das, was jetzt passiert, und den sehr wahrscheinlichen Krieg als Teil des amerikanischen Bestrebens betrachten, die Welt unter ihre Kontrolle zu bringen. Kolonialismus ist nicht das richtige Wort, aber es hat dieselbe Färbung.

Ja, das klingt albern, aber betrachte das, was die amerikanische Regierung tut, mal mit nicht amerikanischen Augen, und du wirst ein ganz anderes Bild sehen. Es geht nicht nur um den Irak, sondern um die Außenpolitik im Allgemeinen.

Ich weiß, dass der Krieg unvermeidbar ist, und ich weiß, dass nichts von dem, was du gesagt hast, gegen mich persönlich gerichtet war – und ich weiß auch, dass Saddam ein verdammter Irrer ist, der den Finger am Abzug hat. Aber das ist mein Land, und ich liebe die Menschen hier. Du kannst mich also unmöglich davon überzeugen, dass ein Krieg OK ist. Ich fürchte mich vor dem, was bei den Angriffen passieren wird, und ich fürchte mich noch mehr vor dem, was hinterher passieren wird. Ich gehe in der Altstadt spazieren und denke immer wieder: »Wird das nächstes Jahr noch alles da sein?« Du hast natürlich Recht; auf der emotionalen Ebene kann und werde ich einen Krieg gegen den Irak nicht akzeptieren. Andererseits …

Nein, nein, nein, dieser Satz wird nicht über meine Lippen kommen. Unmöglich, hauptsächlich, weil ich den Absichten der amerikanischen Regierung nicht traue.

Noch etwas: Dieses ganze Nahost/Irak/Islam-Chaos bringt uns dem Frieden nicht näher. Die Araber haben schon immer repressive Regierungen gehabt, und wenn sie unterdrückt werden, wenden sich die meisten Menschen der Religion zu. Diese ganze Dämonisierung der Araber und des Islam und die Tendenz, die gesamte Region ständig am Kochen zu halten, indem man permanent die Finger in die Wunden legt, bringt die Leute auf die Palme. Wenn das so weitergeht, werden die USA eine Menge Kriege führen müssen. Ich persönlich – obwohl ich nicht religiös bin und mir den Islam nicht einmal als Religion aussuchen würde, wenn ich gezwungen wäre, mich für eine zu entscheiden – betrachte mich als einen Menschen, der einer Kultur angehört, die islamisch und arabisch ist, und der mit seiner »Identität« sehr zufrieden ist (halt die Klappe, Raïd, ich meine es ernst). Die ständige verbale Diffamierung der Araber und der Muslime macht mir einfach zu schaffen. Und das Argument »ihr habt angefangen« bringt uns auch nicht weiter – es wird sich nur immer und immer wieder wiederholen.

Du sagst:

> **Ich kann verstehen, dass du Präsident Bush nicht besonders wohlgesonnen bist, oder auch mir, weil ich ihn unterstütze. Aber bitte, glaub mir, wenn ich sage, dass ich nichts als Liebe in meinem Herzen verspüre für dich und deine Landsleute. Ich freue mich auf den Tag – der bald kommen wird –, an dem die Bedrohung durch Saddam Hussein und seine Handlanger von euch genommen ist.**

Zum letzten Teil sage ich nur Amen – aber erzähl bloß keinem, dass ich das gesagt habe. Bush ist jedenfalls nicht zu meiner *Chai*-Party eingeladen. Aber du darfst kommen. Bring ruhig einen Freund mit, dann plaudern wir über Krieg und Frieden. Ich werde sogar einen Dattelkuchen backen. Du wirst dich wundern, der schmeckt besser, als es sich anhört.

:: salam pax 14:21h ::

Donnerstag, 21. November 2002

Seit über einer Woche ist der Zugang zum Internet im Irak mehr als gestört. Immerhin haben wir eine Benachrichtigung vom irakischen Service Provider bekommen, in der uns mitgeteilt wurde, dass sie Probleme mit dem Satellitenlink zum »Auslandsprovider« (der in Frankreich sitzt) haben, und man hat uns versichert, dass das Problem bis zum 19. behoben sein wird. Wenn wir überhaupt eine Verbindung bekommen, dann dauert es ewig, bis wir endlich im Netz sind, und nach spätestens zehn Minuten fliegen wir schon wieder raus. Deshalb grase ich neuerdings die nicht elektronischen Medien ab. Aber heute sieht es so aus, als hätten sie das Problem in den Griff bekommen.

Um von meiner Hassliste gestrichen zu werden, hat das böse Chefmonster beschlossen, mich mit einem Buch zu bestechen: *Targeting Iraq* von Geoff Simons. Es ist bei al-Saqi erschienen, einem Verlag und Buchladen in England, der einem Araber gehört (ich glaube, das ist sogar ein irakischer Verlag, bin mir aber nicht ganz sicher. Die haben viele von Irakern geschriebene Bücher verlegt, aber das könnte auch daran liegen, dass die meisten wichtigen Autoren im Irak verboten wurden und al-Saqi ihnen eine Chance geben will). Als ich noch in England gelebt hab, habe ich bei al-Saqi eine Menge Bücher gekauft. Eines der beeindruckendsten war *Republic of Fear* – anscheinend können Studenten der University of California es online lesen, die Glückspilze –, und ein paar sehr gute Bücher über Al-Sayab habe ich auch dort gefunden. (Beim Herumgooglen bin ich auf jemanden gestoßen, der mein Lieblingsgedicht von Al-Sayab als »The Rain Song« ins Englische übertragen hat. Versucht mal, es auf Arabisch zu lesen. Wie alle muslimischen Blogger schreiben: Sämtliche Koranübersetzungen sind per se mangelhaft. Stimmt genau. »The Rain Song« klingt auf Arabisch wesentlich deprimierender.)

Gott, waren das noch Zeiten. Man hebt einfach den Hörer ab und bestellt ein Buch. Heute muss ich mich mit gebrauchten Büchern oder Fotokopien zufrieden geben, wenn ich nicht gerade im Ausland unterwegs bin. Ich will jetzt keine Diskussion über Copyright – ich bin auf Fotokopien angewiesen, andernfalls müsste ich ganz auf das Lesen verzichten. Und selbst die Kopien sind schwer zu bekommen, weil ihnen der Genehmigungsstempel des Informationsministeriums fehlt. Vor einem halben Jahr hat das Informationsministerium verfügt, dass jeder, der ohne Genehmigung des Ministeriums Bücher oder Fotokopien von Büchern verkauft, ins Gefängnis kommt und eine saftige Geldstrafe aufgebrummt kriegt. Fast jeden Freitag ziehe ich los, finde aber einfach nichts Neues. Ich hoffe immer noch, die Übersetzung von Salman Rushdies *Scham und Schande* aufzutreiben, die ich vor ewigen Zeiten einmal gesehen habe.

Okay, zurück zum bösen Chefmonster.

Jedes Mal, wenn er in Bagdad ist, arbeite ich wegen seiner Terminhektik wie ein Galeerensklave, und weil er mich nicht ordentlich bezahlt, bereite ich ihm Schuldgefühle. Diesmal versucht er, sich mit Hilfe von Bestechung davon zu befreien. Hat geklappt. *Targeting Iraq* kostet genau ein Achtel von dem, was er mir schuldet. Ich bin wirklich verdammt billig.

Weitere Nachrichten:

Der irakische Internet Service Provider hat dafür gesorgt, dass wir erstens keine E-Mail-Attachments mehr verschicken können, die mehr als 500Kb umfassen, und zweitens dass wir E-Mails nur noch an höchstens fünf Personen gleichzeitig senden dürfen. Das wurde allerdings in Einzelschritten durchgesetzt. Zuerst wurde die Zahl der Empfänger auf fünfzig begrenzt, dann vor zwei Tagen auf fünf – und zwar ohne jede Ankündigung. Aber Raïds Bruder, der eine riesige Mailingliste hat, findet solche Sachen immer irgendwie raus. Dumm nur, dass er jetzt nicht mehr aller Welt seine neuesten Flash-Effekte demonstrieren kann; aber meine Mailbox kann sich wenigstens wieder ein bisschen erholen (wenn es mir mal wieder gelingt, sie zu öffnen).

Babil, die Zeitung, die von Udai[+] herausgegeben wird, wurde eingestellt. Am vergangenen Donnerstag hatte sie eine Liste mit den Namen verschiedener Regierungsvertreter und Militärs veröffentlicht, die von den UN-Inspekteuren vernommen werden könnten. Die Liste stand auf der letzten Seite, und die Zeitung ging weg wie warme Semmeln. Ich habe keine Ahnung, wie die wandelnde Freakshow an die Namen gekommen ist, aber Udais Papa war ganz schön sauer deswegen. Also hat er ihm eins auf die Pfoten gegeben. Nicht das erste Mal. Aber der liebe kleine Udai will ja auf niemanden hören. Andererseits: Wer würde es schon wagen, ihn zu belehren? Es heißt, er schießt Leute, die ihn nerven, in die Füße, und kein Mensch, der sich nicht gerade für einen Gladiator hält, will sich mit jemandem anlegen, der sich Tiger als Haustiere hält.

Jedenfalls hat der irakische Journalismus dadurch keine seiner tragenden Säulen verloren, denn *Babil* hatte sowieso keine eigenständigen Inhalte zu bieten. Die Zeitung nutzte bloß den Umstand aus, dass die meisten Iraker keinen Zugang zum Internet haben, und kopierte einfach irgendwelche Nachrichten von

[+] Saddam Husseins ältester Sohn, getötet von US-Soldaten am 22. Juli 2003.

den diversen arabischen News-Sites. (*Babil* verfügt über eine Online-Ausgabe, wenn ihr mal nachsehen wollt. Es gibt sogar eine englische Version. Ihr werdet euch schlapp lachen.)

Also, *BABIL*, ruhe in Frieden – zumindest, bis Papa Saddam seinem Sohnemann das Spielzeug zurückgibt. In der Zwischenzeit muss sich Udai anderweitig vergnügen.

Die Großzügigkeit unseres Staatschefs kennt keine Grenzen: Seit der Freilassung der Gefangenen machen uns neue Richtlinien in fast allen Bereichen zu glücklichen irakischen Staatsbürgern. Jeder Iraker, der ein Haus bauen will, kann derzeit fast zinslose Kredite in jeder gewünschten Höhe erhalten. Du hast ein Geschäft, das ums Überleben kämpft? Hol dir ein staatliches Darlehen, und wenn du pleite gehst, zahlst du nur ein Viertel des Kredits zurück. Bist du durchs Examen gefallen und stehst ohne Abschluss da? Kein Problem. Papa Saddam erlaubt dir weiterzumachen, selbst wenn du schon zum dritten Mal durchgerasselt bist und normalerweise von der Uni fliegen würdest.

Aber das Beste sind die Autos, die jeder (außer mir natürlich) geschenkt kriegt. Neuerdings wurden auch die Richter auf die Liste der Glücklichen gesetzt, die eines dieser 30 000-$-Autos bekommen. Eigentlich hat man sie ja betrogen, denn man hat ihnen Allrad-Hyundais angedreht, von denen bislang kein Mensch je etwas gehört hatte. Die Polizei hat Nissan Maximas und Toyota Avalons erhalten. Möchte wissen, wie man sich vorkommt, wenn man 15 $ im Monat verdient, aber in einem Auto für 30 000 $ durch die Gegend fährt.

Ich empfehle der irakischen Polizei, schon mal eine Chorversion von Squarepushers *My Red Hot Car* einzustudieren. OK ... und jetzt alle zusammen: »I'm gonna fuck you with my red hot car ...« Los, los, nicht lange gefackelt. Ladet das Stück runter. Es ist der absolute Knaller.

Raïd, ich habe gehört, dass dein Onkel in den nächsten Tagen nach Jordanien fährt. Dadurch wirst du zum glücklichen Gewinner einer frisch gebrannten Musik-CD. Vorwiegend Titel aus dem Album *10 000 Hz Legend* von Air, dazu noch ein paar Sachen, die ich in Alans Laden gefunden habe. Wenn der mal zumacht, sterbe ich. Er hat sogar einen besonderen Stapel extra für mich. Alan nennt ihn den »Mist, den keiner außer Salam kauft«.

:: salam pax 12:16h ::

Dienstag, 26. November 2002

Mein Tagesrhythmus ist wegen des Ramadan völlig auf den Kopf gestellt. Mittagessen gibt's jetzt nicht vor fünf Uhr nachmittags (Sonnenuntergang), alle fangen erst nach dem Iftar an zu arbeiten – und bleiben dann die halbe Nacht auf, um sich ägyptische Soap-Operas reinzuziehen. Das Böse Chefmonster hat natürlich kein Verständnis dafür, dass man sich bis um zwei Uhr nachts *Al-Attar und seine sieben Töchter* und anschließend auch noch *Dharma & Greg* ansehen muss. Kurz danach gibt's Suhur (die letzte erlaubte Mahlzeit vor der Morgendämmerung – aber da sowieso niemand um vier Uhr früh aufsteht, findet Suhur bei uns zu Hause schon um 2:30h statt). Wenn also der Musaharati seine Trommel schlägt (sie gehen mit einer Trommel durch die Straßen, um die Leute zum Suhur zu wecken), legen wir uns ins Bett. Dann schlafen wir so lange, dass wir zu spät zur Arbeit kommen, und verbringen den Tag schlecht gelaunt, weil Kaffee und Tee vor dem Iftar, also vor Sonnenuntergang, verboten sind. Aber da meine Mutter Schiitin ist und die Schiiten immer alles kompliziert machen müssen, gibt es bei uns vor halb sechs nichts zu essen. Ihr glaubt, eine halbe Stunde spielt keine Rolle? Da irrt ihr euch gewaltig. Das spielt eine sehr große Rolle. In dieser halben Stunde wünsche ich mir jedes Mal, mein Vater wäre wenigstens ein bisschen religiös und würde auf der Einhaltung der sunnitischen Traditionen bestehen.

Mir sind diese Traditionen ja egal – Hauptsache, ich kriege was zu essen!

Hey, Allah, warum können die Moslems sich nicht mal auf eine Zeit für das Iftar einigen? Das mag vielleicht trivial sein, kann aber über Leben und Tod entscheiden. Wer war das noch, der gesagt hat: »Der liebe Gott steckt im Detail«? Architekten würden sagen, es war Mies van der Rohe.+ Andere meinen, es

+ Der Archtitekt Ludwig Mies van der Rohe (1886–1969), berühmt für seinen Satz »Weniger ist mehr«.

war Wittgenstein – und Raïd würde natürlich behaupten, *er* sei das Genie gewesen.

Schiiten und Sunniten machen nicht nur um den richtigen Zeitpunkt für das Iftar einen Riesenzirkus. Es wird auch endlos darüber diskutiert, ob man beim Gebet die Arme kreuzt oder seitlich runterhängen lässt. Wen interessiert das schon? Betet doch einfach! Und was mache ich, falls ich jemals auf die Idee kommen sollte zu beten? Eine Hand auf den Bauch legen und die andere runterbaumeln lassen? Ich gebe euch einen guten Rat: Solltet ihr jemals gezwungen werden, euch zu entscheiden, geht zu den Schiiten. Die haben noch was übrig für Zeremonien, und während der Aschura[+] dürfen Männer sogar weinen, laut wehklagen und überhaupt eine ziemliche Show abziehen – das geht alles als Beweis für Frömmigkeit durch. Wirklich sehr dramatisch.

Worin sich die beiden Fraktionen einig sind, ist, dass das Fasten den Verzicht auf jede Art von weltlichem Vergnügen einschließt. Zwischen Tagesanbruch und Sonnenuntergang darf man nicht einen einzigen schmutzigen Gedanken hegen. Nach Iftar kannst du die Sau rauslassen, und keiner nimmt Anstoß daran, aber nicht vorher. Und um uns dabei zu helfen, unsere Gedanken rein zu halten, gehen die meisten arabischen Fernsehsender dazu über, aus Filmen und Shows sämtliche Kuss- und Umarmungsszenen rauszuschneiden. ART Network schaltet sogar seine beiden Musikkanäle bis zum Iftar ab, danach gibt's Bauchtanz so viel das Herz begehrt. Selbst Showtime Network (»bringing you the best in world entertainment™« – d. h. aufgewärmte amerikanische TV-Serien) schwärzt alle möglichen Szenen. Zuerst dachte ich, sie hätten ein kleines Problem mit der Technik. Weit gefehlt. Es ist mir schlicht nicht gestattet zu sehen, wie *Dharma & Greg* sich im Vorspann küssen, denn ich könnte ja in Bezug auf Greg auf schmutzige Gedanken kommen.

Während des Ramadan kommt auch überall die Argila-Pfeife wieder zu Ehren (oder Shisha, Narghila oder Huka – aber bitte keinesfalls Blubberpfeife). Nicht dass ihr hier was falsch versteht, diese Pfeife dient nicht zum Kiffen. Es werden keine »ille-

[+] Allgemeiner moslemischer Freudentag, höchster Feiertag (Trauer- und Bußtag) bei den Schiiten (Anm. d. Übers.).

galen Substanzen« benutzt – ich würde es tun, wenn ich welche fände, aber leider ... Ursprünglich wurde der Tabak mit Honig, Fruchtsaft und Obststückchen angereichert, um ihn zu würzen. Heute kann man ihn fertig gemischt und künstlich aromatisiert kaufen. Siehe auch *The Sacred Narghile.*+

Mein Vetter K. ist so eine Art *Argila*++-Experte. Nachdem ihm sein Lieblings-Apfelaroma zu langweilig wurde, kam er auf die Idee, es unter kreativer Verwendung eines Apfels zu verbessern. Anstelle eines normalen *Argila*-Kopfes (seht auf der soeben erwähnten Website nach; dieser Typ hat Fotos von allen *Argila*-Teilen, die ich hier erwähne) benutzt man einen Apfel. Man höhlt den Apfel aus, deckt die Öffnung mit Alufolie ab, pikst Löcher hinein, und schon schmeckt der Tabak stark nach Apfel. Mein Vetter ist unglaublich kreativ. Allein diese Erfindung rechtfertigt die fünf Jahre, die er auf der Technischen Hochschule verbracht hat. Als Nächstes macht er vielleicht Zigaretten aus Bananen.

Weitere Lokalnachrichten:

Die Stadt Qurnah im Süden des Irak (ganz unten auf der Landkarte, da, wo Euphrat und Tigris zusammenfließen) wurde zwei Tage lang bombardiert. Ein Freund, der dort arbeitet, erzählte mir, dass die Flugzeuge eine freie Fläche außerhalb der Stadt unter Beschuss nahmen. Die Fenster des Hotels, in dem er wohnt, gingen dabei zu Bruch. Anfangs konnte sich niemand erklären, wieso die Amerikaner eine freie Fläche bombardierten. Als die Leute später hingingen, um die Krater zu begutachten, stellte sich heraus, dass dort unterirdische Telefonleitungen verliefen. Die Bezirke Basra und Maysan sind seitdem vom Rest des Irak abgeschnitten, zumindest telefonmäßig.

In Basra ist Adams mythischer Apfelbaum umgefallen. Einfach so. Am einen Tag stand er noch da, damit die Touristen ihn fotografieren konnten, am nächsten lag er auf dem Boden. Angeblich stand dieser Baum unter Allahs besonderem Schutz und verfügte über magische Heilkräfte. Ich schätze, Allah hat das Interesse an Adams Nachkommenschaft verloren. Wahrschein-

+ www.techism.com/narghile.
++ Wasserpfeife (Anm. d. Übers.).

lich will er uns damit sagen: »Vergesst es. Ihr habt mich zutiefst enttäuscht.«

:: salam pax 21:03h ::

Mittwoch, 27. November

Um 10:10h trafen Inspekteure in sechs UN-Fahrzeugen, begleitet von einem internationalen Journalistentross, in der vom Militär betriebenen Fabrik zur Herstellung von Grafitstäben vierzig Kilometer südwestlich von Bagdad ein. Die UN-Experten verschwanden in dem weitläufigen Komplex, ohne ihr konkretes Anliegen näher zu erläutern. Die Journalisten wurden nicht eingelassen.[+]

Junge, Junge. In den Straßen herrschte fast fünf Minuten lang gebanntes Schweigen, dann folgte ein kollektiver Seufzer der Erleichterung. Ich glaube, das Sirenengeheul ist um 9:30h losgegangen, nicht um 10. Ich habe gehört, dass über dem Gebiet, in dem die Inspekteure ihr Ding durchzogen, Flugzeuge kreisten. Aber was mich noch mehr beunruhigt, ist, dass nicht jeder in Bagdad die Luftschutzsirenen gehört hat. Ich kann mich gar nicht erinnern, wann sie das letzte Mal getestet wurden.

Fun-Fact: Während des ersten Golfkriegs und der Angriffe in den darauf folgenden Jahren gingen die Sirenen dreißig Sekunden, bevor die ersten Bomben fielen, los – wenn überhaupt. Sie sind nahezu nutzlos. Deswegen sind die Menschen, als die Sirenen ertönten, nur für ein paar Minuten wie angewurzelt auf der Straße stehen geblieben, um sich danach weiter um Ihre Angelegenheiten zu kümmern. Im Ernstfall wären wir innerhalb einer Minute platt gewesen. Wenn die Zeit sowieso nicht reicht, um in einen Bunker zu rennen, kann man auch gleich draußen bleiben und sich den Spaß ansehen. Ich jedenfalls habe mir zu diesem Zweck bereits einen gemütlichen Sessel auf dem Dach parat gestellt.

Ich muss los. Es ist Zeit fürs Iftar, und ich bin halb verhungert.

:: salam pax 17:01h ::

[+] www.abcnews.go.com.

> Dezember 2002

Montag, 2. Dezember 2002

Diana hat wieder angefangen zu bloggen! Letter from Gotham ist wieder da.

Wusstet ihr schon, dass der »größte jüdisch-babylonische Hakhamim der jüngsten Zeit« in Bagdad geboren wurde? Diana hat ein Bild von ihm auf ihrer Site. Vor einer Weile hat sie versprochen, uns mehr davon zu erzählen, sozusagen als Beitrag zu meiner Erforschung der jüdischen Geschichte im Irak, aber sie hat es nie getan. Wahrscheinlich hat sie einen Artikel über das Thema irgendwo versteckt. Gib ihn mir, Diana, du hast es mir versprochen.

Ich bin froh, dass sie wieder da ist. Falls es euch interessiert, ja, ich erzähle ihr immer noch Dinge, die ich besser für mich behalten sollte.

:: salam pax 2:09h ::

Dienstag, 3. Dezember 2002

SAUDI-ARABIEN

> **Moderne Elektroschock-Betäubungswaffen scheinen neuerdings das Lieblings-Hightechwerkzeug der Folterer zu sein, erklärte Amnesty International heute und verlangte nicht nur ein Exportverbot für solche Waffen in alle Länder, in denen Fälle von Folter mittels Elektroschock bekannt wurden, oder in denen überhaupt gefoltert wird, sondern auch ein sofortiges Verbot dieser Waffen für den Polizeieinsatz.**

»Saudi-Arabien ist weiterhin ungestraft ein fruchtbarer Boden für Folter.«[+]

SYRIEN

Während man zahlreiche politische Gefangene freigelassen hat, wurden Dutzende Menschen aus politischen Gründen verhaftet. Politische Gefangene werden weiterhin routinemäßig gefoltert.

JORDANIEN

Hunderte Menschen wurden aus politischen Gründen inhaftiert, und es gab Berichte über Folter und Misshandlung von Gefangenen durch Mitglieder des Geheimdienstes. Politische Gefangene werden weiterhin von einem Sondergericht abgeurteilt.

ÄGYPTEN

In Gefängnissen in ganz Ägypten wird gefoltert; die Opfer der Folter und deren Angehörige berichteten wiederholt von Schikanen durch die Sicherheitskräfte.

PALÄSTINA/ISRAEL

Mehr als 460 Palästinenser wurden von israelischen Sicherheitskräften getötet, darunter 79 Kinder und mindestens 32 Personen, die gezielt ermordet wurden. Bewaffnete palästinensische Gruppen töteten 187 Israelis, darunter 154 Zivilisten, von denen mindestens 36 Kinder waren.

IRAK

DAS DOSSIER[++]

Die ganze Region ist ein Jauchegrube. Diktaturen in der gesamten arabischen Welt. Die Türkei und der Iran sind nicht besser als die anderen. Aber die gütigen, wohlwollenden

---

[+] Dieser sowie die folgenden Auszüge stammen von www.web.amnesty.org.

[++] Dies ist ein Link zur Website des British Foreign and Commonwealth Office: www.fco.gov.uk/Files/kfile/hrdossier.pdf. Das Dossier trägt die Überschrift: *Saddam Hussein: Verbrechen und Verstöße gegen die Menschenrechte. Ein Bericht über den Blutzoll von Saddams Politik* (November 2002). Es enthält Berichte über Folter, den Umgang mit Frauen, Haftbedingungen, willkürliche Massenhinrichtungen, die Verfolgung der Kurden, die Verfolgung der Schiiten, Schikanen gegen oppositionelle Iraker im Exil und die Besetzung von Kuweit. Drei Zusatzkapitel sind den Themen »Foltermethoden«, »Die Kosten von Sad-

Augen des Westens sind einzig und allein auf den Irak gerichtet. Nun denn:

Vielen Dank für euer großes Interesse an der Situation der Menschenrechte in meinem Land. Danke, dass ihr 30 Jahre lang weggeschaut habt. Danke, dass ihr meine Regierung tatkräftig dabei unterstützt habt, zwei Millionen Iraker im Krieg gegen den Iran unter die Erde zu bringen. Danke, dass ihr einem Verrückten die Möglichkeit gegeben habt, chemische Waffen zu entwickeln, obwohl ihr genau wusstet, dass er verrückt ist. Danke, dass ihr nichts dagegen unternommen habt, dass Mitglieder der irakischen Kommunistischen Partei in Säurebäder gesteckt wurden. (Ihr glaubt doch nicht im Ernst, dass diese Schweinerei zum ersten Mal in Kuweit passiert ist, oder? Die Regierung benutzt diese Säurebäder seit Ende der 70er Jahre.) Danke, dass ihr sämtliche Menschenrechtsorganisationen ignoriert habt, als es um das Elend des irakischen Volkes ging. Danke, dass ihr die Sanktionen aufrechterhalten habt, von denen ihr genau wusstet, dass sie das Volk nur geschwächt haben und keinen Einfluss auf die Regierung hatten. Danke, dass ihr all das gewusst und euch einen Dreck darum geschert habt.

Für all eure Mühen bedanke ich mich mit einem herzlichen FUCK YOU.

Dieses Dossier enthält keinerlei Informationen, die nicht schon uralt sind und nicht längst von allen möglichen Menschenrechtsorganisationen durchgekaut wurden. Wieso zerbrecht ihr euch also plötzlich den Kopf darüber, wie ich es schaffe, in diesem Drecksloch zu überleben?

Lest das Dossier über den Irak lieber nicht, wenn ihr zimperlich seid, es sei denn, ihr heißt Raïd: Er muss es lesen, weil ich es von ihm verlange.

dams Politik für die muslimische Welt« und »Eine Liste von Angriffen mit chemischen Waffen« gewidmet. Das Dossier beginnt mit einem Zitat aus Tony Blairs Rede vor dem Kongress des Gewerkschaftsverbandes TUC (10. September 2002): »Wir haben etwas gegen Saddam, nicht gegen das irakische Volk. Die Menschen im Irak haben etwas Besseres verdient. Der Irak ist ein Land mit einer sehr zivilisierten Bevölkerung. Wir wollen sie wieder in der internationalen Gemeinde willkommen heißen. Wir wollen, dass die Menschen frei sind und ein erfülltes Leben führen können, ohne die Unterdrückung und den Terror von Saddam.«

Bei keiner einzigen Zeile würde ein Iraker auch nur die Brauen heben. So ist das nun mal, und so ist es immer gewesen. Jeder hat tausend Horrorgeschichten gehört, andere haben sie sogar gesehen. Und? Sie leben immer noch hier. Beiß dir auf die Zunge und mach weiter. Stell keine Fragen.

Ich habe vergessen, mich bei all den westlichen Baufirmen zu bedanken, die die oben genannten Gefängnisse errichtet haben. Und bei den osteuropäischen Ländern, die für die Ausbildung des Personals und der Sicherheitskräfte gesorgt haben.

Jetzt macht ihr euch also auf einmal Sorgen? Ich weiß nicht, ob ich wütend, traurig oder ängstlich sein soll. Ihr kanntet die Berichte die ganze Zeit, ihr wusstet Bescheid. Was ist also heute anders als vor einem Jahr?

> **Niemand bezweifelt, dass Saddam Husseins Politik reine Barbarei ist. Das war aber schon zu der Zeit bekannt, als ihm Großbritannien unter einer konservativen Regierung Waffentechnik verkaufte und ihm dafür auch noch beträchtliche Kredite einräumte.**[+]

Und wo ihr schon mal dabei seid, könntet ihr doch gleich auch das Dossier über Syrien veröffentlichen. Oder das über die Türkei. Ich bin sicher, dass ihr bereits dabei seid, das Dossier über Saudi-Arabien zu layouten und es so nett zu gestalten wie das Dossier über den Irak. Das Layout ist echt cool, meint ihr etwa nicht?

:: salam pax 2:55h ::

Donnerstag, 5. Dezember 2002

Jetzt verstehe ich, warum Diana keinen Comments Link auf ihrem Blog haben will. Denn einige dieser Kommentare, die mir um die Ohren gehauen wurden, haben mir richtig Angst gemacht. Aber ein paar Stunden später bin ich zu dem Schluss gekommen, dass ich zurückschlagen werde. Und diesmal werde ich keinen Comments Link setzen.

[+] »Amnesty attacks Irak for torture dossier« (Amnesty greift das Dossier über Folter im Irak an) am 2. Dezember 2002 (www.guardian.co.uk).

Los geht's:

Deoxy hat im Comments Link einen netten Vorschlag gemacht: »Jetzt HALT VERDAMMT NOCHMAL DIE KLAPPE und sei mal ein bisschen dankbar!!!

OK. Legen wir fünf Schweigeminuten ein und üben uns in Dankbarkeit.

Ich bin dankbar dafür, dass tonnenweise Bomben auf mein Land geworfen werden sollen.

Ich bin dankbar für das angereicherte Uran in diesen Bomben.

Ich bin dankbar für die Politik des Dual Containment, die für permanente Unruhen in der Region sorgt, aber den USA sehr gelegen kommt.

Ich bin dankbar für die Unterstützung, die die US-Regierung allen repressiven Regierungen in der Region angedeihen lässt, nur um sie fallen zu lassen, sobald sie nicht mehr gebraucht werden.

Ich bin dankbar für die Rolle, die die USA im UN Sanctions Committee spielen.

Ich bin dankbar dafür, dass ich gezwungen war, mir auf dem Schwarzmarkt Latexhandschuhe und ein Anästhetikum zu besorgen, nur um mir einen Zahn ziehen zu lassen – denn diese Dinge fallen unter das Wirtschaftsembargo.

Ich bin dankbar für die Politik eines Landes, das viel Zeit und Mühe darauf verwandt hat, wirtschaftliche Sanktionen durchzusetzen, die zwar das irakische Volk bestrafen, aber keinerlei Auswirkungen auf Saddam und sein Machtzentrum hatten, wodurch wir zu Geiseln im politischen Clinch zwischen der irakischen Regierung und der US-Regierung geworden sind.

Ich bin dankbar dafür, dass diese Sanktionen unser an Rohstoffen reiches Land so arm gemacht haben.

Ich bin dankbar dafür, dass ich zusehen darf, wie meine Professoren ihre privaten Bibliotheken verkaufen müssen, um zu überleben; und dass ich erleben darf, wie die Bücher von UN-Bediensteten gekauft werden, die sie als Souvenirs mit nach Hause nehmen.

Ich bin so voller Dankbarkeit, dass sie mir schon zu den Ohren herauskommt.

Zurück zu Deoxy: »Du sagst FUCK YOU? OK, dann verrottet doch unter Saddam – wir müssen euch ja nicht helfen. Ihr seid sauer, als wären wir euch die Hilfe SCHULDIG. Das sind wir nicht. Seid froh, wenn wir euch ÜBERHAUPT helfen.«

Also, Schätzchen, nochmal von vorn: Keiner hat euch hergebeten. Und keiner hat euch um Hilfe angefleht. Eure Regierung hat ihre Nase in die Angelegenheiten der Region gesteckt. Warum wird eigentlich immer wieder vergessen, dass die US-Regierung die islamischen Extremisten während des Kalten Krieges unterstützt hat, um den Einfluss der Sowjets einzudämmen? Tja, ich schätze, das ist nach hinten losgegangen, was? Genauso wie die Unterstützung des Irak durch die USA nach hinten losgegangen ist.

> **In seiner eidesstattlichen Erklärung schreibt Teicher, dass »der CIA-Direktor** [William] **Casey sich persönlich darum gekümmert hat, den Irak mit ausreichend Waffen, Munition und Fahrzeugen auszurüsten, um zu verhindern, dass das Land den Krieg gegen den Iran verliert«. Die Vereinigten Staaten haben »die Iraker** [nicht nur] **mit Krediten in Milliardenhöhe« unterstützt, so Teicher, sondern auch mit »militärischer Aufklärung und Beratung. Indem sie Waffenlieferungen in Drittweltländer gezielt in den Irak lenkten, haben sie sichergestellt, dass das Militär immer über die nötigen Waffen verfügte.«+**

Und ratet mal, wen Reagan 1983 als Emissär in den Irak geschickt hat, um Saddam militärisch zu beraten? Donald Rumsfeld.

Was ich damit sagen will: Steckt eure Nasen nicht in Dinge, die euch nichts angehen. Da tut ihr euch nur weh. Und ich bitte euch auf keinen Fall um Hilfe, eure so genannte Hilfe hat bereits genug Schaden angerichtet, also bleibt mir vom Hals, BITTE!

Wir erteilen Lanny das Wort: »Wenn alle eure Landsleute mehr Mumm hätten und sich wehren würden, wer könnte euch dann noch was anhaben, hm?«

+ Aus: opendemocracy.net: »No threat from Iraq?« (Keine Bedrohung durch den Irak?) von Saul Landau am 29. November 2002.

Verzeihung, aber was glaubst du wohl, wem sie zerbrochene Flaschen in den Arsch schieben? Und wem sie Stromschläge durch die Eier jagen? Wag es ja nicht, mich einen Jammerlappen zu nennen. Du hast keine Ahnung, wie es ist, wenn ein Verwandter wegen des Verdachts regierungsfeindlicher Aktivitäten in den Knast kommt – bloß weil er ein paar ausländische Freunde hat. Du hast keine Ahnung, wie das Leben sich anfühlt, nachdem ein Verwandter hingerichtet wurde, weil er mit den falschen Leuten gesprochen und seine Meinung ehrlich geäußert hat. Wenn ich Deoxy hier mal zitieren darf: »HALTET ENDLICH DIE KLAPPE und lernt, ein bisschen dankbar zu sein!!« Bleibt, wo ihr seid, und lasst mich meinen Scheiß selber regeln.

Und zu Mikes Frage: »Was würdet ihr denn tun? Kommt schon, Leute. Instapundit hat uns alle zusammengebracht. Jede Menge Leute lesen das Zeug. Das ist eure Chance, allen klar zu machen, wie bescheuert George Bush ist. Verbreitet eure Vorstellungen, die seine im Vergleich dazu vollkommen lahm aussehen lassen.«

Ich glaube wirklich, dass du klug genug bist, um zu wissen, dass es auf diese Frage keine Antwort gibt. Und wie Lynn in ihrem Kommentar schon sagte, wir können die Zeit nicht zurückdrehen und ungeschehen machen, was geschehen ist. Was auf uns zukommt, ist unvermeidlich. Die Fronten sind absolut verhärtet. Außerdem hat der Plan, das Regime zu stürzen, nichts mit dem 11. September und al-Qaida oder dem Krieg gegen den Terrorismus zu tun. Das hat die Lage nur zugespitzt. Vielleicht wurden die Pläne aber sogar verzögert, weil die USA sich erst mal um Afghanistan kümmern mussten. Ich zitiere aus einem offenen Brief vom *19. Februar 1998* an William J. Clinton vom Committee for Peace and Security in the Gulf:

> **Nur ein entschlossenes *Programm zur Beseitigung des Regimes* in Bagdad wird die Krise im Irak auf zufrieden stellende Weise beenden. Seit Jahren versuchen die Vereinigten Staaten, Saddam auszuschalten, indem sie Putschversuche und Verschwörungen unterstützten. All diese Versuche sind fehlgeschlagen. Saddam ist raffinierter, brutaler und verschwörerischer als jede Verschwörung, die die Vereinigten Staaten gegen ihn auf die Beine stellen könnten. Saddam muss überwältigt werden; er wird nicht durch einen Coup d'État**

> **gestürzt werden. Aber Saddam hat eine Achillesferse: Weil er keinen Rückhalt im Volk hat, regiert er mit Terror. Dieselbe Brutalität, die die Erfolgsaussichten eines Staatsstreichs oder einer Verschwörung minimiert, macht ihn bei seinem eigenen Volk und bei seiner Armee so verhasst. Der Irak ist reif für einen Volksaufstand. Diese Gelegenheit müssen wir ausnutzen.**

Vielleicht solltet ihr euch auch ansehen, wer diesen offenen Brief unterschrieben hat. Zu den Unterzeichnern gehören unter anderen Verteidigungsminister Donald Rumsfeld (derselbe Rumsfeld, der 1983 nach Bagdad gekommen ist, um Saddam zu sagen, dass die USA wegsehen würden, falls er im Krieg gegen den Iran chemische Waffen einsetzen wollte), der stellvertretende Verteidigungsminister Paul Wolfowitz und der stellvertretende Außenminister Richard Armitage.

Die Wege der USA sind mysteriös, nicht wahr? Erwarte also keine Antwort auf deine Frage.

Heute ist der letzte Tag des Ramadan. Und morgen ist *Eid al-Fitr**, also frohes Fest allerseits. Und möge der Frieden über uns alle kommen. Ich mache für die nächsten paar Tage den Laden dicht.

:: salam pax 3:40h ::

Dienstag, 17. Dezember 2002

Der Dollar spielt verrückt. 1 $ = 2280 irakische Dinar, und jemand, der sehr gut informiert ist (Mr. Satan, mein Lieblingsschnapsladenbesitzer), sagt, bis heute Abend wird er wahrscheinlich bei 2300 Dinar stehen. Viel zu hoch!

Es ist eiskalt – na ja, 5° C –, und wir haben schon wieder zwei Stunden Stromausfall alle zwölf Stunden. Und sobald es dunkel wird, verwandelt das Büro sich in einen Kühlschrank.

:: salam 13:29h ::

* Das dreitägige Fest am Ende des Fastenmonats Ramadan (Anm. d. Übers.).

Perlen der Weisheit von meinem Vetter:

Es gibt drei Dinge, die man im Irak jederzeit tun darf:

- schwer krank werden
- verhaftet werden
- hingerichtet werden.

Auf Arabisch klingt's besser, da reimt es sich nämlich.

Prost!

:: salam 23:07h ::

Mittwoch, 18. Dezember 2002

Ich bin total eifersüchtig! Der erste persische Wettbewerb von Top-Weblogs.+ Dieser Blog++ hat den zweiten Preis für das Blog-Design gewonnen. Auf der Seite ist ein orientalisches Teeglas abgebildet! Istikan-*Chai*, Liebling?

Wann werden wir Araber so etwas haben? Und warum tun sich die Perser leichter mit dem Bloggen als die Araber? Warum gibt es keinen einzigen arabischen Weblog? Warum? Warum? Warum?

Raïd, mein Lieber, du solltest noch heute einen einrichten. Ich verspreche dir, ich werde ihn immer lesen.

:: salam 2:39h ::

Bei Allah, es funktioniert! Ich kann auf Arabisch schreiben. Ich weiß nicht, was ihr seht, aber wenn ihr ein arabisches Sprachprogramm habt, könnt ihr wunderschöne arabische Schriftzeichen erkennen. Raïd, komm schon, leg los! Wir machen einen arabischen Blog – und dann veranstalten wir einen arabischen Blogwettbewerb. Ich werde natürlich gewinnen.

Mmmm, Blogger, ich liebe dich.

:: salam 2:52h ::

+ topweblogs.com/Winners_22.asp.
++ gapp.blogspot.com.

Donnerstag, 19. Dezember 2002

Während wir uns immer noch fragen, was Bush zu dem irakischen Dokument über Waffen sagen wird⁺, bereitet Udai schon wieder eine Riesenparty vor, um zu feiern, dass er 1996 einem Attentat entgangen ist.⁺⁺

Bei der diesjährigen Party im Club Furusia wird Nawal El Zoughbi auftreten.⁺⁺⁺

:: salam 11:36h ::

Samstag, 21. Dezember 2002

Lieber Raïd,

ich habe dir nie auf die zornige E-Mail geantwortet, die du mir geschickt hast, als ich gesagt habe, ich würde die Site löschen (was mir nicht gelungen ist – blogspot löscht die Archive nicht). Du hast gemeint, ich sei ein Feigling und würde nie zu Ende bringen, was ich einmal anfange. Du kennst mich einfach zu gut.

Ja, ich hatte Angst. Ich dachte, die Artikel von Reuters und Yahoo France würden zu viel Aufmerksamkeit erregen. Ich habe alles zu schnell gelöscht, um feststellen zu können, ob es stimmte oder nicht. Aber das war nicht der einzige Grund. Ich war ein bisschen unglücklich darüber, wie sich die Dinge im Weblog entwickelten.

Gleich nachdem ich den Weblog gelöscht hatte, habe ich Diana geschrieben, ich wünschte, es gäbe noch einen irakischen Blogger. Ich habe darüber nachgedacht, wie dieser Weblog aussehen könnte.

Zunächst einmal würde er auf Arabisch sein und so wenig Politik wie möglich diskutieren. In die Enge getrieben, würde er sich

---

⁺ »Bush Is Expected to Say Iraq Failed to Meet UN Terms« (Bush wird voraussichtlich erklären, der Irak habe die UN-Bedingungen nicht erfüllt) von David E. Sanger und Julia Preston in der *New York Times* vom 18. Dezember 2002 (www.nytimes.com).

⁺⁺ Im Dezember 1996 wurde der 32-jährige Udai durch Schüsse verwundet, als er durch das al-Mansour-Viertel von Bagdad fuhr.

⁺⁺⁺ Eine libanesische Sängerin. Siehe www.3oyoon.com/newal1.htm.

sehr pro-palästinensisch und pro-Saddam geben – nur zur Sicherheit. Außerdem wäre er voll mit Zitaten aus dem Koran und dem Hadith und vielleicht aus Um-Kalthum-Liedern. Was ich sagen will ist, dass die meisten »westlichen« Leser nichts damit anfangen könnten, weil das Ganze ihrem Kulturkreis allzu fern wäre.

Der Schlamassel, in dem ich stecke, macht mich wirklich fertig. Bei all meinem Gerede von Antiamerikanismus (gibt es das Wort?) beziehe ich mich dauernd auf amerikanische Kultur, Musik und Filme. Ich hab eins über die Rübe gekriegt, weil ich »Fuck you« geschrieben habe – ich hätte *inachat khawatkum* schreiben sollen, aber das hätte keiner verstanden. Genauso wie die meisten Iraker nicht viel von dem verstehen, was Amerikaner sagen. Wir hätten einander höflich angelächelt und uns um unseren eigenen Kram gekümmert.

Ich komme mir vor wie die Verkörperung des kulturellen Verrats. Der totale Ausverkauf – und das bringt mich dazu, dass ich mir ständig selbst widerspreche.

Erinnerst du dich noch an den Abend im Books@Café, als du mich ausgelacht hast, weil ich gesagt habe, ich halte mich für das Produkt einer muslimisch/arabischen Kultur? Du hast mich darauf aufmerksam gemacht, dass ich dir zwei Minuten vorher noch vorgeschwärmt habe, wie viel Spaß es mir macht, MTV Germany zu gucken und im Virgin Megastore in Beirut englische Bücher zu kaufen.

Ja, ich bin wohl die Inkarnation sämtlicher Diskussionen, die wir immer darüber geführt haben, ob wir nichts als Anhängsel der westlichen Kultur sind. Das ist nicht der Dialog zwischen Gleichen, von dem wir immer gesprochen haben. Ich beziehe mich auf ALLES von ihnen, weil ich einfach bis über beide Ohren in allem drinstecke. Sieh mal, seit einem ganzen Jahr schicke ich dir meine E-Mails auf Englisch! Ist das nicht traurig?

Schande über mich.

Du hast mich immer auf den Boden zurückgeholt. All die Zeitschriften, die wir früher gelesen haben: *Arabic Horizons*, *Aqlam* und was weiß ich. Jetzt blättere ich nur noch flüchtig darin herum. Inzwischen bin ich bei *Q*, *The Face* und *Wired* gelandet:

westlicher Müll. Und frag mich nicht, wann ich zum letzten Mal ein Buch auf Arabisch gelesen habe – ich würde mich zu sehr schämen, dir zu antworten. Und dann stellen mir die Leute, die meinen Blog lasen, auch noch dauernd so beängstigende Fragen: Was denkst du über die Situation in Kurdistan? Offene Briefe von Diana, auf die ich beim besten Willen nicht antworten kann.

OK, das reicht. Mehr werde ich nicht beichten. Dass ich den Blog aufgeben wollte, lag nicht nur daran, dass ich Angst hatte. Ich war ein bisschen ins Schwimmen geraten und musste mich neu orientieren. Jetzt werd nicht gleich sauer – was ich in der E-Mail gesagt habe, war nicht so böse gemeint, wie es klang. Zumindest hat es dich dazu gebracht, dass du mit dem Bloggen angefangen hast. Vielleicht wird ein gewisser Blogger dann auch endlich glauben, dass ich kein Produkt deiner wilden Phantasie bin.

Und um auf Eve Tushnets[+] E-Mail an mich zu antworten (»... wollte dich fragen, ob es dir lieber wäre, wenn die Leute hier sich nicht mit dir verlinken, oder ob es dir egal ist«), es ist mir *nicht* egal, wer sich mit mir verlinkt. Aber ich fühle mich vom Interesse der Leute für meinen Weblog geehrt, und bin sehr dankbar für all die E-Mails, die ich von Leuten bekommen habe, die wissen wollten, ob alles in Ordnung ist. Also, die Antwort, die ich jedes Mal auf diese Frage gebe: »Verlink dich mit mir Baby... ich bin eine absolute Link-Hure!«

Und hier noch was für Raïd:

Erinnerst du dich an Zaid, den Typen, der uns ein Riesenfoto von seiner Examensfeier zugemailt hat? Er trägt neuerdings traditionelle arabische Kleidung (seine *Dishdasha*[++] berührt seine Knöchel nicht, vielleicht, weil er plötzlich Wahabi[+++] geworden ist oder was weiß ich). Er schaut den Studentinnen, die er unterrichtet, nicht ins Gesicht und – halt dich fest – er benutzt Eyeliner: schwarzes Kajal. Das hat der Prophet angeblich auch gemacht. Damit ist es amtlich, dass er nur Scheiße im Hirn hat.

[+] eve-tushnet.blogspot.com.

[++] Traditionelles arabisches Männerkleid.

[+++] Fanatisch-fundamentalistische Sekte, die streng nach den Worten des Korans lebt. Sie ist nach Muhammad ibn Abd-el-Wahab benannt, der die Sekte im 18. Jahrhundert gründete.

Vor ein paar Tagen hab ich übrigens F. getroffen. Sie war so schwanger, dass ich sie erst gar nicht erkannt habe. Nett wie immer. G. ist ein Idiot, dass er sie so einfach hat laufen lassen.

Meine Mutter lässt dich grüßen und will wissen, wann du ihr Hiba vorstellen wirst.

:: salam 12:27h ::

Sonntag, 22. Dezember 2002

Die irakischen »Oppositionsgruppen« haben sich zusammengesetzt und Pläne für einen Post-Hussein-Irak erarbeitet.+

Das hat mich wirklich ungemein beruhigt! Meine Zukunft ist in guten Händen. Entschuldigt mich für einen Moment, ich muss ein bisschen herumspringen, um das zu feiern.

> **... Laut Auskunft von Vertretern der Opposition erwartet Washington, dass die Opposition ihre Bemühungen verstärkt, Glaubwürdigkeit zu gewinnen, ohne dabei allzu unabhängig zu werden, sodass die Vereinigten Staaten die Kontrolle über Iraks politische Zukunft haben und gleichzeitig über einen irakischen Partner in Wartestellung verfügen werden, falls nach der Invasion einer gebraucht wird.++**

Mann, ist das witzig – wie offen sie das alles ausposaunen. Versucht doch wenigstens, ein bisschen diskret zu sein. Das habt ihr wohl nicht nötig, was? Wir sind ja bloß ein Haufen dämlicher Araber. Die werden die Marionettenfäden schon nicht bemerken, an denen sie hin- und hergezogen werden.

> **Amerikanische Unterhändler waren anwesend, um die Konferenz zu leiten und die Oppositionsführer in Gesprächen unter vier Augen auf die von Washington gesetzten Ziele einzuschwören und dafür zu sorgen, dass sie die von den Amerikanern gesetzten Grenzen nicht überschreiten.+++**

+ »Groups Outline Plans for a Post-Hussein-Iraq« (Gruppen entwerfen Pläne für einen Post-Hussein-Irak) von Craig S. Smith in der *New York Times* vom 18. Dezember 2002 (www.nytimes.com).

++ Ebenda.

+++ Ebenda.

Kann irgendjemand ernsthaft annehmen, dass dieses Treffen irgendeine Bedeutung hatte? Die ganze Sache war doch ein einziges Chaos. Die Reden waren peinlich, und das Gerangel um die Positionen der verschiedenen Gruppen war noch peinlicher. (Nur für den Fall, dass irgendjemand denkt »Der Typ sitzt doch nie im Leben in Bagdad – wo soll er das gesehen oder gehört haben?« –; ich riskiere nicht nur eine saftige Geldstrafe von 350 $, sondern womöglich sogar eine Gefängnisstrafe, weil ich Satelliten-TV empfange.) Gleich zu Beginn drohte eine Gruppe kurdischer Sunniten damit, die Konferenz massiv zu behindern, falls sie nicht geladen wären – aber niemand nahm es zur Kenntnis, weil die amerikanischen Organisatoren der Konferenz (unter Vorsitz von Zalmay Khalizad)* sich für diesen Haufen von Idioten nicht die Bohne interessierten.

Das Ergebnis der viertägigen Konferenz war ein Dokument mit 25 von den USA diktierten Vorschlägen – nichts als heiße Luft. In Paragraph 2 steht z. B., dass die Gruppen dankbar oder erfreut darüber sind (je nachdem, wie man es übersetzt), dass die internationale Gemeinschaft das irakische Volk in seinem Bemühen unterstützt, das diktatorische Regime loszuwerden und das Land wieder aufzubauen – JEDOCH jede Einmischung in zukünftige irakische Angelegenheiten ablehnen. Ich sage: alles Blödsinn. Angenommen, sie sind unabhängig genug, um ihre eigenen Entscheidungen zu treffen – warum sollte ihnen dann irgendjemand ein Mittagessen spendieren?

»Hey, wir rüsten euch militärisch auf, setzen das Leben unserer Leute aufs Spiel und geben massenhaft Geld aus, einfach weil wir euch so sehr mögen.«

Wenn man jemanden um einen Gefallen bittet, muss man eine Gegenleistung erbringen. Und das ist ein ziemlich großer Gefallen, um den ihr da bittet. Aber da wir ja wissen, dass ihr gar nicht so unabhängig seid und dass alles, was in der Erklärung steht, von den Amerikanern genehmigt wurde, hat dieser Paragraph überhaupt keine Bedeutung – ebenso wenig wie die ganze Konferenz, die Reden und die abschließenden Empfehlungen.

---

* Der afghanisch-amerikanische Arzt Dr. Khalizad war Sonderbotschafter der Vereinten Nationen im Irak, davor in Afghanistan.

... mehrere hochrangige Mitglieder der größten Gruppen erklärten in Privatgesprächen, solche Aussagen seien nichts weiter als Phrasendrescherei, weil keine der Oppositionsgruppen als Marionette der Amerikaner betrachtet werden will.[+]

Ihr armen verblendeten Irren. Als Marionetten betrachtet werden? Ihr SEID Marionetten!

Das einzige Gute, was ich während des viertägigen Affentheaters gehört habe, war das hier:

Auf Druck des Constitutional Monarchy Movement (CMM) soll ein Referendum darüber abgehalten werden, ob das Land eine Republik bleiben oder die Monarchie wieder eingeführt werden soll, die 1958 abgeschafft wurde.[++]

Nicht dass mir die Bewegung für die Wiedereinführung der konstitutionellen Monarchie sonderlich sympathisch wäre [+++] (Raïd, tu mir einen Gefallen: Überprüf den Link und sag mir, ob es da irgendwas gibt, das sich zu lesen lohnt – ich bekomme gerade keinen Zugang). Der CMM und der INC (Iraqi National Congress mit dem Vorsitzenden Ahmad Chalabi) sind die wichtigsten Marionetten im amerikanischen Spiel. Seht euch dieses hübsche Foto[*] von den beiden mit Staatsekretär Thomas R. Pickering von 1999 an (in der Mitte Chalabi und rechts der Möchtegernkönig Ali bin Sharif Al Hussein). Und hier noch ein Verbrecherfoto von Ali bin Sharif Al Hussein.[**]

Al Sharif Alis Rede auf der Konferenz war wirklich eine der peinlichsten. Er ist das beste Beispiel dafür, warum ich behaupte, irakische Oppositionsgruppen außerhalb des Irak haben einfach keine Ahnung. Dieser Mensch, der mein Land regieren will, spricht noch nicht mal die Landessprache. Er hat nur gestammelt und gestottert und die Worte ausgesprochen, als hätte er noch nie im Leben ein arabisches Schriftzeichen gesehen. Ich hab mich die ganze Zeit gefragt, ob er vielleicht ein englisches

[+] Ebenda.
[++] »Iraqi exiles plan path to power« (Exil-Iraker wollen an die Macht) am 17. Dezember 2002 auf der BBC News Website (news.bbc.co.uk).
[+++] www.iraqcmm.org.
[*] www.meib.org/images/9911_inc.jpg.
[**] www.meib.org/images/f_hussein_sharif.jpg.

Transkript des arabischen Textes gelesen hat, weil alles so dermaßen falsch klang. Er ist noch nie im Irak gewesen. 1993 hat er dann ganz plötzlich ein großes Interesse an der Zukunft des Landes entwickelt – bis dahin hatte noch nie irgendjemand von ihm gehört oder sich für ihn interessiert. Aber ich wollte ja eigentlich etwas ganz anderes sagen.

Ich habe beschlossen, dass ich, falls es dieses Referendum jemals geben sollte, für eine konstitutionelle Monarchie stimmen werde. Abgesehen davon, dass ich eine lebenslange Allergie gegen das Wort »Präsident« entwickelt habe, glaube ich, dass ein Monarch, der nicht viel zu sagen hat, weniger Schaden anrichten wird, als ein Präsident, der seinen Posten alle vier Jahre mit Zähnen und Klauen verteidigen muss, weil er ihn nicht mehr aufgeben will. Vielleicht liege ich damit ja auch falsch, aber ich meine, falls wir je an den Punkt kommen, dass wir ein Mehrparteiensystem haben, wird es einfacher sein, wenn wir uns mit Ministern und Oppositionsparteien herumschlagen müssen, als mit einem egomanischen Einzelkämpfer. Ach, ich weiß nicht… Ich möchte einfach das Wort »Präsident« eine Zeit lang nicht aussprechen müssen, also gebt uns diesen Waschlappen vom CMM – oder noch besser, gebt uns Prinz Ra'ad bin Zaid bin Al Sharif Al Hussein. Das wäre gut – zumindest IST er Iraker, spricht Arabisch und lebt in Jordanien, nicht wie dieser Ali, der sich in dekadenten westlichen Großstädten herumtreibt.

:: salam 10:42h ::

Mittwoch, 25. Dezember 2002

Die gute Nachricht zuerst. Wir werden das Neujahrsfest im Haus meiner Eltern feiern. Sie geben eine Party, und da das Haus sowieso im Chaos versinken wird, werde ich die obere Etage für mein eigenes Fest in Anspruch nehmen. Jeder darf einen Freund mitbringen, eine Flasche was auch immer und eine Kerze. Am besten, ihr bringt VIELE Kerzen mit – das Problem mit dem Strom gerät allmählich außer Kontrolle.

Seit einigen Tagen kann man von Glück reden, wenn man in einem Viertel wohnt, in dem der Strom nicht länger als täglich fünf Stunden ausfällt. Heute sind wir schon sieben Stunden ohne

Strom, und der Tag ist noch nicht mal vorüber. In manchen Vierteln von Bagdad sitzen die Leute zehn Stunden lang im Dunkeln. Und es ist keine Besserung in Sicht. In anderen Bezirken kriegen die Leute, wenn überhaupt, eine halbe Stunde Strom pro Tag.

Dafür gibt es natürlich eine offizielle Erklärung: Wartungsarbeiten. Ich sage: Blödsinn. Wahrscheinlich sind sie gerade dabei, die Generatoren abzubauen.

Man lernt, mit diesen Blackouts umzugehen, lernt, wann sie auftreten und wie lange sie dauern. Aber die letzten Tage waren wirklich furchtbar – kein erkennbares Muster. Die schalten den Strom einfach ein und aus, wie es ihnen passt. Wir frieren ein und tauen auf, frieren ein und tauen auf. Es ist ziemlich kalt für die Jahreszeit, und es soll noch kälter werden. Die Preise für Kerosinöfen sind explodiert. Es gibt eine Fabrik (eine staatliche), die diese Öfen produziert – zu 130 000 Dinar das Stück. Aber wenn man einen kaufen will, braucht man die Genehmigung des Geschäftsführers. Fragt mich nicht, warum. Ich hab keine Ahnung. Vermutlich, weil sonst das Wort »Bürokratie« überflüssig wäre.

So, und dann nimmt man seinen gerade erstandenen Ofen und stellt sich vor das Fabrikgebäude. Nach spätestens einer Minute bietet dir irgendjemand 200 000 Dinar für das gute Stück. Wenn man in einem Geschäft nach einem solchen Ofen sucht, findet man sie zu 260 000 Dinar das Stück! Das nennt man freier Markt, nicht wahr? Ich habe mir jedenfalls gesagt, es ist billiger, wenn ich mir eine zusätzliche Decke besorge.

Wegen der plötzlichen Stromausfälle schreibe ich das hier jetzt zum dritten Mal. Ich vergesse dauernd, auf **SPEICHERN** zu drücken. Aber das hat nun ein Ende – die **automatische Speicherung** (alle fünf Minuten) ist meine Rettung.

Vor ein paar Tagen stand in der *New York Times* noch ein Artikel von John F. Burns. Weiß irgendjemand, ob es von dem Mann irgendwo ein Foto gibt? Denn falls ich ihm mal auf der Straße begegne, möchte ich ihm unbedingt sagen, wie vollkommen daneben er manchmal liegt, wenn er in Überschwang gerät. Mehr dazu später.

> **Die irakische Währung, der Dinar, befindet sich im freien Fall und verlor gegenüber dem Dollar 25 Prozent.⁺**

Seit einigen Wochen ist es ganz merkwürdig mit dem Dinar. Er dümpelt zwischen 2200 und 2300 vor sich hin. Gestern Abend, als ich meine schwer verdienten Dinar in $$ umtauschen wollte, stand der Dinar bei 2285 – und der Händler meinte, er würde noch ein bisschen steigen. Viele Großhändler in der Alshorja-Straße und der Kifah-Straße hören auf zu kaufen und zu verkaufen, sobald der Dinar verrückt spielt, und das passiert ziemlich häufig. Ich habe mir einen neuen Monitor für meinen Computer gekauft (in meinem alten ist eine Sicherung durchgebrannt, als der Strom plötzlich wieder da war – es machte einfach *sssttt-ppffft!* und dann war's vorbei), und der Händler musste erst den Dollarkurs überprüfen, bevor er mir den Bildschirm für umgerechnet 140 $ verkaufen konnte – so bescheuert ist das schon.

Unser Freund Burns meint, einen Grund dafür gefunden zu haben:

> **… irgendjemand in den oberen Etagen der Regierung hatte Dinar auf den Markt geworfen und innerhalb weniger Stunden zig Millionen Dollar gekauft.**

Sehr wahrscheinlich, aber es gibt noch einen anderen Grund: Keiner will irakische Dinar behalten, die womöglich demnächst nichts mehr wert sind. Die Preise für Grundstücke und Autos sind in die Höhe geschnellt, haben sich in kürzester Zeit fast verdoppelt, vor allem die Preise für Bauland innerhalb der Stadtgrenzen Bagdads. Investitionskredite zu niedrigstem Zinssatz werden ignoriert. Niemand will zu viel Geld herumliegen haben. Am besten, ihr holt auch gleich euer Gold aus den Schließfächern. Einige von euch kennen das arabische Wort *Farhud*. Falls eine Bombe auf die Bank fällt, dann wird sie ge*farhud*ed …

Aber ich komme schon wieder vom Thema ab. Der springende Punkt ist: Nicht nur hohe Regierungsmitglieder kaufen Dollars wie die Blöden – jeder tut es.

⁺ »In Iraq, Fear and Mumbling at the Top« (Im Irak: Furcht und Gemurmel in den oberen Etagen) von John F. Burns in der *New York Times* vom 22. Dezember 2002 (www.nytimes.com).

Apropos Geld. Es gibt eine sehr drängende Frage. Was werden wir mit all den Banknoten tun? Sie tragen alle Saddams Konterfei. Vom wertlosen 25-Dinar-Schein bis zum kürzlich erst neu eingeführten 10 000-Dinar-Schein.

Noch ein paar Zeilen aus dem Artikel:

> **Im vergangenen Monat wurden Udais Flügel gestutzt – die Regierung hatte seine Zeitung verboten, nachdem darin Artikel erschienen waren, deren Absicht offenbar war, Inkompetenz und Korruption innerhalb der Regierung aufzudecken.**

Jetzt wird die Zeitung wieder gedruckt. Als ich vor zwei Tagen ins Büro kam, lag eine Ausgabe auf meinem Schreibtisch – immer noch mit derselben schmierigen, billigen Druckerschwärze. Man sollte meinen, Saddams Sohn würde besseres Material verwenden.

> **Wenn irgendjemand außer Saddam Hussein selbst das perfekte Totem für alles Vergangene zu sein scheint, dann ist das Udai. Doch dessen derzeitige *Haltung* ist es, sich den Irakern als moderner Mann zu präsentieren, an den sie sich wenden können, falls sie sich aus der Sackgasse führen lassen wollen, in die sein Vater sie gelenkt hat.**[+]

Wie bitte? Welche Haltung? Alle außer seinen engsten »Freunden« wissen, dass er ein widerliches Monster ist. Er hat sich bereits lange vor seinem Vater selbst in eine Sackgasse manövriert. Familien verlassen schweigend das Restaurant, sobald er zur Tür hereinkommt – er ist dafür bekannt, dass er sich von seinen Jungs die Frauen vom Nebentisch holen lässt, damit sie ihm »Gesellschaft leisten«. Die Menschen hassen ihn ebenso sehr, wie sie seinen Vater fürchten. Niemand will von diesem Mann irgendwohin geführt werden. Wie kann man also nur so einen Unsinn schreiben?

Aber da dies die Zeit der Freude ist, will ich euch eine lustige kleine Geschichte über Udai erzählen: Anfang der 80er Jahre ließ der irakische Jagdclub ein neues Schwimmbad bauen. Ziemlich groß und mit der neuesten Technik ausgestattet. Zur Eröffnung wollte der Club eine Party veranstalten. Ein richtig

[+] Ebenda.

schickes Fest. Gegen elf Uhr Auftritt Udai nebst Gefolge, er ganz fesch in einem weißen Smoking und mit Zylinder. Er trinkt ein paar Gläser, findet die Party aber reichlich langweilig. Also befiehlt er allen, ins Wasser zu springen, und lässt seine Hunde los (d. h. seine Leibwächter), die die Leute, die sich noch zieren, ins Schwimmbecken werfen, lacht sich kaputt und geht. Ein echter Scherzkeks, was?

:: salam 13:40h ::

Freitag, 27. Dezember 2002

Hmmm, ignoriert er mich?

:: raïd 0:23h ::

Nein-nein-nein, wallahi+, ich ignoriere dich nicht. Ich habe dich am Donnerstag gegen 11:30h angerufen – dreimal. Ich hab's ewig klingeln lassen, aber du hast nicht abgenommen. Ich weiß, du siehst, dass es ein Anruf aus Bagdad ist, also warum gehst du nicht ran? Ich hatte gerade nichts zu tun und dachte, wir könnten ein bisschen plaudern. Stattdessen hab ich dann deinen Bruder angerufen und mich mit ihm unterhalten.

:: salam 23:49h ::

Samstag, 28. Dezember 2002

Wort des Tages: »de-Saddamisierung«

Gefunden auf Seite 34 des Berichts *Richtlinien für die amerikanische Nachkriegspolitik im Irak*++, veröffentlicht vom Council on Foreign Relations (CFR).+++ Wenn ihr keine Lust habt, den ganzen Bericht zu lesen, seht euch einfach die letzten drei Seiten an. Das »Drei-Phasen-Programm«, das das Papier vorschlägt, wird anhand eines Diagramms veranschaulicht.

+ »Wallahi« dient der Verstärkung des Gesagten.
++ www.cfr.org/pdf/Iraq_TF.pdf.
+++ www.crf.org.

Auf der Site befindet sich auch noch ein interessanter Artikel: »Wiederaufbau: Eine Checkliste für potenzielle Nachkriegshelfer in Bagdad nach dem Sturz von Saddam.«+ Er enthält das Wesentliche aus dem 35-seitigen Papier. Einiges davon klingt wie eine Liste, die meine Mutter meinem Babysitter hätte geben können:

> **Die Demokratie langsam, aber beharrlich einführen. Bindungen stärken. Rücksicht auf die Nachbarn nehmen.++**

:: salam 13:04h ::

Sonntag, 29. Dezember 2002

Vor einer Woche hat Jonathan (The Head Heeb)+++ einen Kommentar zu meinem Brief an Raïd gepostet, in dem ich gejammert habe, dass ich mich wie ein Verräter an meiner Kultur fühle. Anfangs wollte ich auf den Brief nicht antworten, weil ich nicht schon wieder so eine Wer?-Wo?-Was?-Schnitzeljagd auslösen wollte. Hab ich alles schon gemacht, hab ich alles schon erlebt. (Hi Al)*. In der Hoffnung, dass im Moment alle viel zu sehr damit beschäftigt sind, sich auf irgendwelche New Yorker Partys vorzubereiten, dachte ich mir, vielleicht kann ich jetzt heimlich eine Antwort reinschmuggeln – und dass sie erst entdeckt wird, wenn es zu spät ist.

Du schreibst: »Es ist leichter, mit Leuten zu reden, die denselben Hintergrund und die gleichen Meinungen haben, aber es ist lohnender, den Rest der Welt zu verstehen und selbst verstanden zu werden.«**

Glaub mir, das weiß ich. Es hat sich für mich sehr gelohnt. Mein Leben wurde von den Dingen, mit denen ich konfrontiert wurde, nicht nur bereichert, sondern auch verändert. In deinem Kommentar hast du geschrieben: »Ich möchte auch was über ägyptische Soap Operas wissen. Das ist egoistisch von mir, aber

---

+ www.cfr.org/publication.php?id=5288.xml.

++ Ebenda.

+++ »The Head Heeb: Knocking Down 400 Years of Icons«, headheeb.blogspot.com.

* Al vom Culpepper Log.

** Von »The Head Heeb«.

ich möchte an der Party teilnehmen.«+ Ich finde nicht, dass das egoistisch ist. Das ist auch ein Grund, warum ich Weblogs lese, sogar solche, die sehr persönlich sind. Sie ermöglichen mir einen Blick in eine Welt, die ich nicht kenne, und es ist, wie du schon sagtest, sehr lohnend.

Das Gefühl des Verrats kommt woanders her. Es gab einmal eine Zeit, da hielt ich es für eines der besten Dinge in meinem Leben, dass ich nirgendwo »verwurzelt« bin. Ich dachte, ich könnte mich überall zu Hause fühlen. Kultur, also ein kulturelles Erbe, war nichts, was ich verraten konnte, denn es gehörte nicht zu dem, wie ich mich selber sah. Aber das hat sich geändert. Heute bin ich gezwungen, mich mit etwas zu identifizieren, an das ich nicht voll und ganz glaube. Die Leute sehen einen Namen, einen Pass, und schon werde ich mit Menschen und Dingen in eine Schublade gesteckt, zu denen ich mich nicht zugehörig fühle. Eigentlich, wenn ich's mir recht überlege, hat sich das nicht über Nacht geändert: Wahrscheinlich habe ich mir immer etwas vorgemacht oder war so eine Art perfektes Chamäleon. Anstatt mich also mit wem auch immer anzulegen, habe ich irgendwann beschlossen, mich nicht mehr dagegen zu wehren. Letztlich bin ich eben so – na ja, in gewisser Weise. Das Problem war, dass mir klar wurde, dass mein Gehirn zu großen Teilen neu verkabelt werden muss; es hat riesige Lücken und enthält gleichzeitig so vieles, was mir nicht gefällt. Und das führt dazu, dass ich irgendwie in der Luft hänge. Genau daher kommt auch das Gefühl des Verrats. Ich kann mich einfach nicht voll identifizieren, so sehr ich mich auch bemühe. Obwohl ich z. B. die Texte verstehe, die Um Kalthum singt (ich habe gesehen, dass du die ägyptische Schreibweise »Kolsoum« benutzt), bin ich nicht wie meine Vettern und Kusinen in der Lage, die klassischen Dichter zu zitieren, deren Gedichte Um Kalthum singt.

Noch etwas: Danke, Ikram, für deine netten Worte und dein Verständnis.++ Um es mit einem Amerikanismus zu sagen: You just, like, totally get it. +++ Thanks.

+ www.haloscan.com/comments.php?user=jonnaomi&comment=86452382#117.
++ www.haloscan.com/comments.php?user=jonnaomi&comment=86452382#111.
+++ Du hast es echt geblickt.

Mit deiner Bemerkung über farsi-Blogs hast du den Nagel auf den Kopf getroffen.[+]

:: salam 15:14h ::

> **Ein Konvoi mit Antikriegsaktivisten, darunter wahrscheinlich Dutzende britische Freiwillige, wird nächsten Monat von London aufbrechen und an strategisch wichtigen Punkten im Irak menschliche Schutzschilde bilden.[++]**

O Mann, nicht schon wieder!

> **»Diese Leute werden auf wichtige strategische Punkte überall im Irak verteilt werden«, sagte Saad Qasim Hammoudi, ein Vertreter der regierenden Baath-Partei. [+++]**

Ihr spielt ihnen doch nur in die Hände. Ich hätte es ja verstanden, wenn ihr humanitäre Hilfe leisten wolltet – wenn ihr uns Medikamente, mobile medizinische Versorgungsstationen bringen würdet. Alles, nur keine menschlichen Schutzschilde.

> **»Niemand ist so naiv anzunehmen, dass eine Supermacht wie die USA den Irak nicht bombardiert, bloß weil ein paar Friedensaktivisten im Weg herumstehen«, meinte dagegen Mary Trotochaud.[*]**

Warum kommen sie also? Indem sie sich umbringen lassen, helfen sie keinem. Wenn ihr helfen wollt, dann postiert euch an den Grenzen, wo große Flüchtlingsströme erwartet werden: Sie werden verängstigt und vielleicht verletzt sein und Hilfe brauchen. Aber in einem Kraftwerk zu hocken und zu hoffen, dass es

[+] Ikram schrieb: »Salam schreibt, dass er die Perso-Blogger beneidet. Einige Iraner haben ihren eigenen Raum auf Farsi eingerichtet und brauchen nicht ›ihre Rasse zu repräsentieren‹. Ein Farsi kann in einem gänzlich iranischen Kontext über (frex) Anime bloggen und braucht keine Fragen zu beantworten oder sich auch nur Gedanken darüber zu machen, was Amerikaner von seinem Anime-Blogging halten. Wenn es also das ist, was Salam will – warum hört er dann nicht auf zu jammern und tut es einfach? Warum bloggt er nicht auf Arabisch, lässt sich über ägyptische Seifenopern aus und ignoriert die Amerikaner? Warum richtet er nicht einfach seinen eigenen ›Raum‹ ein, wo er ganz normal sein kann?«

[++] »›Human shields‹ head for Iraq« (»Menschliche Schutzschilde« unterwegs in den Irak) von Paul Harris im *Observer* vom 29. Dezember 2002 (www.guardian.co.uk).

[+++] »Iraq turns to human shields« (Irak erbittet Hilfe von menschlichen Schutzschilden) von Suzanne Goldenberg im *Guardian* vom 24. Dezember 2002 (www.guardian.co.uk).

[*] Ebenda.

deswegen nicht bombardiert wird, ist albern; wir haben jetzt schon zu wenig Strom. Es ist mir egal, ob ein Kraftwerk, das sowieso nicht richtig funktioniert, bombardiert wird. Besorgt euch einen kleinen Generator und ein Gerät zur Wasseraufbereitung und nehmt an der Grenze die Flüchtlinge in Empfang – das ist *echte* Hilfe. Ihr habt das Herz am rechten Fleck, und für eure Unterstützung sind wir dankbar, aber ihr solltet nicht zulassen, dass eure Mühen missbraucht werden. Wir brauchen euch LEBEND.

:: salam 15:17h ::

> **Um sich auf einen Krieg vorzubereiten, sagte der irakische Handelsminister Mohammed Mehdi Saleh gestern, sollte jeder Iraker sich mit Lebensmittelvorräten für drei Monate versorgen.+**

Panik? Na ja, nicht direkt. Wir haben schon mit dem Hamstern angefangen, lange bevor der Handelsminister uns dazu geraten hat. Deswegen sind die Preise für alles, was lagerbar ist oder für eine Lagerung gebraucht wird, drastisch gestiegen. Der Preis für Milchpulver hat sich verdoppelt, Trinkwasser in Flaschen ist praktisch nicht mehr zu haben, und der Preis für einen 40-Liter-Plastikkanister ist von 5000 Dinar auf 12000 gestiegen (wirklich zu blöd, dass ich mir nicht schon vor einem Monat einen gekauft habe). Dass der Handelsminister jetzt zum Hamstern aufgerufen hat, macht mir Angst – normalerweise sind die da oben nicht so frank und frei.

:: salam 15:22h ::

Montag, 30. Dezember 2002

Also … mit großer Freude … möchte ich das Erscheinen unserer arabischen »beta version« … ankündigen! Vielen Dank, Ladys und Gentlemen und Salams …

:: raïd 6:57h ::

+ »Saddam readies Iraq for total war: civilians stockpile food as army plays wargames« (Saddam bereitet den Irak auf den totalen Krieg vor: Zivilisten hamstern Lebensmittel, während die Armee Kriegsspiele spielt) von Ewan MacAskill im *Guardian* vom 27. Dezember 2002 (www.guardian.co.uk).

[salam]: Ich mach dir einen Vorschlag: Du schreibst alles, was du willst, auf Arabisch, ich hänge dann die Übersetzung dran. *Ahlan ahlan*, mein Tag ist gerettet.

:: salam 7:02h ::

Der Weihnachtsmann ist da! Der irakische Handelsminister Mohammed Mehdi Saleh hat gestern verkündet, dass der Irak Verträge mit Peugeot und Volkswagen unterzeichnet hat und 10000 Autos kaufen will, um sie unter der irakischen Bevölkerung zu verteilen.

Ich schlage vor, dass wir noch 2500 russische Ladas, 500000 chinesische Kinderarmbanduhren, 2500 Autos von Ssang Yong [*Salam: Koreanisch??*], zehn Tonnen Gewürze aus Indien und zehn aus Pakistan dazunehmen ... Wer braucht noch ein Weihnachtsgeschenk??? Und zehn Tonnen Kaffee aus Brasilien – das Fiasko mit den Autos wollen wir ja schließlich nicht wiederholen.

[salam]: *Nicht irakische Leser werden die Anspielung auf brasilianische Autos nicht verstehen. Anfang der 80er Jahre hat die staatliche irakische Autoimportfirma zigtausende VW Passat made in Brazil eingeführt (einem Gerücht zufolge war das Teil einer Klausel in einem Waffengeschäft, wer weiß?). Die Autos waren billig und eigneten sich hervorragend als Zweit- oder Drittwagen. Dein verzogener Bengel will ein Auto? Kauf ihm einen Brazili (d. h. »Brasilianer«)! Das Problem war, dass es das schlechteste Auto war, das man sich vorstellen kann. Völlig ungeeignet für den irakischen Sommer. Es gab einfach seinen Geist auf. Die nächste Lieferung war ein bisschen besser, aber immer noch Schrott. Bis heute ist dieser Passat das verbreitetste und billigste Auto im Irak. Es gehört so sehr zu unserem Leben, dass es in den 80er Jahren sogar Lieder darüber gab. Aber trotzdem ist die Kiste Schrott.*

:: raïd 7:56h ::

Seht euch diesen Artikel auf der *New York Times*-Website an.⁺

⁺ »In Baghdad, There's Little Romance in Music by Candlelight« (In Bagdad hat Musik bei Kerzenlicht wenig Romantik) von Neil MacFarquhar in der *New York Times* vom 26. Dezember 2002: »Die Musiker des Irakischen Symphonieorchesters, elegant gekleidet mit schwarzen Krawatten oder langen schwarzen Röcken, nahmen am letzten Abend ihrer Weihnachtskonzerte gerade auf ihren Stühlen Platz, als plötzlich der Strom ausfiel und es in der Konzerthalle stockdunkel wurde.« (www.nytimes.com).

Wenn das nicht so traurig wäre, wäre es großartig. Beim Weihnachtskonzert des Irakischen Nationalen Symphonieorchesters ist der Strom ausgefallen. Ich habe das Orchester zum letzten Mal gehört, als sie noch einmal im Monat im Raschid-Theater spielten. Jetzt klimpern sie in der Ribat-Halle – einer verlassenen Ruine mit schlechter Akustik. Die Musik klingt dort einfach nur deprimierend. Das Raschid-Theater ist jetzt – seitdem das französische Kulturzentrum es nicht mehr für Aufführungen französischer Artisten und Filme benutzt – an eine »kommerzielle« Theatergruppe vermietet, die alberne Slapstick-Komödien bevorzugt.

:: salam 23:50h ::

> Januar 2003

Freitag, 3. Januar 2003

Lieber Raïd,
ich weiß, dass du das wahrscheinlich heute nicht mehr lesen wirst. Bis es so weit ist, hoffe ich, dass deine Tante nicht mehr auf der Intensivstation liegt und es ihr besser geht. Reiß dich zusammen. Deine Mutter hat mir gesagt, dass du dich mit H. gestritten hast. Mach so was nicht am Telefon. Ich bin sicher, dass sie dich liebt, und was auch immer ihr zueinander gesagt habt, ist auf den Stress zurückzuführen, in dem ihr euch zurzeit angesichts der Umstände befindet.

Ich möchte mich bei dir noch bedanken, dass du so unerwartet am 31. in Bagdad aufgekreuzt bist. Wer weiß, vielleicht war das das letzte Mal, dass wir uns für eine ganze Weile gesehen haben. Ich bin sehr froh, dass du da warst. Weißt du, nachdem ich mich ein bisschen umgehört habe, habe ich rausgefunden, dass eine Menge unserer Freunde und Verwandten über Weihnachten Gäste aus dem Ausland zu Besuch haben, die ihren Urlaub hier in Bagdad verbringen. Zaid ist besonders glücklich über seinen Besuch (du weißt schon, der, von dem er dauernd behauptet, er sei sein einziger richtiger Freund – wir bedeuten ihm wahrscheinlich überhaupt nichts). Was? Alle verabschieden sich? Es ist, als wäre man auf der *Titanic* und wüsste, welches Schicksal ihr bevorsteht. Also, hört schon auf, mich zu umarmen und abzuküssen – ich werde schon nicht sterben, verdammt.

:: salam 22:59h ::

Samstag, 4. Januar 2003

Ich wollte schon immer wissen, wie diese Flugblätter aussehen, die die Amerikaner im Süden des Irak abwerfen. Ein Freund hat mir erzählt, das Flugblatt, das er gesehen hat, hätte ihn in Farbe und Form an eine 100-$-Note erinnert (ich habe tatsächlich irgendwo gelesen, dass die Zettel grün sind). Nicht schlecht, Sam! Ich kann mir vorstellen, wie die Leute ganz verrückt rumrennen, um sie aus der Luft aufzufangen. Geld, das vom Himmel fällt. Ich wünschte, ich würde jemanden da unten so gut kennen, dass ich ihn bitten könnte, mir eines dieser »Scheinchen« mitzubringen.

Die letzten Flugblätter waren nicht gerade umwerfend. Auf CNN.com ist eines abgebildet.+ Seht's euch an. Ich verlange eine bessere Grafik! Das sieht ja aus wie eine Reklame für einen Kindersender. Die sollten The Designers Republic++ als Grafikberater anheuern, das würde die Flugblätter sofort zu Sammlerobjekten machen.

Oder soll das jetzt eine Achse des schlechten Geschmacks werden? Also wirklich!

:: salam 14:00h ::

Montag, 6. Januar 2003

Heute war nicht nur ein Feiertag (der 82. Jahrestag der Gründung der irakischen Armee), sondern der sonnigste Tag, den wir seit langem hatten. Und was hab ich den ganzen Tag gemacht? Ich habe in dem dafür vorgesehenen Zimmer im ersten Stock die »Notreserven« sortiert und zusätzliche bestellt. Jetzt, wo der irakische Handelsminister allen geraten hat, sich Vorräte zuzulegen, hat keiner mehr Angst, für verrückt und paranoid erklärt zu werden.

Nachdem ich ein also paar Stunden damit verbracht habe, das Chaos zu beseitigen, bin ich zu dem Schluss gekommen, dass wir

---

+ www.cnn.com/2002/WORLD/meast/10/28/us.iraq.leaflets/index.html.
++ www.thedesignersrepublic.com.

zu viel Zucker und zu wenig Waschmittel haben. Also zurück in den Laden. Gott, der Ladenbesitzer verdient sich zurzeit eine goldene Nase. Ich frage mich, ob der Handelsminister den guten Rat nur gegeben hat, damit die Regierung ihre Lagerhäuser leer räumen kann. Wenn es nun doch keinen Krieg gibt, werde ich den ganzen Kram vor seinem Haus abladen und verlangen, dass er mir alles wieder abkauft. Und zwar pronto.

In einem weiteren unerwarteten Anfall von Sorge um ihr Volk hat die Regierung in verschiedenen Vierteln angefangen, Brunnen graben zu lassen – für den Fall, dass das Wasser knapp wird. Natürlich nur bei Schulen, in der Nähe von Parteigebäuden und an anderen kontrollierbaren Orten. Ich dagegen dränge auf einen eigenen Brunnen vor dem Haus der Familie Pax, aber mein Vater meint, ich sei übergeschnappt. Es ist gar nicht teuer, die bohren ein Loch etwa von der Größe einer CD dreißig Meter tief, und siehe da!, schon hat man Wasser. Man kann es natürlich nicht trinken, aber es ist trotzdem Wasser. Ich meine, ich bin schließlich derjenige, der einen krummen Rücken kriegt vom Wasserschleppen aus dem nächsten Brunnen. (Andererseits verstehe ich ihn. Das *ist* wirklich paranoid und verrückt. Vergessen wir den Brunnen.)

Außerdem haben die Rationsverteilungszentren dazu aufgerufen, die Rationen für Mai abzuholen, wir bekommen also im Februar die Rationen für drei Monate. Jetzt bin ich mir ganz sicher, dass sie ihre Lagerräume leeren wollen.

Kurz vor elf heute Morgen hab ich eine Pause gemacht, um mir die Rede im Fernsehen anzuhören. Die erste Übertragung ist immer um elf, danach wird die Sendung alle paar Stunden wiederholt. Es war das übliche Saddamgeschwafel:

> **Wenn irgendjemand versucht, euch, das irakische Volk, einzuschüchtern, jagt ihn davon und sagt ihm, er ist ein kleiner Zwerg, während wir einer Nation mit einem glorreichen Glauben angehören, einer großen Nation und einem uralten Volk, das mit seiner Zivilisation dem Rest der Menschheit gezeigt hat, was der Mensch noch lernen muss.**

Der Präsident ist noch nie ein großer Redner gewesen. (Wenn ihr einen guten Redner sucht, müsst ihr euch Mubarak anhören.) Und diesmal hat Saddam uns die schlimmen Passagen nicht mal ins Gesicht geschrien. Nur die »Da da da«-Schule der Rhetorik. Kein Feuer. Da macht man sich so seine Gedanken. Wieso haben wir keinen Diktator, der uns mit dem Feuer seiner Worte einfach verbrennt? Du könntest wenigstens die zwanzig Minuten, die du im Fernsehen bist, dafür sorgen, dass ich dir glaube, was du sagst. Aber nicht mal das. *Seufz*

Und, Junge, Junge, haben die sich mit der Bearbeitung einen abgebrochen. Nicht schlecht, lauter Kameraübergänge, aber von der Sorte »Moment das machen wir gleich nochmal«. Schnitte mitten im Satz. Hat wahrscheinlich nichts zu bedeuten, aber es irritiert.

Kurz vor Ende der Rede gab es dann doch noch einen einzigen kurzen emotionalen Augenblick. Saddam blickte direkt in die Kamera (anstatt dauernd aufs Papier und dann wieder hochzusehen) und sagte: **Der Feind sollte sich an das schreckliche Ende erinnern, das alle Großmächte ereilte, die unser Volk in der Vergangenheit angegriffen haben.**

> **Mit langen Pausen zwischen den einzelnen Wörtern. Der Hammer. »*Al masir … al maschu'um … li kul … al imbiratoriat … alti aatadat ala umatina.*«**

Also gut, es ergibt keinen Sinn, und ich habe keine Ahnung, wovon er redet. Welches »schreckliche Ende«? Alle »Feinde« sind mit reicher Beute abgezogen, von Hulagu Khan bis zu den Briten. Aber einen Moment lang hat er mir richtig Angst eingejagt.

:: salam 23:12h ::

Dienstag, 7. Januar 2003

Ich war auf der Suche nach einem kostenlosen Online-Umfrageforum, um Folgendes zu erfahren: »Wann rechnet ihr damit, dass ES losgeht?«

Ich habe einige E-Mails von Leuten bekommen, die meinen, es könne jeden Tag passieren und ich solle auf mich aufpassen. Ich dachte auch, dass die sprichwörtliche Kacke um den 3./4. Februar zu dampfen anfangen wird – aber ich habe jetzt eine neue Theorie. Hat lange gedauert, bis ich draufgekommen bin, aber das liegt daran, dass wir im Hause Pax in religiöser Hinsicht total hinter dem Mond leben.

Bald fängt die Hadsch*-Saison an. Wenn die US-Regierung nicht darauf erpicht ist, sich mit ein paar Millionen Pilgern herumzuplagen, die sich im KSA (Königreich Saudi-Arabien) tummeln, wenn sie ihren Militärschlag starten, wird bestimmt nichts vor Eid al-Adha, dem islamischen Opferfest, passieren, was so um den 12. Februar sein dürfte. Außerdem haben wir gerade al-ash hur al-hurum (muslimische Leser werden mir hier sicher ein bisschen unter die Arme greifen), das sind drei Monate, in denen es *haram* (sündhaft) ist zu kämpfen.

Wenn Bush doch Dr. Evil ist, dann wird er absichtlich einen Krieg während des Hadsch anfangen und die Muslime auf der ganzen Welt zu irgendeiner spektakulären Reaktion provozieren. Er fährt seine Massenvernichtungswaffen auf, richtet sie auf Mekka und – Bumm, bumm, bye-bye Islam! – löst den dritten Weltkrieg aus. Aber Bush ist natürlich nicht Dr. Evil, und ich bin ein Obstkuchen mit Bildern von riesigen Zitronen auf seinem Weblog.

Ist Google nicht einfach cool? Hier ist die Umfrage. Lasst eure Maustasten klicken.

Frankie sagt Krieg. Und … was meint ihr?

- Erste Februarwoche … Hadsch oder nicht, es wird losgehen.
- Zweite Februarhälfte. Da ist es wärmer.
- Es geht erst im März/April los.
- Nee … erst im Herbst, das ist kurz vor den Wahlen.
- Wie? Was seid ihr für ein blutrünstiges Pack! Es wird überhaupt keinen Krieg geben.

Jetzt könnt ihr abstimmen!

:: salam 12:40h ::

Sonntag, 12. Januar 2003

Ein Unglück kommt selten allein. Raïds Tante ist gestern gestorben. Sie lag seit Anfang des Jahres auf der Intensivstation und ist innerhalb von zwei Tagen zweimal am Herzen operiert worden.

* Pilgerreise nach Mekka.

Raïd hat immer darüber gescherzt, die Einzige in seiner Familie in Jordanien, die sich noch für politische Aktionen interessiere, sei seine Tante mit dem schwachen Herzen. Ich erinnere mich noch, wie sie immer von Demonstrationen und Protesten wegen der Ereignisse in Palästina im letzten Januar sprach, während die jordanische Regierung mit Gewaltanwendung drohte, falls die Demonstranten sich in die Nähe der amerikanischen oder israelischen Botschaft wagen sollten. Die liebe Verwandtschaft hat sie damals nur ausgelacht, sie würde sich schon schwere Verletzungen zuziehen, wenn ein Soldat sie auch nur anhauchte.

Raïd, ich kann dich nicht erreichen. Dein Handy ist seit Tagen ausgeschaltet, und auf E-Mails reagierst du nicht. Ich wünschte, ich könnte jetzt bei dir sein.

Heute kam dann auch noch ein älterer Kollege zu uns nach Hause, um uns mitzuteilen, dass sein Sohn am Morgen an einer Hirnblutung gestorben ist. Sein Sohn war zwei Jahre jünger als ich. Weil er kein Iraker ist, muss ein irrsinniger Papierkrieg bewältigt werden, um die Leiche außer Landes zu bringen. Wie soll man einem trauernden Vater so was klar machen? Ich habe mich ein paar Stunden lang um ihn gekümmert, während andere versucht haben rauszufinden, wie die Familie so schnell wie möglich nach Jordanien gelangen kann. Die Mutter will verständlicherweise nicht im Irak bleiben.

Es gibt keine angemessene Reaktion, wenn jemand einem vom Tod eines geliebten Menschen erzählt. Ich stottere und stammle mich durch Förmlichkeiten, die eigentlich nichts bedeuten.

Ich bin mit dem Herzen und meinen Gedanken bei dir Raïd, und bei deiner Großmutter, die die Stärkste von euch ist. Wenn sie trotz allem, was eure Familie mitgemacht hat, durchgehalten hat, dann wirst du das auch überstehen.

:: salam 9:40h ::

OK, die Ergebnisse der Abstimmung sind da:

- Erste Februarwoche … Hadsch oder nicht, es geht los. **(29)**
- Zweite Februarhälfte, da ist es wärmer. **(30)**
- Es geht erst im März/April los. **(14)**

- Nee … erst im Herbst, das ist kurz vor den Wahlen. **(9)**
- Wie? Was seid ihr für ein blutrünstiges Pack! Es wird keinen Krieg geben. **(9)**

Tja, dann also im Februar. Ich wünschte, ihr hättet den Termin etwas genauer definiert. Mich einen ganzen Monat lang unter dem Bett zu verstecken, ohne dass was passiert, ist bestimmt nicht lustig.

Ich glaube ja immer noch, dass sie bis nach Hadsch und Eid warten werden. Wenn das letzte Flugzeug mit ganz in Weiß gewandeten Pilgern abgehoben hat, kommt das erste Flugzeug, das Flugblätter abwirft, auf denen steht: »Alles in Deckung – Bumm!«

:: salam 23:52h ::

Beim irakischen Internetprovider ist die Hölle losgebrochen. Der Mail-Server ist jetzt schon seit drei Tagen vom Netz. Ich habe keine Ahnung, was los ist, da ich diesen E-Mail-Account nicht benutze. Aber ich habe mit jemandem gesprochen, der die ganze Sache sozusagen live mitbekommen hat:

Vor drei Tagen wurde an alle User eine E-Mail verschickt. Ich habe sie nicht gesehen, aber der Freund, der sie erhalten hat, sagte, es war eine Aufforderung an alle Iraker, Auskunft zu erteilen über irgendwelche Waffen, die sie im Haus hätten, im Falle eines Angriffs keinen Widerstand zu leisten und die irakische Regierung nicht zu unterstützen. Die Mail war auf Arabisch und es wurde eine Adresse angegeben, an die man Informationen schicken konnte. Die Mail wurde um 0:00h abgeschickt, und eine Viertelstunde später wurde der Server dichtgemacht und seitdem nicht wieder in Betrieb genommen.

Ich schätze, dass jetzt alle Mailboxen gelöscht werden. Aber was machen sie mit den Leuten, die diese Mail runtergeladen haben? Werde versuchen, jemanden zu finden, der die Mail bekommen hat und keine Angst hat zuzugeben, dass er sie noch nicht gelöscht hat.

UPDATE: Also, die *Washington Post* weiß Bescheid: »US-Regierung verschickt E-Mails an Iraker in Schlüsselpositionen.« Und

ABC Online ist ebenfalls im Bilde: »USA versenden Anti-Saddam-Mail an Iraker.« Die Überschrift des Artikels in der *Washington Post* ist allerdings nicht ganz korrekt: Mein Freund ist kein Iraker in einer »Schlüsselposition«, was auch immer das heißen mag. Jeder, der um Mitternacht seine Mails abgerufen hat, hatte dieses Ding im Postfach.

Hier ein paar Auszüge aus dem Artikel in der *Post*:

> **BEHÖRDEN SPERREN E-MAIL-SERVER**
> **Vergangene Woche erhielten zahlreiche Iraker die ersten E-Mails, berichteten ausländische Besucher. Der staatliche E-Mail-Server ist nur bestimmten Irakern zugänglich, hauptsächlich Regierungsmitgliedern, Beamten, Akademikern und Wissenschaftlern.**[+]

Das ist auch nicht ganz korrekt. Man braucht nichts weiter als einen Ausweis, einen Telefonanschluss und Bargeld. Es liegt schlicht und ergreifend an der Kohle, wenn jemand keinen Zugang zum Server bekommt. Und an der Tatsache, dass Computer im Irak noch nicht so weit verbreitet sind. Wegen des Wirtschaftsembargos dürfen sie nicht eingeführt werden. Wir kriegen hier nur Schmuggelware, die natürlich ziemlich teuer ist. Für die Leute, die in dem Artikel genannt werden, ist der Service umsonst – das hätte erwähnt werden sollen. Während die den Service kostenlos bekommen, zahlen wir uns dumm und dusselig.

> **Die irakischen Behörden haben den E-Mail-Zugang gesperrt, um zu verhindern, dass sich Nachrichten und Gerüchte im Land verbreiten, berichteten Besucher.**[++]

Zu spät. Das Flüstern ist zum Raunen geworden. Die Leute reden. Alle wollen wissen, was in der E-Mail stand.

Ich schätze, der Internet-Service wird demnächst sowieso abgeschafft. Wir werden ja sehen. Bin mal gespannt auf den nächsten Schritt in diesem albernen Spiel – vielleicht hacken sie sich auch in ein paar offizielle irakische Sites ein. Der Krieg der Zukunft, oder was?

[+] www.washingtonpost.com.
[++] Ebenda.

Wenn man jetzt bei der staatlichen Stelle anruft, die für den Provider verantwortlich ist, sagen sie einem, der Server ist wegen Wartungsarbeiten heruntergefahren. Die Netzwerkadministratoren tun mir richtig Leid. Wahrscheinlich kriegen sie gerade ihre Eier gebraten zum Mittagessen vorgesetzt. Was haben sie sich bloß zuschulden kommen lassen?

> **Der Zugang zum Internet ist im Irak möglich, aber viele Sites sind nicht zugänglich, und sämtliche ausländischen E-Mail-Server sind blockiert.+**

Darüber müssen wir noch reden. Die Leute bei Reuters haben keinen blassen Schimmer vom Internet im Irak. Oder vielleicht hat uns bloß ein gelangweilter Spammer verarscht. Adnan [adnan.org] ist auch der Meinung, dass es sich um einen Spam handelt.

Vielleicht können wir in Zukunft an der Menge der politisch motivierten Junkmails, die hier kursieren, den Grad der globalen Spannungen ablesen. Politisches Spamming. Irgendjemand sollte sich mal einen Namen dafür ausdenken.

:: salam 12:27h ::

Montag, 13. Januar 2003

> **Die Firma Daman Asset Management hat ein neues Investmentprodukt – *Daman Iraq Opportunity Fund* – auf den Markt gebracht, das Investoren die Möglichkeit geben soll, sich an der internationalen Reintegration und dem Wiederaufbau des Irak zu beteiligen.++**

Na, das musste ja passieren.

> **Der Fonds, mit einer Laufzeit von fünf Jahren und einer Option auf weitere fünf Jahre, soll eine hohe Dividende abwerfen.**

Los, worauf wartet ihr noch? Ihr geht kein Risiko ein. Der Fonds wird den Investoren ihre Investitionen plus banküblichen Zinsen zurückzahlen.

:: salam 12:25h ::

+ Ebenda.
++ gulf-news.com.

Das hier hab ich bei indymedia.org gefunden:

**Die Inspektoren kamen und schauten,
Und schauten und schauten und schauten.
Sie suchten hier, sie suchten dort,
Doch alles Verdächtige war längst fort.
Sie spähten in jedes Loch, jeden Schrank und jede Spalte,
In jede Schublade, jede Tasche und in jede Falte.
Sie entdeckten nichts in einer Truhe oder drunter,
Nicht mal in meinem privaten Bunker.
Sie fanden kein einziges Versteck mit Waffen
Und trotzdem hab ich sie noch am Hals – die Affen!
Ich habe getan, was nur ging.
Der Rest, verehrter Bush, ist dein Ding.
Bitte, nimm's mir nicht krumm, sei mir nicht böse.
Wir brauchen keinen Krieg und kein Getöse.
Lass uns zu den guten alten Zeiten zurück,
Als dein Vater und Reagan von mir noch entzückt.
Damals war ich euch treu ergeben.
Können wir das nicht wiederbeleben?
Ich sage, vergessen wir das ganze Trara.
(Und grüß mir deinen alten Papa.)**

:: salam 13:32h ::

Mittwoch, 15. Januar 2003

Da Unqualified Offerings* mein Pseudonym gelüftet hat, brauche ich mich nicht länger zu verstellen und kann euch endlich die Wahrheit über meine eigentliche Mission sagen: Ich habe mir zum Ziel gesetzt, euch eine Gehirnwäsche zu verpassen und dazu zu bringen, in die Partei einzutreten.

Wahrscheinlich fragt ihr euch schon lange, was Baath überhaupt bedeutet, und ob es etwas mit rituellen Waschungen zu tun hat. Auf Arabisch heißt die Partei Hizb al-Baa – hier müsst ihr ein Geräusch machen, als würdet ihr ersticken – th al-Arabi, und das bedeutet Arabische Auferstehungspartei. Also, gemeint ist damit die Auferstehung einer vereinten arabischen Nation, bla bla bla. Ist doch nett, oder?

---

* www.highclearing.com/uoarchives/week_2003_01_12.html#004187.

Worauf wartet ihr noch? Ich sagte: SCHLIESST EUCH AN![+] Aber kommt hinterher nicht zu mir gelaufen, wenn eure Mitgliedsunterlagen kommen und man euch nach Damaskus verfrachtet und nicht nach Bagdad. Ihr hättet vielleicht doch überprüfen sollen, ob es sich um die irakische oder die syrische Baath-Partei handelt, bevor ihr den Aufnahmeantrag unterschrieben habt.

:: salam 20:29h ::

Ich bin so aufgeregt über eine Meldung, die ich heute Morgen im Radio gehört habe, dass ich gar nicht mehr aufhören kann, zu grinsen. Zum ersten Mal nimmt die irakische Regierung zur Kenntnis, dass die Bevölkerung keine Herde blinder Schafe ist!

Als – nicht unbedingt direkte – Antwort auf den E-Mail-»Angriff« vom letzten Freitag und die Anti-Regierungs-Kampagne im Süden (der Server ist übrigens gestern Abend wieder online gegangen, wir haben alle ein 200-kb-Textdokument erhalten mit Informationen über neue Log-Ins und dergleichen) hat die Regierung eine Art öffentliche Bekanntmachung ausgestrahlt. Ich hätte mich beinahe an meinem Tee verschluckt, als ich mir das heute Morgen beim Frühstück angehört habe.

Das Ganze ist getarnt hinter einem Gespräch zwischen zwei Männern, die sich im Bagdader Dialekt unterhalten. Der eine fragt den anderen, ob er die Nachrichten gehört hat und ob er »Shaku? Maku?« (»Was gibt's?« »Was gibt's nicht?«) weiß. Daraufhin fängt der andere an, sich über die feindliche und unfreundliche Presse auszulassen: dass wir nichts auf den Quatsch geben sollen, weil die Medien sowieso nichts anderes im Sinn haben, als uns einzuschüchtern und unser Selbstbewusstsein zu untergraben; dass die Medien einen psychologischen Krieg gegen uns führen. »Aber sie können nicht ahnen«, sagt der Schlauere von den beiden, »dass wir einen starken Charakter besitzen und uns nicht hinters Licht führen lassen.«

Es ist ein ziemlich langes Gespräch, ich werde es mir nochmal anhören müssen, um mir alles zu merken, was die beiden sagen. Erstaunlicherweise wird Saddam mit keinem einzigen Wort erwähnt. Sie sagen *nahnu* (»wir, das Volk«), *al-wattan* (»die

[+] www.baath-party.org.

Nation«) und ein einziges Mal, ganz am Ende, benutzt der Schlaue das Wort »Führung«. Sehr raffiniert. Endlich mal Propaganda, bei der man nicht mit dem üblichen Saddamesisch zugeschüttet wird. Das ist wirklich das Beste an Propaganda, was sie je zuwege gebracht haben.

An einer Stelle fragt der »Zweifler« den »Schlauen« nach dem Krieg. Der antwortet ausweichend, es spiele keine Rolle, ob die Situation sich verschärfe oder abkühle. Wir sollen einfach nicht auf das feindselige Geschwätz hören und nichts davon glauben. Tja, ich schätze, das bedeutet, dass ich die *New York Times* von meiner Leseliste streichen muss. Ich bin schließlich ein guter Bürger.

Ihr könnt euch nicht vorstellen, wie mich diese fünf, sechs Minuten begeistert haben. Sie haben doch tatsächlich zugegeben, dass wir uns in einer Krisensituation befinden! Das haben sie noch nie getan. Und sie tun es nicht, indem sie Reden halten, die an Politiker im Ausland gerichtet sind, sondern sie sprechen zu den Menschen, und zwar auf eine einfache, erzählerische Weise. Das ist noch nie da gewesen. Ich feiere dieses Ereignis, indem ich keinen von meinen News-Links anklicke und den ganzen Tag irakisches Fernsehen gucke. Na ja ... sagen wir, für die nächsten fünf Stunden.

Linky stuff:

Ich habe eine Menge Linkylove von jemandem bekommen, der sich Sensible Erection+ nennt. Aber wenn ich versuche, die Seite zu öffnen, steht auf meinem Bildschirm ZUGRIFF VERWEIGERT. Ich kann nur hoffen, dass ich ausgewählt wurde, weil ich der schärfste Bear++ im Mittleren Osten bin (Link auf schamlose Weise von blee bloo blar gestohlen).+++

Apropos Sites, in die ich nicht reinkomme:

www.milkandcookies.com – hübscher Name, schweinischer Inhalt?

+ www.sensibleerection.com.

++ Ein Link zu »So You Want To Be An A-List Bear?« bei www.torque.net~bill/alist/abear0.1htm.

+++ blee bloo blar BLOG: Fat. Hairy. Gay. Atheist. Radioactive. Liberal. Whiner (Fett. Haarig. Schwul. Atheistisch. Radioaktiv. Liberal. Jammerlappen) bei johnkusch.com/johnkuschdotcom/blog.

H.E.Y.Y.O.U.I.K.N.O.W.W.H.E.R.E.Y.O.U.L.I.V.E. – Mr. Sitezapper hat dich im Visier: ZUGRIFF VERWEIGERT.

:: salam 20:43h ::

Dienstag, 21. Januar 2003

Ganz schlechtes Wetter. Bewölkter Himmel, und kaum ist man aufgewacht, muss man das Licht anmachen, weil die Sonne irgendwie vergessen hat aufzugehen oder so. Ich bin schlecht gelaunt, und dass ich mir im Büro den ganzen Tag das Geschwafel von Travis anhören muss, hebt meine Stimmung auch nicht unbedingt. Wie diese Typen es schaffen, alles so deprimierend klingen zu lassen, ist einfach unglaublich.

Ein kurzer Überblick über die derzeitige Situation in Bagdad:

Elektrizität: Alle vier Stunden fällt der Strom für zwei Stunden aus. Mein Vetter nennt das psychologisches Training für härtere Zeiten. Er verbringt seine zwei Stunden in vollkommener sensorischer Entbehrung, d. h. kein Radio, kein Licht, kein Fernsehen. Nur Kerzen und das Rauschen des Regens. Ich dagegen benutze meinen genialen »Konverter« – eigentlich nichts weiter als eine Autobatterie, die ich jedes Mal wieder auflade, wenn wir Strom haben –, mit dem ich Licht machen und einen kleinen Fernseher betreiben kann (allerdings nur eine halbe Stunde lang). Zurzeit lese ich zum dritten Mal *The Ticket That Exploded.*+

Internet: Aus irgendeinem Grund hat der Provider kein Notstromaggregat für die Server, denn die Verbindung wird jedes Mal unterbrochen, wenn der Strom ausfällt. Ich weiß auch nicht, aber irgendwas passiert, wodurch in einer bestimmten Gegend alle aus dem Netz fliegen und sich erst nach zwei Stunden wieder einloggen können. Und das scheint ja neuerdings die vorgesehene Dauer für einen Stromausfall zu sein. Diese Woche sollen auch drei weitere Bezirke Internetzugang bekommen: Tamim, Anbar und Salah al-Deen. Frohes Porno-Surfen euch allen.

+ Von William S. Burroughs.

Der Dinar: Er steht immer noch über 2 100 gegenüber dem US-Dollar. Gestern Abend waren es schon 2275 irakische Dinar, und die Nachfrage steigt, weil so viele Leute sich auf Hadsch begeben. Die Iraqi National Bank hat auf ziemlich verrückte Weise auf den Sturz des Dinar reagiert. Sie haben auf einmal angefangen, in einer Zweigstelle der Rafidain Bank eine begrenzte Menge Dollar zu 2000 Dinar zu verkaufen. Von da an standen die Dollarhändler vom Schwarzmarkt dort jeden Morgen Schlange, um die 1500 pro Person erlaubten Dollars zu kaufen. Anschließend verkloppten sie ihre **$$** zu einem überhöhten Preis auf dem Markt. Hat die fetten Dollarhändler nur noch reicher gemacht und das Problem nicht gelöst.

Die Rationen: Die Menge an Rationen, mit denen das Handelsministerium die Leute überhäuft, ist äußerst schädlich für die Preise der Waren, die in den Zuteilungen enthalten sind. Viele Familien sind darauf angewiesen, einen Teil davon zu verkaufen, um ihre Rechnungen bezahlen zu können. Weizen ist dagegen auf einmal spottbillig. Früher tauschte man ein Kilo Weizen gegen sieben Brote, jetzt bekommt man in den Bäckereien nur noch drei Brote. Dasselbe gilt für Milchpulver. Und neuerdings bekommen wir absolut ekelhafte ägyptische Seife. Die würden ihre gefliesten Böden garantiert nicht damit putzen, vor lauter Angst, die Kacheln würden sich auflösen. Aber für die Iraker ist das Zeug offenbar gut genug. Das ist wieder so ein schlechter Tausch im Namen des Programms »Lebensmittel für Öl«, und irgendein gewiefter Händler hat sich natürlich von dem Gewinn eine Wohnung in London gekauft.

Die jordanische Grenze: Es gibt jetzt ein bestimmtes Gebiet auf der jordanischen Seite des Grenzgebiets, wo »unerwünschte Iraker« festgehalten werden, bis sich eine Möglichkeit findet, sie zurück in ihr Land zu karren.

Die beste Möglichkeit, vom Irak nach Jordanien zu gelangen (d. h., wenn du Iraker bist):

- Nimm ein Flugzeug – fahr nicht mit dem viel billigeren Bus. Deine Chancen, über die Grenze zu kommen, sind wesentlich besser, wenn sie glauben, du hättest Geld.
- Buche ein Rückflugticket, auch wenn du vorhast, hier zu bleiben (s. o.).

- Falls du vorhast zurückzukommen, fahr mit dem Bus zurück und lass dir den Preis für das Rückflugticket auszahlen.
- Besorg dir entweder ein Visum für ein anderes Land oder denk dir einen plausiblen Grund aus, warum du nicht länger als zehn Tage bleiben kannst. Ein unterschriebener Wisch von deiner Arbeitsstelle, der besagt, dass du dich für soundso viele Tage auf einer Geschäftsreise befindest, ist sehr nützlich.
- Mach dich darauf gefasst, dass du zusammen mit zehn weiteren Leuten mehrere Stunden lang in einem Zimmer warten musst, bis der Grenzer dich vorlässt.

Viel Glück.

Ansonsten kannst du immer noch nach Syrien fahren. Die syrische Grenze ist für Iraker noch offen – wer weiß, wie lange noch.

Die Inspektionen: Niemand hat den Inspektoren besondere Beachtung geschenkt, bis sie anfingen, in diese Häuser im Ghazalia-Distrikt zu gehen. Seitdem gibt es Gerede. Dokumente oder nicht, man rümpft die Nase. Wenn sie das noch ein paar Mal machen, wird man sie nicht nur von »offizieller Seite« ablehnen. Außerdem gibt es Gerüchte über die Vernehmungen im Ausland. Wenn man im Ausland vernommen wird, kann man seine Familie nicht mitnehmen. »Erklären Sie mir bitte, was Sie sich unter Familie vorstellen. Eltern? Geschwister? Frau und Kinder? Tanten, Onkel? Was?« Die irakische Regierung weiß das natürlich. Tja, man kann auf die unterschiedlichste Art Druck ausüben.

Das Wetter: nass und kalt. Es regnet viel, wir hatten sogar Hagel. Kein bisschen Sonne.

Raïd (Er ist nicht in Bagdad, aber falls ihr euch wundert, dass er nicht auf Arabisch postet): Nachdem er der Einzige war, der während der Beerdigungsfeierlichkeiten für seine Tante nicht zusammengebrochen ist – und getreu unserer trauersüchtigen Art dauerte die Party für Männer drei und für Frauen sieben Tage –, liegt er jetzt mit einer schlimmen Grippe flach und muss demnächst ein Projekt beenden. Aber zumindest hat er wieder angefangen, auf meine E-Mails zu reagieren.

Ich: *Seufz* Wer auch immer den Ausdruck »partnerschaftliches Verhältnis« erfunden hat, ist ein verdammter Optimist. Ich versuch's einfach mal:

Gehorsamer Sklave sucht Meister. Peitsche und Benutzerhandbuch werden mitgeliefert. Muss u. U. zusammengebaut werden. Bei Interesse bitte E-Mail an obige Adresse. Ich kann kochen und spüle auch das Geschirr, wenn man mir den »Befehl« erteilt.

Ach ja... Ich habe die Biermarke gewechselt. Anstatt Farida trinke ich jetzt Sanabul. Es ist ziemlich irritierend, eine Küchenschabe in einer Flasche Bier zu entdecken, die man sich gerade an den Hals setzen wollte. Etwa so aufregend ist mein Leben zurzeit.

:: salam 11:56h ::

Donnerstag, 23. Januar 2003

[raïd]: Schlimmer geht's nimmer.

[salam]: Kefak 7ub.+ Hoffe, du fühlst dich ein bisschen besser. Und wie kommst du mit dem Projekt klar? Neulich wurde die Telefonleitung plötzlich unterbrochen, als ich dich gerade danach fragen wollte. Du weißt ja, dass ich ein Geizkragen bin. Solange du meine Telefonrechnung nicht bezahlst, wirst du nicht mehr als einen Anruf alle 14 Tage bekommen.

Neuerdings komme ich nicht mehr in die www.livejournal.com-Sites rein. Jetzt hoffe ich bloß, dass sie blogspot++ nicht auch noch erwischen. Aber wenn sie livejournal schon ausgeschaltet haben, dann sind die Blogger wahrscheinlich die Nächsten. Drückt mir die Daumen.

:: salam 0:04h ::

Montag, 27. Januar 2003

Jemand hat noch einen weiteren Grund gefunden, um nach Bagdad zu kommen:

+ »Wie geht's dir, mein Herz?«

++ Blogspot ist der Host von Salam Pax' Site.

»Auf nach Bagdad!
Ich will 1 000 Kacheln, 500 blaue mit der hübschen Medaille in der Mitte und 500 mit der kleinen Hand.

Auf nach Bagdad!«*

Haha. Tu dir keine Zwang an. Der Typ küsst dir die Füße, wenn du ihm tausend Kacheln abkaufst.

:: salam 11:13h ::

Donnerstag, 30. Januar 2003

Jack, das neueste Mitglied im Halt-die-Klappe-und-sag-danke-schön-Club, hat Folgendes von sich gegeben:

Denk doch mal nach. Wo gibt es Luftschutzbunker? Aha, in Regierungs- oder anderen großen Gebäuden mit einer Zielmarkierung auf einem GPS-Koordinatensystem. Nachdem ich verschiedene Artikel auf deiner Site gelesen habe, kann ich mir nicht vorstellen, dass du nicht weißt, dass deine Regierung dich ohne mit der Wimper zu zucken als Schutzschild benutzen wird. Bleib einfach zu Hause. Da bist du in Sicherheit. Wenn dann jemand an deine Tür klopft und sagt »US Army/Marines«, kannst du rauskommen. Glaub mir, euer Wohlergehen liegt uns sehr am Herzen. Unser Ziel ist es, allen dazu zu verhelfen, dass sie so frei sind wie wir. Das mag vielleicht schmalzig klingen, aber es ist wahr. Wir kommen immer als Befreier. Tausende junger Amerikaner haben im Lauf der letzten 226 Jahre im Kampf für die Freiheit anderer ihr Leben geopfert. Bei allem, was ihr zu bieten habt, müsstet ihr doch eigentlich in Wohlstand und Frieden leben können. Wer weiß? Angeblich ist euer Land ja sogar die Wiege der Menschheit. Vielleicht schafft ihr mit unserer Hilfe einen Neuanfang und könnt dem Rest der Welt dann zeigen, wie es geht.

Lieber Jack,
denk selber mal nach! Da du offenbar noch nie in Bagdad gewesen bist, bist du keine Autorität, was die Lage der Luftschutzbunker anbelangt. Diese Bunker, ich glaube, es sind etwa dreißig,

* Gepostet von Diana bei www.letterfromgotham.blogspot.com.

wurden während des Iran-Irak-Krieges gebaut. Ja, einige davon waren Teil von Militärkomplexen, aber viele wurden auch in Wohnvierteln errichtet. Sie wurden in einer Zeit gebaut, als die Regierung Leuten, die einen Bunker in ihrem Garten haben wollten, großzügige Kredite zur Verfügung stellte und fast jedes neu errichtete öffentliche Gebäude einen Luftschutzbunker bekam. Jack, deine Aussage ist schlichtweg falsch.

Kann irgendjemand beweisen, dass an dem Abend, als der Bunker als Kommunikations- und Koordinationszentrum genutzt wurde, außer den obligatorischen Parteimitgliedern irgendwelche wichtigen Leute dort waren? Schlecht informierte Nachrichtendienste? Shit happens? Tja, du hast mich angeschissen, Kumpel. Erwarte jetzt nicht von mir, dass ich begeistert ausrufe: Ah!-Großartiges-Amerika-wir-lieben-dich. Und deine Regierung wird mich noch mehr anscheißen – was glaubst du wohl, wie ich das finde?

Ich kaufe euch das ganze »die großen Befreier verhelfen anderen zur Freiheit« nicht ab, denn ich glaube einfach nicht, dass es in der Politik so etwas gibt wie Altruismus. Keiner spendiert dem anderen ein Mittagessen, und keiner tut *irgendwas*, ohne dass er sich etwas davon verspricht. Wenn deine Regierung also jetzt einen Krieg anzettelt, dann tut sie das nicht, weil sie »andere befreien« will, sondern aus hundert anderen Gründen – nur dass dieser sich besonders gut eignet, der Öffentlichkeit zum Fraß vorgeworfen zu werden. Und, nein, ich werde nicht sagen, es geht ums Öl, denn es geht nicht *nur* ums Öl, auch wenn das ein netter kleiner Nebenverdienst für euch ist.

Vielleicht solltest du den Artikel bei Perils of Victory lesen (dieser Link kam indirekt über Eve Tushnet✦ – sie hat einen Link zu Looking on the Bright Side gesetzt, wo es wiederum einen Link zu Perils of Victory gab.) Er fängt mit einem Zitat aus Graham Greenes *Der stille Amerikaner* an: »Ebenso wenig, wie er in der Lage war, sich für sich selbst Schmerz oder Gefahr vorzustellen, konnte er sich den Schmerz vorstellen, den er anderen zufügte.« Außerdem enthält der Artikel ein Zitat eines arabischen UN-Botschafters: »Die Konsequenzen werden nicht

✦ eve-tushnet.blogspot.com (»Conservatism reborn in twisted sisterhood«).

sofort zu spüren sein. Man wird vielleicht GIs sehen, die in den Straßen von Bagdad Schokolade verteilen und von den Leuten umarmt werden – drei Monate lang. Und dann wird sich eine Opposition bilden, die sich gegen die neuen Kolonialherren wendet – und gegen alle Zöglinge, die dem Land als neue irakische Führung aufgenötigt werden.«✦

So wie du es darstellst, klingt alles sehr einfach – obwohl du genau weißt, dass es das nicht ist. Aber was soll's? Nachdem du gesehen hast, wie die siegreiche amerikanische Armee durch die Straßen von Bagdad marschiert ist, wirst du CNN einfach abschalten und dir eine andere Show angucken.

Jack, ich hoffe, du verstehst meinen Standpunkt. Wir trauen den Beweggründen deiner Regierung einfach nicht. Und wenn diese Regierung gegen den Irak Krieg führt, dann sind wir nicht so naiv anzunehmen, dass sie es tut, um Liebe und Freiheit zu verbreiten. Ich bin mir noch nicht mal sicher, ob Frieden und Freiheit zu den Nebenwirkungen dieses Krieges gehören werden.

Habe mir gerade die Kommentare angesehen. Russil, ich zitiere dich: »Aber Amerikaner sollten nicht sagen, sie würden aus humanitären Gründen in den Krieg ziehen. Wie ihr seht, finden die Leute das nur zum Kotzen.«

Danke. Man hat mir schon immer gesagt, ich solle gleich zur Sache kommen und nicht um den heißen Brei herumreden. Das war es, was ich sagen wollte.

:: salam 16:55h ::

Alle haben eine E-Mail vom irakischen Provider bekommen, in der steht, dass die E-Mail- und Internet-Dienste während der nächsten 48 Stunden nur unregelmäßig zur Verfügung stehen und möglicherweise für längere Zeit ganz abgeschaltet werden. »Wartungsarbeiten und Verbesserung des Service« – vielleicht

✦ Diana, erinnerst du dich noch daran, wie ich dir über diesen Sophia-Loren-Film mit dieser Szene geschrieben habe? Also, dieser arabische Botschafter hat den Film offenbar auch gesehen. Vor allem dieses Bild bringt mich auf die Palme. Du meintest, ich würde dummes Zeug von mir geben (das stimmt nicht), aber es wurmt mich immer noch. Gibt es eine Möglichkeit, ihnen zu sagen, sie sollen wenigstens keine Hershey-Schokolade oder irgendwas mit Marshmallowfüllung verteilen? SP sollte man das übersetzen mit »Verstärkung des Firewall-Dings«. Womöglich plagen sie sich aber auch nur mit diesem merkwürdigen SQL-Slammer-Virus herum. In Udais Zeitung stand heute etwas darüber auf der letzten Seite. So oder so, es macht das Posten zum Geduldspiel.

Ich sehe im Moment nicht oft genug fern. Aber damit keiner behaupten kann, ich würde die durchschnittliche Fernsehzeit im Irak senken, habe ich mir in den letzten zwei Tagen stundenlang irakische Programme angesehen. Super Unterhaltung. Um zu beweisen, dass es ihm absolut blendend geht, flirrt Saddam fast täglich über den Schirm. Er versammelt ein paar Generäle um sich und stellt ihnen Fragen, die er anschließend selbst beantwortet. Er hat tatsächlich gesagt, dass der Westen wahrscheinlich glaubt, er leide in letzter Zeit an Schlafstörungen und müsse deswegen Tabletten nehmen. Tja, da irrt ihr euch. Er schläft jede Nacht sehr gut, weil er weiß, dass sein Volk »glücklich und zufrieden« ist. Das erklärt auch meinen Gemütszustand – dass ich da nicht schon früher draufgekommen bin ... Also keine Schlaftabletten für Saddam. Vielleicht könnte er mir ein paar abgeben? Und um zu beweisen, wie entspannt er ist, setzt er den Generälen Tee, Kaffee und Kekse vor und tafelt mit ihnen. (*Ächz*) Natürlich rührt keiner seinen Kaffee an, bis er so etwas sagt wie: »Nun, trinkt euren Kaffee, Männer. Niemand trinkt gern kalten Kaffee.« Und wie auf Kommando heben sie alle ihre Tässchen und trinken synchron ein winziges Schlückchen. Zum Totlachen.

Es gibt ein Programm namens *Humat al watan* (Wächter der Nation), das früher nur einmal pro Woche kam. Jetzt läuft es jeden Tag etwa um 19:30h. Es ist das offizielle Programm des Verteidigungsministeriums; zwischen den Aufrufen an die Reservisten und dergleichen bringen sie kleine Sketche über die bösen, bösen westlichen Regierungen. (Das Programm wird nicht auf den irakischen Satellitenkanälen übertragen, ihr könnt es also nicht empfangen. Aber ihr könnt euch die tägliche Saddamstunde ansehen.)

Die neuesten Nachrichten für Reservisten? Also, wenn ihr zwischen 1951 und 1958 geboren wurdet, seid ihr offiziell aus dem Schneider. Ihr Jungs braucht keinen Militärdienst zu leisten. Diejenigen, die den Kürzeren ziehen, sind die Jahrgänge 1966 bis 1971. Ihr seid als Nächste dran. Das ist jetzt wahrscheinlich der schlechteste Zeitpunkt, um euer Reservistentraining zu absolvieren, oder? Die Möglichkeit, euch für die zwei Monate freizukaufen, ist gestrichen, denn das Reservistentraining wird von Kussei[+] höchstpersönlich überwacht.

Und in der Zwischenzeit spiele ich mit dem Girl from Gotham[++] Blogger Ping-Pong.

Sie hat welche.

Ihr habt keine[+++].

:: salam 16:57h ::

Freitag, 31. Januar 2003

Mit dem Auto nach Mansur gefahren, um Sandwiches zu kaufen, spätabends.

Unterwegs zehn neue, mit Sandsäcken verstärkte Schützengräben gesichtet. Appetit vergangen beim Gedanken daran, wer sie benutzen und was auf diesen Straßen passieren wird.

Morgen vielleicht eine Erkundungstour, um zu sehen, was sonst noch in Bagdad passiert.

Ich bin entweder wütend oder verängstigt. Ich kann mich nicht entscheiden.

:: salam 4:16h ::

Hab ich's doch gewusst. Sie haben an der Firewall rumgefummelt.

Meinen Weblog kann ich aufmachen, aber auf allen Blogspot-Sites kriege ich nur: YOUR ACCESS HAS BEEN DENIED.

[+] Saddam Husseins jüngerer Sohn, von US-Einheiten am 22. Juli 2003 getötet.

[++] Diana, auf www.letterfromgotham.blogspot.com.

[+++] Salam hat Diana kleine arabische Kacheln von einem irakischen Künstler geschickt, die auf dem Weblog abgebildet waren.

Zeit, eine Pause einzulegen und mich vielleicht nach einer neuen Heimat für meinen Blog umzusehen. Diana wird Bescheid wissen, falls ich irgendwo anders weitermache.

Vielen Dank, Ladys und Gentlemen, Sie waren ein großartiges Publikum.

Gute Nacht.

:: salam 16:07h ::

> Februar 2003

Mittwoch, 5. Februar 2003

> **Als Spieler und Zuschauer in der Arena**
> **Verblüfft über unsere Spielzüge und die der Welt**
> **Sind wir Spielfiguren in den Händen der Zeit**
> **Und tanzen zu einer Musik, die nicht unsere ist.**
> *Khalilullah Khalili, afghanischer Dichter*[+]

Die Leserin »anya o« hat mir diese Zeilen geschickt.

Mir fehlen die Worte, um euch allen meinen Dank auszusprechen. Für eure Aufmunterungen, eure Anteilnahme und für die angebotene Hilfe.

Diana, die im selben Satz die Worte »Blogson« und »Salam« verwendet, leidet unter all den peinlichen Dingen, die »Blogsons« tun: dass ich mich über belanglose Dinge auslasse und sie mit der Vorstellung erschrecke, ich würde *Thank You For the Music* singen und dabei mein bestes ABBA-Kostüm tragen. Ich danke dir.

Jim Henley, Mann, bist du schnell. Und da er weiß, dass ich es Diana sowieso erzählen muss, schickt er die E-Mail auch gleich an sie. Danke. Zu behaupten, dass mir dein Angebot schmeichelt, wäre untertrieben. Danke, dass du an mich gedacht hast.

Kathy, danke für alle die Tipps und dass du meinem Blog eine Heimat angeboten hast. Und richte auch »MommaBear« meinen Dank aus.

Al, dass du der Erste warst, der dieses Er-ist-ein-CIA-Knecht-Dings aufgebracht hat, wird dir auf ewig einen besonderen

[+] Khalilullah Khalili (1907–1987). *Quatrains of Khalilullah Khalili*, Octagon Press.

Platz in meinem Herzen sichern. Diesmal hat er mir ein Gedicht geschrieben.

Lösch das Teil, Al:

> **Pracht im Gras**
>
> **Mein Buddy Salam ist ein Perverser, ein dreckiger, kleiner**
> **Hussein kriegt ihn nicht an den Zügel**
> **Bushys Chancen sind genauso übel.**
> **Ist er auf einer Liebesmission unterwegs, stoppt ihn keiner.**
> **Es fallen die ersten Bomben auf seine geliebte Stadt.**
> **Die Kasbah, sie zittert und bebt**
> **Während das Volk den Blick zum Himmel hebt,**
> **als der Rauch sich verzieht am Himmel über Bagdad.**
> **Die Ziegen der Nachbarn kann keiner erblicken.**
> **Sie suchen hier, sie suchen dort, auf ihrem langen Marsch**
> **und kommen vorbei an Saddams verkohltem Arsch.**
> **Doch da! Sie folgen dem Blöken im Gras**
> **und finden die Ziegen bei Salam – der ist beim F*****.**[+]

Du schuldest mir eine neue Tastatur. Mein Bruder hat seinen gezuckerten Tee darüber verschüttet, als er das gelesen hat. Jetzt klebt hier alles. Danke, Al.

Die Lady, die sich selbst als »eine Leserin« bezeichnet: Danke, ich hoffe, du schaust mal wieder vorbei und bleibst am Ball.

Emily (ich glaube, hawkgirl.blogspot.com), danke für dein Angebot, meinen Blog zu hosten.

Und schließlich Jason [shellen.com] von Pyra Labs. Ich war gerade dabei, woanders einen Blog einzurichten, als ich seine E-Mail erhielt. Jetzt werde ich mir wohl »Blogger 4 Ever« auf meinen Arm tätowieren lassen müssen.

In den letzten Tagen habe ich mich nicht gemeldet, weil ich erst sehen wollte, ob sie blogger.com ebenfalls sperren. Dann hätten sie natürlich rausgefunden, was das hier ist. Dass sie es nicht getan haben, bedeutet wahrscheinlich, dass es blogspot so ergeht wie Geocities. Seit das Internet für die Öffentlichkeit freigegeben wurde, ist alles auf Geocities blockiert, später

---

+ www.morethings.com/log/.

wurde auch alles bei MSN, Yahoo, Tripod und AOL blockiert. Zuletzt traf es Livejournal und Blogspot. Aber manchmal, wenn man von Link zu Link springt, öffnet sich eine Geocities-Seite. Man drückt »zurück« und sie verschwindet. Wenn man wieder zurück zu dem Link geht, über den man auf die Geocities-Seite gelangt ist, wird sie erneut geladen. Ich habe keine Ahnung, wie das funktioniert, aber bei Blogspot ist es jetzt genauso. Nicht dass es eine große Rolle spielen würde. Nachdem ihr mir und meinem reizbaren Bruder per E-Mail tausend Vorschläge gemacht habt, bin ich jetzt mit zwei genialen Programmen ausgerüstet, mit denen ich überallhin komme.

Das ist kein Staatsgeheimnis. Jeder hier, der Yahoo oder MSN Messengers benutzen will, sucht nach Tricks, mit denen sich der Proxy umgehen lässt, aber es ist ein Katz-und-Maus-Spiel. Wenn sie herausfinden, welche Sites man benutzt, blockieren sie sie. Dann sucht man sich halt eine andere.

Danke, dass ihr mir in den letzten Monaten so viel Vergnügen bereitet habt. Dass ihr euch die Zeit genommen habt, diesen Weblog zu lesen, meine Links zu benutzen, mir E-Mails oder Kommentare zu schreiben. Die meisten von euch wissen besser darüber Bescheid, was ich empfinde und denke, als meine Familie. Die wissen nicht mal, dass ich blogge. Ihr schon. Und Diana weiß sowieso mehr, als gut für mich ist:)

Ich danke euch.

:: salam 15:26h ::

Powells Rede wird gegen 18:00h in Bagdad übertragen.[+] Die ganze Familie hat sich bei Tee und Dattelkuchen versammelt, um sich die Powell-rockt-die-UN-Show anzusehen. Natürlich nicht im irakischen Fernsehen. Dafür haben wir extra die Satel-

[+] Der US-Außenminister Colin Powell hielt eine hochdramatische 75-minütige Rede vor dem Sicherheitsrat der Vereinten Nationen. Er präsentierte freigegebene Satellitenaufnahmen und abgehörte Gespräche, die angeblich zwischen irakischen Befehlshabern geführt wurden. Außerdem zog er Verbindungen zwischen al-Qaida und dem Irak und hielt ein Fläschchen hoch, das, so Powell, möglicherweise Anthrax enthielt. Jack Straw, der britische Außenminister, lobte Powell dafür, dass er mit Nachdruck und großer Autorität seinen Standpunkt vertreten habe, während Frankreich, Deutschland und Russland weiterhin darauf bestanden, dass man den UN-Waffeninspekteuren mehr Zeit einräumt.

litenschüssel aufgestellt. Hey, keine Panik, anschließend packen wir sie natürlich wieder weg – bis zum nächsten Ereignis. Ich habe nämlich keine Lust, zwei Monate im Knast zu verbringen, bloß weil ich unbedingt rund um die Uhr BBC sehen wollte (kein CNN auf ArabSat, das einzige Programm, das wir mit unserer winzigen Schüssel empfangen können).

Ich verschaffe mir noch schnell einen Überblick über die Ereignisse in Bagdad, bevor meine Onkel und Tanten das Haus stürmen. Die pikanteste Nachricht kam schon vor ungefähr einer Woche, aber ich habe erst heute davon erfahren. Vor ein paar Tagen machte das Gerücht die Runde, alle Spitzenpolitiker hätten neue Telefonnummern bekommen. Wozu? Rufe ich vielleicht jeden Abend bei Saddam an, um mit ihm zu plaudern? Heute hat mir ein Freund dann den Grund dafür erklärt. Vor etwa sechs Tagen war ein »Anschlag« auf die Telefonleitungen der irakischen Luftabwehreinheiten verübt worden. Wenn man in manchen Befehlszentralen den Hörer abnahm, hörte man statt des Freizeichens eine männliche Stimme, die in gebrochenem Arabisch fast den gleichen Text abspulte, den auch die berüchtigten E-Mails enthielten: »Benutzt keine chemischen oder biologischen Waffen!«, »Leistet keinen Widerstand!«, »Gehorcht nicht den Befehlen, zivile Ziele anzugreifen!« und so weiter. Das ging wohl ein paar Stunden so, und jetzt haben alle neue Nummern. Ich habe keine Ahnung, wie Uncle Sam das nun wieder hinbekommen hat. In manchen ländlichen Gegenden werden zwar Mikrowellen-Signale für Telefonverbindungen benutzt, aber unsere Chefs da oben können unmöglich so dämlich sein, so etwas für militärische Zwecke zu verwenden.

Oh, oh, das wird noch ein abgefahrener James-Bond-Film.

Die Schützengräben und Sandsackwälle, über die ich letzte Woche geschrieben habe, finden sich mittlerweile in ganz Bagdad. Sie werden aber nicht etwa von der Armee angelegt, sondern gehören zu den Vorsichtsmaßnahmen, die die Partei für den Fall eines Aufstands ergreift. Jeden Tag werden in einem anderen Stadtteil von Bagdad Übungen durchgeführt. Parteimitglieder schwärmen im jeweiligen Viertel aus, buddeln Gräben, machen es sich darin gemütlich, trinken Tee und polieren ihre Kalaschnikows. Der Nervfaktor solcher Übungstage hängt davon ab, mit welchem Eifer sich die Parteimitglieder ins Zeug legen. Am schlimmsten war es bisher in der 14. Ramadan-Straße: Sie hielten Autos an, durchsuchten sie und verlangten von den Insassen Ausweise und Militärpapiere. Zum Glück bin ich an dem Tag nicht durch diese Straße gefahren. Ich habe meine Militärpapiere nämlich immer noch nicht stempeln lassen, als Nachweis, dass ich die Reserveübungen absolviert habe.

Saddam berät sich nach wie vor täglich mit seinen Offizieren, und wir haben das Vergnügen, diese Treffen drei Mal am Tag mitverfolgen zu dürfen. Jede Abordnung, die er zu sich bestellt, darf sich über einen Scheck über 1,5 Millionen irakische Dinar und ein nagelneues Auto freuen. Die letzten Modelle, die ich bei einer der Lagerhallen erspäht habe, waren Toyota Corollas – alle weiß, ungefähr 150 Stück (ich habe nur die gezählt, die draußen standen). Wie es heißt, warten noch ein paar tausend weitere neue Autos vor den Toren der Stadt. Sie stehen so dicht nebeneinander geparkt, dass ein klitzekleines Feuer in einem der Wagen gleich 38 weitere geschrottet hat. Die Feuerwehr war nicht schnell genug an den Brandherd herangekommen.

Klatsch ist doch was Feines!

Ich musste eine Geschäftsreise nach Arbil im Norden des Irak absagen, nachdem ich herausgefunden hatte, dass man eine Reisegenehmigung vom Außenministerium braucht, wenn man (selbst wenn »man« ein einheimischer Mitarbeiter und irakischer Staatsbürger ist) im selben Wagen wie ein WHO-Mitarbeiter fährt. Auf diese Genehmigung muss man allerdings drei Tage warten – zu lange für meinen Trip. Und ich hatte gedacht, ich wäre so verdammt clever. Es gibt ja keine eigentliche Grenze auf dem Weg in den Norden, aber man passiert erst einen »irakischen« Kontrollpunkt, dann einen »kurdischen«, und wenn man sich Ärger ersparen will, fährt man am besten in einem Wagen einer internationalen Organisation mit. Tja, und dafür braucht man eine Genehmigung der Iraker. Ätsch, angeschissen.

Es klingelt. Ich muss weg.

:: salam 17:10h ::

Samstag, 8. Februar 2003

8. Februar 1963

Präsident Abd al-Karim Qasim wird bei einem Putsch der Arabischen Sozialistischen Auferstehungspartei gestürzt (die erste Baath-Revolution, die später die »Jungfrau« aller Revolutionen genannt wurde). Abd al-Salam Arif wird Präsident und jagt die Baathisten zehn Monate, nachdem sie ihn in den Präsidentensessel gehievt haben, aus dem Machtapparat. Saddam ist Mitglied der Gruppe, die Abd al-Karims Wagen in der Raschid-Straße angegriffen hat.

17. Juli 1968

Der zweite Putsch unter der Führung der Baathisten. Arif wird gestürzt. General Ahmad al-Bakir wird Präsident, Saddam Hussein Vizepräsident.

16. Juli 1979

Al-Bakir »tritt zurück«, Saddam Hussein wird Präsident der Republik Irak, und wir bekommen einen Feiertag. Sicher nicht, um darüber nachzudenken, warum es jemals Menschen geben konnte, die sich von der baathistischen Ideologie täuschen ließen.

Eine arabische Nation mit einer ewigen Botschaft!

Einheit *(wahda)*

Freiheit (*huria*)

Sozialismus (*ishtirakia*)

Manchmal, wenn man mit jemandem spricht, der das alles miterlebt hat – jemand der Generation, die die Chance hatte, auf die Straße zu gehen und Veränderungen zu bewirken –, rutscht es einem einfach so heraus:

[salam pax]: Ihr wurdet hereingelegt und benutzt, ist euch das eigentlich klar?

[Eltern-Einheit]: Ja. Und? Willst du eine offizielle Entschuldigung?

[salam pax]: Nein, ich wollte einfach nur wissen, ob euch das alles bewusst ist.

Einzig mein Kommunisten-Onkel fängt dann an, mich zu beschimpfen :-)

:: salam 15:49h ::

Lisha hat magnetische Poesie nur für mich.+

Ihr wisst, dass ich auf so was stehe. Ihr solltet euch all ihre magnetischen Gedichte ansehen.

Mensch, hab ich dich vermisst – und deine Seite hat in den letzten Wochen völlig verrückt gespielt. Ich hoffe, du hast alles geregelt gekriegt. Tut mir Leid zu hören, dass du deine Aufzeichnungen für den Roman verloren hast.

:: salam 20:26 ::

Presseerklärung der Campaign Against Sanctions on Iraq (CASI) vom 7. Januar 2003:

> **Ein »streng vertrauliches« UN-Dokument, das zur Erstellung eines UN-Hilfeplans für den Fall eines Krieges mit dem Irak dient, sagt eine hohe Zahl ziviler Opfer, die Verschärfung der bereits existierenden Versorgungskrise mit Lebensmitteln und »das Ausbrechen von Seuchen in epidemischem, wenn nicht pandemischem Ausmaß« voraus.**

Das Dokument trägt den Titel »Likely Humanitarian Scenarios« (Wahrscheinliche Humanitäre Szenarien) und wurde offenbar zum ersten Mal in einem Artikel der *Times* vom 23. Dezember 2002 erwähnt:

> **Die Vereinten Nationen bereiten geheime Hilfepläne für einen Krieg vor, der die gesamte irakische Ölproduktion zum Erliegen bringen, die Elektroversorgung des Landes »ernsthaft beeinträchtigen«, Aufstände der Bevölkerung provozieren und 900 000 Flüchtlinge verursachen wird.**

Die Organisation (CASI) behauptet, sie hätte einen Entwurf dieses Dokuments von einer UN-Quelle erhalten, die die Ver-

+ www.vaspider.surreally.net/suddennothing.

öffentlichung einzelner Teile daraus genehmigt hatte.* Bei all dem Gerede über menschliche Schutzschilde und Antikriegsproteste denkt keines der »menschlichen Schutzschilde« an einen Plan »B«. Und nach dem Wenigen, was ich gehört habe, müssen die meisten internationalen Organisationen, einschließlich der UNHCR**, zugeben, dass sie nicht wirklich vorbereitet sind auf einen »humanitären Ernstfall« im Irak und dafür auch nicht über genügend Mittel verfügen. Und selbst wenn die Mittel verfügbar wären, bestünde immer noch das Problem, sie dorthin zu schaffen, wo sie gebraucht werden. Das zu lesen ist bitter.

Ich muss einen neuen Begriff in meinen Wortschatz aufnehmen: Internally Displaced Persons (IDPs) (Vertriebene). Der Bericht schätzt die Zahl der gesamten IDPs auf zwei Millionen, die Zahl der Flüchtlinge allein an der iranischen Grenze auf 900 000 und an der Grenze zu Saudi-Arabien auf 50 000 – diese kämen »aus Bagdad und anderen zentralen Bezirken« (Absatz 17). Ich vermute, dass Jordanien und Syrien wegen der Wüste im Westen ein bisschen zu schwierig zu erreichen sind, aber die Türkei würde wahrscheinlich auch mit einer Menge Flüchtlinge konfrontiert werden (na ja, die haben ja sowieso schon reichlich Zelte auf irakischem Boden aufgebaut). Ein kürzlich erschienener Artikel auf der Website der UNHCR beziffert die Zahl der erwarteten Flüchtlinge auf ungefähr 600 000:

> **Der Hochkommissar für Flüchtlinge der Vereinten Nationen, Ruud Lubbers, sagte am Dienstag, dass bei einer Militäraktion im Irak unter Führung der USA voraussichtlich 500 000 bis 600 000 Iraker zu Flüchtlingen würden. Lubbers ging bei einer Pressekonferenz in Genf davon aus, dass die Hälfte der irakischen Flüchtlinge in den Iran fliehen, während die andere Hälfte wahrscheinlich in der im Norden gelegenen Türkei Zuflucht suchen würde.**

Erscheint irgendwie sinnvoller, als nach Saudi-Arabien zu flüchten. Eine Kleinigkeit fehlt allerdings im oben erwähnten UN-Dokument:

---

* »Likely Humanitarian Scenarios«, 10. Dezember 2002 (casi.org.uk.).
** Flüchtlingskommission der Vereinten Nationen (www.unhcr.ch).

Lubbers sagte, ein militärischer Konflikt im Irak werde außerdem eine große Zahl von »IDPs« verursachen, die vor dem Krieg flüchteten, aber diese Menschen könnten wie auch in Afghanistan nicht auf den Schutz durch die UNHCR zählen, da sie nach geltendem internationalem Recht nicht unter die Kategorie Flüchtlinge fielen.

Und was passiert bitte schön mit den zwei Millionen IDPs?

Doch zurück zu den »Wahrscheinlichen Humanitären Szenarien«. Der Bericht unterscheidet zwischen Notfallmaßnahmen und längerfristigem humanitären Bedarf. Hier die Liste der Notfallmaßnahmen:

- Brückenbau, Materialbeschaffung und Transport
- Lebensmittel und Hilfsgüter für 5,4 Millionen Menschen
- Medikamente und anderes Material zur Behandlung von Verletzungen für rund 100 000 Personen
- Medikamente zur Behandlung extrem anfälliger Menschen, insgesamt rund 1,23 Millionen
- Medikamente, um den alltäglichen Bedürfnissen von 5,4 Millionen Menschen gerecht zu werden
- Nahrungsergänzungsmittel für 0,54 Millionen
- Geräte zur Wasseraufbereitung für 5,4 Millionen
- Reinigungsmittel und Gebrauchsgüter für 5,4 Millionen
- Hygieneartikel und Chemikalien
- Sämtliche Hilfsgüter für zwei Millionen IDPs, von denen eine bestimmte Anzahl – die zum jetzigen Zeitpunkt nicht mit Sicherheit festgelegt werden kann – zu Flüchtlingen werden könnte
- Schutz im Kriegsfall für 1,4 Millionen Menschen
- Einrichtungen für Minderjährige, die von ihrer Familie getrennt wurden
- Einrichtungen für 100 000 irakische Flüchtlinge in benachbarten Staaten
- Minenräumung, Beseitigung von Blindgängern, Vorsichtsmaßnahmen

Es wird euch nicht entgangen sein, dass *ein* mögliches Weltuntergangsszenario gar nicht erst erwähnt wird: falls nämlich eine der kriegführenden Parteien »unkonventionelle Waffen« anwendet. Sollte das tatsächlich eintreten, würde die ganze Situation völlig außer Kontrolle geraten. Lieber gar nicht daran denken.

:: salam 23:06h ::

Dienstag, 11. Februar 2003

Ganz schlechte Internet-Verbindung in den letzten beiden Tagen. Die lokalen Server antworten zwar, aber es werden keine Seiten geladen. Dann plötzlich ist zehn Minuten lang alles bestens, aber ich komme kaum dazu, meine E-Mails durchzusehen, geschweige denn, irgendwelche Nachrichten zu lesen, bevor es wieder vorbei ist.

Könnt ihr euch noch an die Zeit kurz vor dem ersten Golfkrieg erinnern, als alle herumgerannt sind und ihr pflichtschuldiges »Also, wir haben ja alles versucht, aber... bla bla bla«-Geschwätz abließen? Genauso kommt es mir jetzt auch vor. Das ist »die Neuauflage eines schlechten Films«, wie Bush sich in einer seiner Reden so schön ausgedrückt hat. Glaubt mir, ich habe auch keine Lust, mir den Film zu Ende anzusehen und mitzuerleben, wie der nächste Bush die Welt nach seiner Pfeife tanzen lässt.

(Fun-Fact am Rande: Könnt ihr euch noch an diesen kindischen Witz erinnern? Es gibt ein Mosaik am Eingang des Hotels Raschid, das Bush senior darstellt: Jeder, der rein will, muss darüber gehen. Im Raschid sind alle internationalen Staatsgäste untergebracht. Ich habe einige ulkige Ministerium-für-alberne-Gangarten-ähnliche Versuche gesehen, nicht auf das Mosaik zu treten. Es ist absolut lächerlich. Tja, jetzt ist das Mosaik leider nicht mehr zu sehen. Man hat einen riesigen Teppich draufgelegt.)

Morgen ist Eid-ul-Adha*. Der Hadsch ist vorbei und ab jetzt läuft uns die Zeit weg. Die Straßen sind voller Menschen, die Eid-Geschenke für die Kinder kaufen und sich auf das Eid-

---

* Fest der Aufopferung (Anm. d. Übers.).

Gelage vorbereiten. Meine Eltern verbringen das Fest bei ihrer jeweiligen Familie – die einen sind, wie schon gesagt, Sunniten, die anderen Schiiten. Ich darf mir aussuchen, bei wem ich mich durch die mittäglichen Essensberge fresse. Während die anderen vorher noch brav in der Moschee zum Eid-Gebet antanzen, werde ich noch ein paar Stunden Schlaf genießen.

Den ersten Tag der Feiern werde ich wahrscheinlich bei der Familie meiner Mutter verbringen. Da gibt's besseres Essen. Unser Lieblingslieferant Abu-Karam bereitet gefülltes Lamm zu und wird wie üblich vorbeikommen, um zu sehen, wie das arme Tier gemundet hat, und um mit meinen Onkeln darauf anzustoßen. Außerdem ist bei dreißig Leuten aus vier Generationen auch eine Menge los. Ein großes Familiengelage. Cool. Der Krieg wird einfach noch warten müssen.

Ich muss immer wieder an die Zeilen denken, die anya o mir vor kurzem geschickt hat:

> **Sind wir Spielfiguren in den Händen der Zeit**
> **Und tanzen zu einer Musik, die nicht unsere ist.**

Ich habe in letzter Zeit so wenig Kontrolle über mein Leben, und ich begreife überhaupt nicht, wohin die Welt steuert. Ich kann nur hoffen, dass uns allen unnötiger Kummer erspart bleibt.

Von Saddam gibt es jetzt ein neues Foto, das ihn am vierten dieses Monats mit seinen Söhnen zeigt. Man achte auf die nette kleine Pistole in Udais Gürtel. Ein perfektes Familienidyll.

:: salam 1:34h ::

Freitag, 14. Februar 2003

Eigentlich wollte ich mich erst wieder nach Eid-ul-Adha melden, aber diese ganze »Authentizitäts«-Debatte um meinen Blog nimmt kein Ende.

Die Leute, die meinen Blog schon länger lesen, wissen, dass wir das alles schon mal durchgekaut haben (der Link ist alt: Al vom Culpepper Log und ich, wir sind beide mittlerweile obercool – er gibt mir eins drauf, sobald ich was Bescheuertes tue), und ich habe wirklich keine Lust, mich schon wieder damit zu beschäftigen.

Ihr Leute von www.wired.com, bitte vergesst nicht, dass ich keine Autorität für gar nichts bin. Dass ich zitiert werde, wie von diesem Journalisten, macht mich ein bisschen nervös: Salam sagt dies, Salam sagt jenes … Medienrummel flößt mir Angst ein. So was bringt einem nur Ärger ein. Ich hoffe, dass der Artikel nicht Bestandteil der Druckausgabe ist – das würde mich wirklich in Panik versetzen.

Und ich bin einfach super schlecht drauf und werde diesen Beitrag später wohl bereuen.

:: salam 4:23h ::

Sonntag, 16. Februar 2003

Zum ersten Mal in diesem Blog nun ein Zitat aus dem Koran: »*qulna ya nar kuni bardan wa salamen ala ibrahim*« (»Wir sagten: ›O Feuer! Sei kühl und friedlich für Abraham!‹«) Sure 21, Die Propheten.

Der Hintergrund des Plots: Abraham/Ibrahim und die Häretiker veranstalten eine Art Wrestling-Turnier (Bildersturm, Wunderwettstreit, das ganze Programm). Zwischendrin beschließen die Häretiker, lustig, lustig, Abraham ins Feuer zu werfen. Einen kleinen Tipp haben sie auch noch für ihn: »Nun lass dich doch mal von deinem Gott da rausholen!« Und siehe da, *nar* (das Feuer) verwandelt sich in *bardan wa salamen* (kühl und friedlich), und Abraham entkommt sicher und unversehrt.

Ich glaube, dieses *bardan wa salamen*-Zitat habe ich während der vergangenen vier Tage tausend Mal gehört. Die Leute wollen glauben, dass das, was im Sicherheitsrat geschieht, das Gespenst des Krieges tatsächlich verscheucht. Feuer zu Frieden, oder so. Ich glaube das nicht. Die Berichte von Blix und Baradei sind genauso Wischiwaschi wie die ersten Berichte. Wir können daraus die Abschnitte zitieren, aus denen hervorgeht, dass wir kooperieren, die »anderen« können Sätze zitieren, die das genaue Gegenteil besagen. Im Übrigen habe ich den Eindruck, dass es zum jetzigen Zeitpunkt nicht mehr nur um das Thema

Irak und Massenvernichtungswaffen geht. Es sieht eher nach einem Showdown zwischen den Vereinigten Staaten von Amerika und dem Rest der Welt aus. An uns wird lediglich ein Exempel statuiert.

Jedenfalls musste man, um die Debatte im Sicherheitsrat verfolgen zu können, diesmal nicht heimlich die Satellitenschüssel aufstellen – man brauchte nur einen der 4 000 Iraker zu finden, die das Programm der vierzehn staatlich genehmigten Satellitenkanäle abonniert haben. Der syrische Satellitenkanal übertrug die Sitzung live, einschließlich Übersetzung. Die meisten Leute haben es sich auf Radio Monte Carlo angehört, wenn überhaupt. Dafür waren die Straßen Bagdads voll mit Menschen, die auf irgendeine Art von öffentlichem Transportmittel warteten. Das ist immer das erste Anzeichen für eine organisierte Großdemonstration. Sämtliche Busse – staatliche und private – sammeln sich an diversen Stellen der Stadt, um die »Demonstranten« von ihren Arbeitsstellen dorthin zu transportieren, wo die Show stattfinden soll.

Lasst sie an Punkt »A« aussteigen und holt sie an Punkt »B« wieder ab. Nur die Schulkinder verschwinden immer gern zwischen diesen beiden Punkten – auf der Mansur-Straße, wo eine der »Demonstrationen« durchgeführt wurde, gibt es ein paar hervorragende Eisdielen.

Und so sieht es aus, wenn man bei so einer Geschichte mitmacht: Man steigt aus dem Bus und wartet stundenlang, bis der Marschbefehl kommt. Man geht los, bis man den Anführer seiner Gruppe (in der Regel ein eifriges Parteimitglied) wild herumspringen sieht bei dem Versuch, ein bisschen Stimmung in den gelangweilten Haufen zu bringen. Wenn man die Stelle passiert, an der die Repräsentanten der Regierung sowie die Vertreter der Medien warten, schreit man die obligatorischen Parolen, um anschließend mit seinem Nachbarn weiter über Gott und die Welt zu diskutieren.

Die schlimmsten Erfahrungen mit solchen »Demonstrationen« machten die Leute irgendwann in den 80er Jahren. Ich kann mich nicht erinnern, wann genau, aber der Große Festplatz (*sahat al ihtifalat*), der mit den gekreuzten Schwertern, war erst kurz zuvor fertig gestellt worden, und die erste GROSSE

Demonstration sollte dort stattfinden. Hauptsächlich mit Schülern und Studenten. Anstatt wie üblich die Leute hier rauszulassen und dort wieder aufzulesen, hatte man beschlossen, dass sich alle einfach auf dem Platz versammeln sollten. Das ganze Areal war von Wachen umstellt, so dass keiner weg konnte. Also blieben sie da und warteten – mitten im Sommer. Gegen Mittag kippten die Ersten um. Es gab kein Wasser, kein Essen und keinen Schatten. Als die Verantwortlichen merkten, dass die Situation sich zuspitzte, schafften sie mit LKWs Brot und Wasser heran. Ihr könnt euch vorstellen, was da los war, bei Tausenden von hungrigen und durstigen Kindern und Jugendlichen. Totales Chaos. Es gab zwar keine Toten, aber viele trugen ernsthafte Verletzungen davon. Danach haben sie so etwas nie wieder gemacht.

Demonstrationen? Nein danke. Ich für meinen Teil habe die Kunst erlernt, mich an den grün uniformierten Wachen vorbeizuschleichen. Anstatt also zu riskieren, heute in einer für die Demos gesperrten Straße festzuhängen, bin ich zu Hause geblieben und habe meiner Mutter beim Packen geholfen. Nicht dass wir beschlossen hätten, Bagdad zu verlassen, wenn »es« passiert, aber es kann ja sein, dass einem nichts anderes übrig bleibt. Wir sind sehr effizient beim Packen, meine Mutter und ich. Die schlimmsten Packer sind die emotionalen. Die Weißt-du-noch-wie-ich-das-gekauft-habe-Packer. Wir ziehen das ziemlich cool durch. Wir haben das schon oft gemacht. Wir sind Serienpacker. Grrrrrr. Und wir sind nicht die Einzigen, die ihre Sachen packen.

G. (das ist der, der Romane unter atmosphärisch korrekten Bedingungen liest) hilft seinen ausländischen Freunden gerade beim Packen. Von den meisten haben wir uns schon verabschiedet. Das französische Kulturzentrum hat alle Sprachkurse, die von französischen Mitarbeitern durchgeführt wurden, eingestellt. Sie haben sich mit den besten Wünschen von ihren Studenten verabschiedet. Die Russen haben ihre 2000 Staatsbürger aufgefordert, das Land zu verlassen. (Was machen eigentlich 2000 Russen im Irak?) Die chinesische Botschaft, so groß wie ein kleines Dorf, ist leer und verlassen. Wenn man diesen UN-Bericht über humanitäre Szenarien liest, stößt man auf eine Stelle, die dort als Phase V bezeichnet ist. Soweit ich das verstanden habe, ist Phase V so eine Art »Extreme Krise, jetzt nichts wie weg hier«-Szenario. Zurzeit wird den UN-Mitarbeitern, die eigentlich erst bei Phase IV evakuiert würden, geraten, ab Eid-ul-Adha längeren Urlaub zu nehmen. Man beachte den Begriff »Urlaub«! Es wird natürlich nicht gesagt: »Das ist jetzt offiziell Phase IV, packt euren Kram und haut ab.«

Noch mal zu dem, was Wired.com geschrieben hat – nicht über die E-Mails, sondern über die Blockierung der Sites und die 8e6 Technologies. Ich weiß, ich sollte nicht darauf anspringen, aber ich tu's trotzdem. Ich vermute mal, dass 8e6 Technologies nicht gewusst hat, dass sie ihre Software an jemanden im Irak verkauft haben. Wahrscheinlich ist das über die Franzosen gelaufen, die das Internet überhaupt erst in den Irak gebracht haben. Da ich allmählich anfing, mir Sorgen zu machen, wer was liest, habe ich auch ein bisschen herumgestochert, um herauszufinden, wie sie eigentlich entscheiden, was blockiert werden soll und was nicht:

Frage: Google wird tagelang am Stück blockiert, warum?

Antwort: Der Muchabarat-Aufpasser beim Internet-Server hat keine Lust, sich jeden Tag mit stichprobenartigen Überprüfungen herumzuplagen, und erklärt einfach den Google-URL für gesperrt. Es braucht ein paar Tage und ein bisschen Durchstöbern von Papieren, bis jemand ihm klar macht, dass nicht Google der Übeltäter ist und dass man auch woanders suchen kann. Die Firewall blockiert URLs und Begriffe in URLs oder in einer Suchanfrage, aber das funktioniert nur bei den großen Suchmaschinen. Ansonsten bleibt einem nichts anderes übrig, als die URL-Anfragen, die durch die Server laufen, stichprobenartig zu überprüfen.

F: Werden mehr arabische Seiten blockiert als offenkundig »feindliche« englischsprachige Seiten?

A: Für den Job als Aufpasser gibt es keine besondere Anforderung an Sprachkenntnisse.

F: Mit den Pornoseiten kennen die sich aber gut aus.

A: Hey, die zu überprüfen ist ja auch interessanter als das politische Zeugs. Wieso lesen, wenn's was zu gucken gibt?

F: Gibt es einen Proxyserver ohne Firewall?

A: Natürlich, den von Udai (Ministerium für Jugend/Olympisches Komitee).

F: Kann ich einen Usernamen und ein Passwort bekommen?

A: Du könntest dich genauso gut ins Knie f***en.

(Na ja, fragen kann man ja mal.)

Wisst ihr eigentlich, dass David Bowie am Ende des Songs *I'm Afraid of Americans* »God is an American« sagt? Ich meine, wenn Bowie das sagt, muss er etwas wissen. Er hat *Beziehungen* – wurde mir zumindest gesagt.

:: salam 3:45h ::

Mittwoch, 19. Februar 2003

Das hier zu posten macht mich richtig an: Ich habe die Neuigkeiten heute Morgen auf BBC World Service gehört, später hat mir mein Vater erzählt, dass sie auch auf der Website des *Guardian* stehen. Und – Überraschung!

DER *GUARDIAN* LIEGT FALSCH. Überprüf nochmal deine Quellen, Baby. In dem Artikel mit der Überschrift: »Irakischer Verteidigungsminister unter Hausarrest« heißt es:

> **Er** [Generalleutnant Sultan Hashim Ahmad Al-Jabburi Tai, Verteidigungsminister] **gehört nicht nur zu Präsident Saddams engstem Führungszirkel, sondern durch Heirat auch zu dessen Familie. Seine Tochter ist mit Kussei Hussein verheiratet, dem 36-jährigen jüngeren Sohn des Diktators, der von vielen als dessen Nachfolger betrachtet wird.**

Falsch! *Wrong! Khata'a!* Kusseis Frau ist die Tochter von Maher Abd al-Raschid, einem sehr wichtigen Militär. Er hat die Truppen angeführt, die im April 1988 das Fao-Gebiet im Süden des Irak »befreit« haben. Ein Jahr später wurde er aus irgendeinem Grund unter Hausarrest gestellt und lebt jetzt in der westlichen Wüste des Irak, betreibt eine Kamelzucht und hält sich aus der Politik heraus. Kussei hält sich nicht etwa eine zweite Frau, im Gegensatz zu Saddam. Es hat also keinen Zweck zu behaupten, dass diese verrückten Moslems mal wieder den Hals nicht voll kriegen.

Gestern Abend wurde von einer unabhängigen Quelle in Bagdad mit Kontakt zum *Guardian* bestätigt, dass General Sultan unter Arrest steht. »Er nimmt aber weiterhin an Kabinettssitzungen teil und erscheint im irakischen Fernsehen, so dass alles normal wirkt«, erfuhren wir von dieser Quelle, einer hochrangigen Persönlichkeit mit Verbindungen zu Iraks regierender Baath-Partei. »Aber in Wirklichkeit sind sein Haus und seine Familie von Saddams Leibwächtern umstellt, damit er nicht fliehen kann.«

Ich – keine »hochrangige Persönlichkeit« – kann euch sagen, dass seine Familie nicht unter Hausarrest steht. Sein Sohn fährt immer noch mit seinem schicken Auto in der Arasat-Straße herum und schüchtert die Leute ein. So, wie das alle guten Söhne von Ministern eben tun.

Und jetzt entschuldigt mich, ich muss ein bisschen abhotten.

:: salam 2:05h ::

Back to Iraq 2.0* Ich kann mich gar nicht mehr erinnern, wie ich über diesen Weblog gestolpert bin, aber heute darin zu lesen, war, als würden meine Ohren von innen gekitzelt (ihr wisst schon, wie dieser Typ auf MTV). Hört euch das an:

Einen demokratischen Irak nicht zu unterstützen, einen Bauernfänger und Taschenspieler wie Ahmad Chalabi als vorläufigen Führer zu ernennen, die Türkei zu ermuntern, Irakisch-Kurdistan zu besetzen, irgendwelche bornierten, völlig unüberlegten Visionen eines demokratischen Nahen Ostens zu propagieren (und mit Waffengewalt durchzusetzen): all das lässt jenen Idealismus großer Ideen (ohnehin nicht gerade die Sache eines Präsidenten, der komplexe Zusammenhänge verabscheut) als unausgegoren und zynisch erscheinen und als … wie sagt man noch? Ach ja, als »absoluten Bullshit«. Die Ideen und Prinzipien, auf denen die Vereinigten Staaten gegründet wurden – »Freiheit«, »Frieden«, »Gerechtigkeit für alle« – und für die wir angeblich zwei Weltkriege und den Kalten Krieg ausgefochten und gewonnen haben, sind zu sinnentleerten Worthülsen und merkwürdig klingenden Slo-

* www.back-to-iraq.com.

gans geworden, die dazu benutzt werden, einen Anlass für einen Krieg zu liefern, den niemand will außer einer kleinen Junta in Washington.

Na, ist das nicht gut? Seht euch mal den Link an. Seht ihr das Foto über dem Artikel? Dieser Laden, *Mazi*, ist so etwas wie eine Legende hier in den zentralen Bezirken, eine Art riesiger Supermarkt, wo man *alles* kaufen kann. In Bagdad gibt es keine Supermärkte, dafür an jeder Ecke einen Tante-Emma-Laden. Jeder Iraker, der einmal in Dohuk* war (das sind nicht viele, weil es wie die Reise in ein anderes Land ist), wird garantiert stundenlang darüber berichten. Bei Allah, es ist ein Supermarkt – und zwar ein ziemlich teurer. Haltet eure Portemonnaies fest. Aber Geschenke von dort nehme ich natürlich gern an.

:: salam 13:37h ::

Freitag, 21. Februar 2003

Seit Tagen spielt das Wetter verrückt, sehr farbenfroh. Vorgestern hatten wir graue Regenwolken, danach strahlenden Sonnenschein, und einen Tag später war das Licht rot vom Wüstensand. Aber es wird insgesamt wärmer, wunderschöne Mondnächte, wenn Wolken oder Sand ihn nicht verdunkeln. Der Mond nimmt aber schon wieder ab und nähert sich der beängstigenden Neumondphase. Sollte es in diesem Monat losgehen, so glauben die meisten Leute, dann während der dunkelsten Nächte. Wir werden sehen.

In Bagdad und anderen Städten im Irak begrüßen die Leute die Hadschis, die von ihrer Pilgerreise zurückkehren. Autos mit grün-weißen Fahnen kutschieren sie durch die Stadt zu ihren ebenfalls geschmückten Häusern. Diejenigen, die mit dem Bus nach Mekka gefahren sind, brauchen länger, bis sie wieder in Bagdad ankommen. Merkwürdig ist allerdings, dass selbst die Leute, die geflogen sind, erst jetzt eintreffen. Einige von ihnen mussten drei Nächte in den Flughäfen übernachten, bis sie ihren

* Hauptstadt der gleichnamigen Provinz im Nordirak unter kurdischer Verwaltung (Anm. d. Übers.).

Charterflug bekamen – die saudische Regierung wollte sie lieber in den Flughäfen festhalten als frei herumlaufen lassen.

Jetzt ist die Zeit des *hadsch mabrur* – der »Heiligen Hadsch«-Spiele. Alle besuchen sich gegenseitig und bringen diese kleinen Fingerhüte mit Wasser aus dem ZamZam-Brunnen mit, das angeblich eine heilende und reinigende Wirkung auf die Seele hat oder so ähnlich. Also Leute, ich möchte derjenige sein, der den Nachweis erbringt, dass die saudische Regierung das Leben dieses Brunnens verlängert, indem sie *Leitungswasser* beimischt. Einige Hadschis, die mich grinsen sehen, wenn sie uns die kleinen Fläschchen mit heiligem Wasser als Geschenk überreichen, meinen, ein Gebetsteppich wäre vielleicht angebrachter für mich. Schließlich müssen sie mich ja zuerst mal auf den Weg der Erlösung bringen, und ein fliegender Teppich aus Mekka wäre wohl der schnellste Weg nach Jennah (in den »Himmel«).

Meine blasphemischen Tiraden mal beiseite: Ein Hadschi zu werden ist eine ernsthafte Angelegenheit. Der Anwärter verbringt anstrengende Wochen, und jeder, der sich – bis zur Erschöpfung – auf eine solche Tortur einlässt, hat es zumindest verdient, einen besonderen Namen zu tragen. Und Hadschi klingt einfach schön. Was mich betrifft, habe ich beschlossen, so spät wie möglich in meinem Leben nach Mekka zu pilgern. Denn wenn der Tabula-rasa-Teil des Hadsch stimmt und es tatsächlich einen »Gott« gibt, dann ist es nur konsequent, zu leben wie ein Schwein und erst auf den letzten Drücker nach Mekka zu fahren. Dort reinigt man dann seine Seele und verbringt seine letzten Tage als Heiliger. Das ist *mein* Notfallplan für die vage Möglichkeit der Existenz einer Gottheit. Ihr seht also, dass ich mir das ganz genau überlegt habe.

Vor ein paar Tagen erhielt ich eine erboste E-Mail von einem Leser (nicht der »Leser«, der in den Comments schreibt, sondern jemand anders), in der ich gefragt wurde, warum ich die »menschlichen Schutzschilde« so vehement ablehne. Er/sie fragte allen Ernstes: »Warum spuckst du sie an?« *Puh*. Also, *so* unfreundlich war ich nie. Ich habe nie einen von ihnen persönlich kennen gelernt (was in den nächsten Tagen durchaus passieren könnte) – was ich ablehne, ist das Konzept. Aber da es eine solche Entrüstung hervorruft, wenn man diese Leute kritisiert, tun wir etwas, was Destiny's Child nicht tun, weil ihre Mama es ihnen verboten hat: Wir kritisieren die Schutzschilde *erneut* im Internet.✦

Eine der letzten Gruppen, die in Bagdad eintrafen, zumeist Europäer, wurde im Raschid Hotel empfangen, dem Waldorf Astoria von Bagdad – das teurste und exklusivste Hotel am Platz. Alle Mitglieder der Gruppe trugen T-Shirts mit einer Aufschrift, die wahrscheinlich auf Arabisch *Menschliche Schutzschilde* heißen sollte, aber es war ganz falsch geschrieben. Statt *Duru'u Basharia* stand da *Adra'a Basharia*. Die Einheimischen haben sich natürlich köstlich amüsiert und haben ihnen gleich einen neuen Namen verpasst: Die *Adra'a* werden sie jetzt genannt, diese unbedarften Pfeifen. Bei all den Menschlichen Schutzschilden, die in der Stadt herumlaufen, gibt's hier neuerdings eine Menge lustiges Arabisch. Auf einen Van mit einem ausländischen Nummernschild, der neben dem Informationsministerium parkt, hat jemand in allen möglichen Sprachen *Kein Krieg* gepinselt, am größten auf Arabisch. Vorne steht in Riesenbuchstaben *La Harba*, was falsch ist und wie der Name eines Nachtklubs klingt. Meine Kusine findet das charmant.

Aber wirklich auf die Palme gebracht hat mich die ganze Sache, als ich erfahren habe, dass die Menschlichen Schutzschilde Lebensmittelmarken im Wert von 15 000 Dinar erhalten – und zwar drei pro Tag. Fünfzehntausend!

Habt ihr eine Ahnung, wie viel die monatliche Lebensmittelration für eine vierköpfige Familie wert ist – für einen ganzen Monat, nicht *pro Mahlzeit* (die wirklichen Kosten, nicht subventioniert)?

30 000 Dinar – wenn man jemanden findet, der bereit ist, den schlechten Reis zu kaufen, den man zu einem erträglichen Preis erhält. Und die Menschlichen Schutzschilde kriegen 15 000! Was essen die eigentlich? Ein ganzes Lamm pro Mahlzeit? Stellen wir mal einen Vergleich an: Heute am späten Vormittag sind Raïd, unser Freund G. und ich groß frühstücken gegangen. Wir hatten zwei *Tischrib bagilas* (das kann ich nicht erklären – man

---

✦ Destiny's Child (Girlgroup). Aus dem Song *Survivor*: »You know I'm not gonna diss you on the internet, cuz my mamma taught me better than that.« (Anm. d. Übers.).

muss Iraker sein, sonst klingt es ungenießbar) und ein *Machlama* (ein Omelett mit Hackfleisch), Tee, Limo und anschließend noch *Argila* (das Wasserpfeifen-Dings), alles zusammen für 4750 Dinar – und wir haben nicht etwa das Allerbilligste bestellt. Ein Mittagessen in einem überdurchschnittlichen Restaurant kostet nicht mehr als 8000 Dinar, *alles* inbegriffen. Für 15000 kriegt man ein Essen in einem superteuren Restaurant in der Arasat-Straße, in einem dieser Läden, an denen eigentlich ein Schild hängen müsste mit der Aufschrift: **NUR AUSLÄNDER ZUGELASSEN, KEINE IRAKER ERWÜNSCHT AUSSER UN-MITARBEITERN**. Ich werde aufhören, sie Touristen zu nennen, wenn sie ihrerseits aufhören, sich so schamlos von der irakischen Regierung verhätscheln zu lassen. Hab ich euch eigentlich schon von den Rundfahrten erzählt? Heute durften die Schutzschildtouristen nach Babylon. Ihr verpasst echt was. Es ist wirklich die billigste Möglichkeit für eine Reise in den Irak, die ihr schon immer machen wolltet, euch aber nicht getraut habt.

Und hier noch ein Tipp für alle freiberuflichen Journalisten, die ihre Visa nicht bekommen: Schließt euch den Menschlichen Schutzschilden an. Das ist die beste Möglichkeit, die Visumsfrage zu umgehen. Jeder Dritte dieser »Schutzschilde« wird irgendwo einen Artikel veröffentlichen. Haltet euch ran! Wendet euch an euer örtliches »Kriegstourismus«-Reisebüro! Tut mir Leid, aber ich kapier's einfach nicht. Was *machen* die hier?

So, das sollte mir für die nächsten Tage genügend Hass-Mails einbringen.

Jetzt aber endgültig genug davon. Fernsehzeit. Das größte Fernsehereignis der letzten Woche war die erste *Waznak Thahab-(Dein Gewicht in Gold-)*Show mit Nur al-Sharif (nicht verwandt mit Omar) als Gastgeber. Nur ist ein sehr ernsthafter ägyptischer Schauspieler – in einem Beitrag, den ich im vergangenen Ramadan geschrieben habe, hatte ich einen Link zu einer seiner Shows. Er war jetzt zum ersten Mal Moderator einer Show und hat's total vermasselt, wirkte ängstlich und nervös. Die Gäste waren ruhiger und gelassener als er. Früher wurde die Show von Aiman Zedan moderiert, einem syrischen Schauspieler, und wahrhaft umwerfend. Eigentlich wird die Sendung von Abu-Dhabi-TV ausgestrahlt, aber unser Jugend-TV stiehlt sie einfach aus der Luft und zeigt sie am nächsten Tag bei uns. Staatlich erlaubte Piraterie – was will man mehr?

:: salam 19:17h ::

Dienstag, 25. Februar

Wisst ihr, welche meine Lieblingsstellen in den letzten beiden UN-Resolutionen über den Irak sind? Die Stelle, wo gesagt wird: »BESCHLIESST, sich mit der Angelegenheit weiter zu befassen«.+ Puuh, ich brenne schon auf die nächste Episode von *UN-Drama*, der besten Show diesseits der Milchstraße.

Man könnte doch annehmen, dass eine Beinahe-Kriegserklärung einen dramatischeren Wortlaut hat als:

> **Der Sicherheitsrat ... handelnd gemäß Kapitel VII der Charta der Vereinten Nationen, BESCHLIESST, dass der Irak es versäumt hat, die letzte Gelegenheit, die ihm in Resolution 1441 (2002) gegeben wurde, zu nutzen.++**

Sie brauchen eindeutig einen besseren Drehbuchschreiber für diese Show, aber vermutlich überlässt man das CNN und den anderen.

Das weise Orakel von Gotham+++ sagt vorher, dass Ihr-wisst-schon-Wer am 18. März Geschichte sein wird, aber sie will mir nicht verraten, woher sie das Datum hat. Mach schon, spuck's aus. Waswannwo? Und sie hat mich auch auf einen Tee in den Palm Court eingeladen, falls ich mal nach NYC kommen sollte. Na also gut, wer sagt denn, dass man übers Internet nicht zu einem Spitzendate kommen kann?

\+ www.nytimes.com.
++ Entwurf einer UN-Resolution vom 24.2.03 – übersetzt nach dpa.
+++ Diana, bei www.letterfromgotham.blogspot.com.

> März 2003

Samstag, 1. März 2003

Schön, dass das Büro des irakischen Öl-für-Lebensmittel-Programms die Gelegenheit nutzt, seine Website zu überarbeiten. Bei all der Aufmerksamkeit, die zu erwarten ist, falls das Programm nach der »Invasion« weiterhin besteht, brauchen sie wirklich ein besseres Image. Ihre Site war einfach fürchterlich. Jetzt haben sie eine nette Landkarte und sogar Bilder. Seht's euch an.[+]

:: salam 11:41h ::

Sonntag, 2. März 2003

Eigentlich wollte ich darüber ja nichts schreiben, aber da der *Guardian* es bereits auf seiner Website erwähnt hat, werde ich wohl kein Staatsgeheimnis preisgeben: »Das große Spiel vereint ein geteiltes Land: Luke Harding über ein Spiel der Bagdader Fußballmannschaft gegen kurdische Rivalen in Irbil.« Es ist nur ein Füller, nichts wirklich Interessantes, und wenn ihr den Artikel gelesen habt, dann habt ihr diesen Abschnitt wahrscheinlich nur überflogen:

> **Um nach Irbil zu gelangen, mussten die Bagdader Kicker die verstärkte irakische Front überqueren, an frisch ausgehobenen, mit Öl gefüllten Schützengräben vorbei, hinauf in die Berge Kurdistans.**

Einmal blinzeln, und man übersieht es. Ihr habt es immer noch nicht gesehen? Passt auf: Frisch. Ausgehoben. Schützengräben. *Mit Öl gefüllt.*

[+] un.org/depts/oip.

Zeit für eine Geschichte: Letzte Woche auf dem Weg zur Arbeit sah ich eine riesige, rabenschwarze Rauchsäule aus Richtung der Dorah-Raffinerie kommen, die innerhalb der Stadtgrenzen Bagdads liegt – und habe mir eigentlich nichts dabei gedacht. Ein paar Wochen vorher war in der Nähe des Raschid-Militärlagers ein Öltank explodiert, und das sah genauso aus – so was kommt vor. Mein Vater ist später durch das Gebiet gefahren, und er meinte, es hätte so ausgesehen, als würden sie überschüssiges oder verschmutztes Öl verbrennen. Na ja, die Militärs waren noch nie große Umweltschutzcracks – wenn sie das Öl nicht verbrannt hätten, hätten sie es in den Fluss gekippt oder sonst was.

Der Rauch hielt sich drei Tage lang. Es gab kein Fleckchen in Bagdad, von dem aus man nicht sehen konnte, wie die Rauchsäule vom Wind über den Himmel gezogen wurde. Während dieser Zeit, wieder auf dem Weg zur Arbeit, sah ich, wie zwei RIESIGE Gräben ausgehoben wurden. Es schien, als würden sie irgendwelches schweres Gerät da reinstellen, der Graben war so breit, dass ein LKW hätte durchfahren können, und so lang wie drei LKWs.

Ein paar Tage nach dem Rauchspektakel über Bagdad ging ich also mit meinem Vater an diesen Gräben vorbei, und auf einmal sahen wir, wie sie Öl da reinkippten. Man konnte regelrecht hören, wie die Zahnräder in meinem Gehirn sich in Bewegung setzten. Mein Vater warf mir einen Halt-die-Klappe-du-verrückter-paranoider-Freak-Blick zu, aber ich wusste, dass ich Recht hatte. Seit zwei Tagen redeten alle darüber: Die wollen eine Art Rauchvorhang machen, indem sie Rohöl verbrennen. Einem Gerücht zufolge haben sie mit verschiedenen Brennstoffgemischen herumexperimentiert, um zu sehen, welches den schwärzesten, ekelhaftesten Rauch entwickelt. Der Rauch über Dorah war offensichtlich der letzte Test.

Vor den Toren Bagdads werden sie sich mit ihren Gräben wahrscheinlich mehr oder weniger am Grüngürtel orientieren, der dafür konzipiert war, die Sandstürme aus der westlichen Wüste abzuhalten. Ich habe keine Ahnung, welchen Nutzen ein solcher Rauchvorhang haben könnte, außer dass die Bewohner von Bagdad im Ruß ersticken. Vielleicht sollte ich mir doch noch eine Gasmaske besorgen.

Fun-Fact: Nachdem die Ölquellen in Kuweit angezündet waren und die gesamte Gegend mit scheußlichem, schwarzem Rauch bedeckt war, fiel über Bagdad tagelang schwarzer Regen vom Himmel. – Es hat damals ein Jahr gedauert, bis die Sauerei weggespült war. Ich schätze, Salman Rushdie hätte sich darüber köstlich amüsiert. Die Figuren in seinen Romanen werden dauernd auf die seltsamste Weise von den Geistern der Vergangenheit verfolgt, die Schande ihrer Taten klebt an ihnen wie schwarzes Wasser – keine Absolution für dich, Mr. H., sieh dir nur an, wie die Stadt mit der Schande deiner Taten bedeckt wird. Wir haben eine Redewendung – *skham wijih* –, die sich etwa übersetzen lässt mit »rußgeschwärztes Gesicht«, und sie wird benutzt, um einen Menschen zu beschreiben, der etwas ungeheuerlich Schändliches getan hat. Wer seine Stadt mit *skham* überschüttet, wird bis an sein Lebensende von der Schande seiner Tat verfolgt werden. Aber jetzt kommt erstmal *Skham vom Himmel II: Die Rückkehr der schwarzen Wolke*. Die Welt ist doch nichts als eine Wiederholung alter Filme, aber Mr. W. Bush ist mir mit dieser Bemerkung zuvorgekommen.

:: salam 12:35h ::

Mittwoch, 5. März 2003

Größer, besser, schneller – hört endlich auf, mir wegen der Schriftgröße auf die Nerven zu gehen. Und ich verspreche euch, dass ich euch später noch was Besseres liefere. Ich war in letzter Zeit ein bisschen faul. Ich habe nur noch Nebel und die Zahl 18 im Kopf – und daran seid ihr schuld. Es ist wirklich eine supercoole Idee, und sie passt zu allen möglichen Verschwörungstheorien, aber lasst euch von Diana am 19. darüber berichten.[+]

Seit gestern Abend sind Google.com und msn.com blockiert. Alle üblichen News Sites sind immer noch zugänglich – sogar Google News, nur bei den Suchmaschinen kriegt man nur die ZUGRIFF-VERWEIGERT-Seite.

:: salam 11:03h ::

[+] Bezieht sich auf die Prophezeiung von Gotham, der Krieg beginne am 18. www.letterfromgotham.blogspot.com.

Donnerstag, 6. März 2003

Ein Artikel bei CSmonitor.com.✦ Seht ihr die Frau rechts im Bild? Sie heißt nicht Janon, wie in dem Artikel behauptet wird, sondern *Jinan* (das bedeutet »Himmel« – und zwar im Plural). Achtung, Ironie des Schicksals. Sie ist die böse Hexe der Fakultät für Architektur. Man sieht es an ihrem Lächeln. Die Frau links sorgt dafür, dass die ganze Hochschule nach ihrer Pfeife tanzt. Zwei sehr einflussreiche und wohl bekannte Damen an der Technischen Hochschule. Eine von ihnen hat offenbar eine sehr eloquente Tochter:

»Ich hoffe, dass sie uns als Menschen betrachten«, sagte die zunehmend ängstliche Nihal in einem anderen Interview. »Das ist ein Gefühl, das man nicht beschreiben kann. Man macht sich Sorgen um sich selbst, um seine Familie, um seine Tanten und Onkel – es ist, als wäre einem das Herz in tausend Stücke zersprungen und überall verteilt, und man weiß nicht, wie man es zusammenhalten soll.«

Jinan hält auch mit ihrer Meinung nicht hinterm Berg:

»Komisch«, sagt sie über die kulturelle Kluft. »Warum sollten wir hier sitzen und versuchen, euch davon zu überzeugen, dass wir okay sind? Warum sollten wir es nötig haben, euch klar zu machen, dass wir Menschen sind, die es verdient haben zu leben?«

Der Dinar hält sich auf wunderbare Weise bei 2360 pro Dollar. Der niedrigste Stand, den er während der letzten zehn Jahre erreicht hat, war 2500 pro Dollar, aber ich denke, in den kommenden Wochen werden wir diesen Tiefststand wieder erreichen. Ein Verwandter von mir, der bei einer Bank arbeitet, sagt, alle, die in die Bank kommen, beschweren sich, dass der Markt zu einem Stillstand gekommen ist – *al suk waguf*. Er arbeitet bei einer »Privatbank« – eigentlich gibt es so etwas wie eine Privatbank überhaupt nicht, weil jede Bank zu einem Teil in Staatsbesitz ist –, und die Bankleitung wurde aufgefordert, einen Vorrat an Keksen, Datteln und Wasser anzulegen. Ich kann mir nicht

---

✦ »US-taught Iraqis feel war's weight« (Iraker, die in den USA studiert haben, spüren Last des Krieges) von Scott Peterson am 5. März 2003.

vorstellen, warum – als würde noch irgendjemand zur Arbeit gehen, wenn uns demnächst alles Mögliche auf den Kopf fällt. Aber fairerweise muss ich zugeben, dass die Banken nach dem 1. Golfkrieg ziemlich schnell wieder geöffnet haben. Die Leute, die in der Nähe ihrer Arbeitsstelle wohnten und zu Fuß zur Arbeit gehen konnten, haben das auch getan. Die Banken beschränkten die Summe, die man von seinem Konto abheben konnte, auf 100 Dinar, was damals etwa 200 $ entsprach. Heute kann ich für 100 Dinar ein Päckchen Kaugummi aus einheimischer Produktion kaufen.

Wo wir schon mal über Geld reden – heute war Zahltag. Es ist erstaunlich, welche Auswirkungen der Satz »Es tut uns Leid, aber Sie wissen ja, wie die Dinge zurzeit stehen, bla bla bla« auf die Lohntüte haben kann. In einem einzigen Jahr ist mein Gehalt von 200 $ erst auf 100 $ und schließlich auf mickrige 50 $ gesunken. Im Nachhinein war die Entscheidung, wieder bei meinen Eltern einzuziehen, die klügste, die ich seit langem getroffen habe. Mein Freund G. bekommt die Hälfte seines Gehalts in bar und die andere in Alkohol – echt, kein Witz. Aber gutes, importiertes Zeug, das wir uns hier sowieso nicht kaufen würden. Sein fetter, steinreicher Chef ist plötzlich Muslim geworden und verteilt seinen Vorrat an Teufelswasser. Ich sage nur, gut für uns.

Human Shields Bashing#124:

> **»Im Grunde haben sie uns gesagt, dass sie uns nichts mehr zu essen geben werden«, sagte John Ross, ein Amerikaner, der seit 1964 Friedensaktivist ist. Damals hatte er seinen Einberufungsbefehl zerrissen.+**

Entschuldigt mich, ich muss mir mal eben die Tränen abwischen. Raus! Raus! Raus! Er hätte wenigstens was Friedensaktivistisches sagen können. Das ist wirklich ein bisschen beleidigend. Aus irgendeinem Grund fühle ich mich auf den Schlips getreten. EUCH WAS ZU ESSEN GEBEN? Wieso ist die irakische Regierung verdammt noch mal verpflichtet, euch was zu essen zu geben? Ihr habt euch freiwillig bereit erklärt, in einem Land zu »helfen«, das seine eigene Bevölkerung nicht ordentlich

+ »Human Shield cracks on Baghdad's cynicism« (Menschlicher Schutzschild beklagt sich über Bagdads Zynismus) von Suzanne Goldenberg am 3. März 2003 (www.guardian.co.uk).

ernähren kann (na ja, das wäre vielleicht möglich, wenn das Land nicht so viel Geld für Leute wie *dich* ausgeben würde).

Hier kommt noch ein Leckerbissen:

> **Die Aktivisten haben den irakischen Behörden vorgeworfen, sie als Spielfiguren im Krieg mit Amerika zu benutzen.**

O Schreck, o Graus! Welch eine Überraschung! Geht dahin zurück, wo ihr herkommt. Wartet nicht auf Dankesreden – Raus! Raus! Raus!

> **Der bittere Rückzug** [aus dem Irak] **ist die Folge eines Showdowns mit den irakischen Behörden, *die verlangt hatten, dass die Menschlichen Schutzschilde ihre Hotels im Zentrum Bagdads räumen, um ihre selbst gewählte Mission zu erfüllen.***

Nein, nein, bleibt einfach in euren Hotels, kauft Souvenirs und macht euch über die rückständigen Iraker lustig. Ich hoffe, ihr habt allen euren Freunden Postkarten geschickt und ihnen von den Pita mit Tahini erzählt, die ihr beim Bummel durch Bagdad gegessen habt, ihr Touristen. Habt ihr genug Fotos von bettelnden Straßenkindern gemacht, um euren Freunden in der Heimat zu erzählen, wie sehr euch das Los der Armen in der Dritten Welt am Herzen liegt? Ich wette, sie haben sich alle ergriffen die Hände geschüttelt und sich für die nächste »Friedensparty« verabredet.

Heute ist *mumarasa*-(»Übungs«-)Tag in Bagdad. (~~Vielleicht morgen auch~~ – nein, ich hab nachgesehen, es ist eine eintägige Angelegenheit.) Sämtliche Sicherheitskräfte – Polizei, Milizen und dergleichen, außer der Armee – werden den Ernstfall proben. Außer den lieben langen Tag unmotiviert im ganzen Land herumzumarschieren, sollten also alle Einheiten eine »Notsituation« durchexerzieren. Am lustigsten waren die Polizisten. Sie wurden mit Armeehelmen ausgestattet, mit grünem Tarnzeugs obendrauf. Auf allen wichtigen Straßen und Kreuzungen standen mindestens zwölf Männer in voller Montur mit Kalaschnikows und zusätzlichen Munitionsmagazinen. Die Feuerwehr war auch da, in großen, roten Autos *und* mit Kalaschnikows – alle dürfen jetzt mit Gewehren rumlaufen. Außerdem gab es noch alle möglichen anderen Autos mit Tötungsmaschinen auf den Dächern und Ladeflächen: Manche fuhren in der Stadt herum, andere standen irgendwo geparkt. Die Männer wirkten alle ein bisschen nervös und verschwitzt wegen der Helme. (Ich wüsste mal gern, woher der Mythos stammt, Feuerwehrmänner wären sexy.) Heute Mittag hatten wir ungefähr 24°C – ziemlich warm für all die Klamotten, die sie anhatten.

Die Leute in Basra sagen, bei ihnen ist es jetzt schon wie im Krieg – jede Menge Razzien. Vor ein paar Tagen haben sie in den Sieben-Uhr-Kurznachrichten ein paar Mitglieder der Baath-Partei gezeigt, die die Verbrennung von Flugblättern überwachten (ja, genau die, die aussehen wie 100-$-Scheine). Sie haben nur gesagt, dass es im Süden des Irak war. Ich wünschte wirklich, jemand könnte mir so ein Flugblatt besorgen. Stellt euch mal vor, was so ein Wisch in ein paar Monaten bei eBay bringen würde!

Dem neuesten Gerücht zufolge ist Udai in Russland (Weißrussland). Was das Ganze besonders verdächtig macht, ist Folgendes: Ich hatte ja geschrieben, dass Google gestern Abend blockiert war. Also, jetzt kommt man wieder rein, aber sobald man irgendeinen Suchbefehl eingibt, der etwas mit Russland zu tun hat, kriegt man nur die Seite: ZUGRIFF VERWEIGERT.

Habt ihr die Rede von Izat Ibrahim[+] beim Islamischen Gipfel heute gesehen? War das aktive Diplomatie, oder was? Den kuweitischen Außenminister einen Affen zu nennen – er hat ihn tatsächlich »Affe« genannt – und seinen Schnurrbart zu beleidigen – eine sehr schwere Beleidigung unter Beduinen, eine Beleidigung der Männlichkeit… Offenbar haben wir einen bislang verkannten Meister der Beschimpfungen im Parlament. Aber Libyen und Saudi-Arabien haben vor ein paar Tagen auch ganz gut vom Leder gezogen. Und sie fragen sich, warum die arabischen Nationen so eine Farce sind. Ganz einfach: Das liegt daran, dass wir Könige und Präsidenten haben, die sich aufführen wie Kinder im Sandkasten.

:: salam 1:22h ::

[+] Der irakische Vizepräsident.

Sonntag, 9. März 2003

Tipps, wie man sich im Büro total beliebt macht:

Hört euch an, worüber alle reden, und überrascht die Kollegen dann mit coolen Infos aus dem Web. Am besten funktioniert das, wenn Google immer noch blockiert ist und noch keiner gemerkt hat, dass es ein Leben nach Google gibt. Heute lautete die Preisfrage: »Wer zum Teufel ist Barbara Bodine?«[+] Tja, diejenigen, die BBC World Service hören, haben nach der Süßen gefragt, die anderen meinten nur was-was-was?

> **Wie aus informierter Quelle bekannt wurde, sieht der Plan vor, dass ein nördlicher und ein südlicher Distrikt eingerichtet wird, die jeweils von einem pensionierten US-General verwaltet werden sollen. Ein Zentraldistrikt, einschließlich Bagdads, soll von *Barbara Bodine,* einer ehemaligen US-Botschafterin im Jemen, verwaltet werden, hieß es.**[++]

Wir wollen uns im Moment mal nicht zu der Frage äußern, ob das eine Teilung des Irak bedeutet oder ob man uns den Föderalismus aufs Auge drücken oder die irakische Landkarte neu gestalten will, denn das bleibt schließlich die Entscheidung der ~~Invasoren~~ Befreier. Wir haben das Recht zu schweigen, andernfalls kriegen wir sowieso eins über die Rübe.

Jedenfalls war www.dogpile.com die Rettung, und ich war der Internetsuperheld, als ich ihnen DAS[+++] gezeigt habe – und alle riefen Oooh und Aaah, als ich ihnen auch noch DAS[*] gezeigt habe. Ich hätte von jedem Kollegen 250 Dinar verlangen sollen. Die größte Überraschung war die Feststellung, dass Barbara Bodine 1983 als Deputy Principal Officer in der US-Botschaft im Irak war.

Allgemeine Reaktionen auf Barbara? Ihr könnt euch die Kastrationsängste vorstellen, die irakische Männer im Moment durch-

---

[+] Barbara Bodine, die ehemalige US-Botschafterin im Jemen, die in den 1980er Jahren in Bagdad tätig war, wurde dazu bestimmt, sich nach dem zweiten Golfkrieg um das Zentralgebiet einschließlich Bagdads zu kümmern. Sie wurde während des ersten Golfkriegs in der amerikanischen Botschaft in Kuweit als Geisel gehalten.

[++] »Three US administrators will run post-war Iraq« (Drei US-Administratoren werden den Irak nach dem Krieg verwalten) von Barbara Starr am 7. März 2003 (www.cnn.com).

[+++] Die Biographie von Barbara Bodine bei www.state.gov.

[*] Foto von Barbara Bodine bei cnni.co.uk.

machen. Glaubt ja nicht, dass das alles hier leicht geschluckt wird. Und um sich selbst zu beruhigen, sagen sie wahrscheinlich so etwas wie: »Sie sieht nicht besonders gut aus, nicht wahr?« Einer, der eigentlich gar nicht bei uns arbeitet, sondern von einem Kollegen angeschleppt worden war, sagte: »Die wollen den muslimischen Männern doch nur ihren Stolz nehmen.« Seht euch vor, sage ich nur. Veränderungen sollte man den Menschen nicht so vor den Latz knallen, vor allem nicht in einer Situation, in der sowieso schon eine Atmosphäre des Misstrauens und der Feindseligkeit herrscht. Irgendjemand meinte, es wird einfach so sein, als hätten wir wieder eine Gertrude Bell[+], aber ich bin mir gar nicht so sicher, dass das gut ist. (Zwei interessante Links: »The Female Lawrence of Arabia and The Gertrude Bell Project«[++]) mit erstaunlich vielen Fotos. Tausend Dank für den Link, A. – Er ist anscheinend mein einziger irakischer Leser.)

:: salam 11:49h ::

Ein BBC-Reporter, der über den Buchmarkt in Mutanabi spazierte, beendet (schon wieder) seinen Bericht mit den Worten: »Es sieht so aus, als bemühten sich die Iraker um den Anschein der Normalität.«

Also, was erwartet ihr eigentlich von uns? Sollen wir kreischend durch die Straßen laufen? Der Krieg steht vor der Tür, aaaaaaah!! Im Übrigen ist es mit dieser »Normalität« nicht weit her. Fast alles ist teurer als noch vor wenigen Monaten, die Leute graben Brunnen in ihren Gärten. Gestern im Radio haben sie, nachdem sie tausend Lieder aus dem Krieg gegen den Iran gespielt hatten (für meine Generation sind die wie Titelmelodien von Kinderfilmen, wir kennen sie alle auswendig), Anweisungen vorgelesen, wie man einen Graben aushebt und sich auf den Krieg vorbereitet. Die »Bauanleitungen« gab es natürlich

---

[+] Die Archäologin Gertrude Bell (1868–1926) lernte Arabisch und reiste tief in die Wüste, um archäologische Stätten zu begutachten. Wegen ihrer Kenntnis des Landes und seiner Bevölkerung wurde sie im Ersten Weltkrieg vom britischen Geheimdienst als Agentin rekrutiert. Später, als Diplomatin und dann als Orientexpertin für den Hochkommissar in Bagdad, wurde sie zur Königsmacherin im neuen Irak, bei dessen Gründung sie mitwirkte. Das archäologische Museum von Bagdad trägt noch heute ihren Namen.

[++] www.gerty.ncl.ac.uk/home.

erst, nachdem Präsident Saddam den Irakern höchstpersönlich geraten hat, solche Gräben in ihren Gärten anzulegen.

Um die BBC nicht zu enttäuschen, haben Raïd, G. und ich ganz »normale« Gesichter gemacht und sind zum Zeichen der Normalität in die Arasat-Straße gegangen, um ein paar CDs zu shoppen. Zuerst waren wir in Sandra's Obstsaft-Laden und haben uns ein Getränk gekauft, das Ausländer wahrscheinlich eine schlechte Imitation eines Bananen-Apfel-Shakes nennen würden. Dann haben wir eine halbe Stunde lang im Musikladen die CD-Regale studiert. Raïd, immer schon ein Meister der Schlürf-und-quatsch-Technik, versuchte, mir meine »Normalität« zu rauben, indem er mich daran erinnerte, dass ich meine 10000 Dinar vergeude, weil es demnächst sowieso keinen Strom für meinen CD-Spieler mehr geben wird. Ich habe ihm daraufhin erklärt, dass ich vorhabe, einen Piratensender zu betreiben, und mich mit Musik für die Massen eindecken muss, die ich zu unterhalten gedenke. Ich habe das alles in einem ganz ernsten Tonfall gesagt. Raïd hat mit keiner Wimper gezuckt, und der Ladenbesitzer fing schon an, uns ganz komisch anzusehen. Aber da ich immer das Zeug kaufe, das andernfalls nur in den Regalen verstauben würde, hat er nichts weiter gesagt und mir zufrieden 12500 Dinar abgeknöpft (für fünf statt der geplanten vier CDs – meinen Dank an die malaysischen Bootleggers, die uns mit billigen CDs versorgen). The Deftones, Black Rebel Motorcycle Club, Erykah Badu und das neue Album von Amr Diab (hier[+] sind ein paar Audioclips, falls ihr interessiert seid) stehen jetzt in den Regalen von Pax Radio.

Andere normale Dinge, die wir diese Woche gemacht haben:

- Endlich alle Fenster im Haus mit Klebeband gesichert – eine sehr entspannende Tätigkeit, wenn man vergisst, was man da eigentlich tut.
- Eine Handpumpe am Brunnen installiert, den wir im Garten gegraben haben; bisher hatten wir nur eine elektrische.
- 60 Liter Benzin gekauft, um unseren kleinen Generator zu betreiben. Zwei praktische, kleine Kerosinkocher gekauft, jede Menge Kerosin besorgt und im Garten vergraben, damit das Haus nicht aus Versehen in die Luft fliegt.

[+] www.erykahbadu.com und www.amrdiab.net.

- Ein Zimmer im Haus für den Notfall vorbereitet und »Partikelmasken« (das stand auf der Verpackung) gekauft, für den Fall, dass sie diese Ölgräben tatsächlich anzünden. Die Masken verhindern vielleicht, dass unsere Lungen zu Teergruben werden. Seit das mit den Ölgräben bekannt wurde, sind diese Masken sehr begehrt. Sie kosten 250 Dinar das Stück und gehen weg wie warme Semmeln.
- Zwei Zimmer im Haus für die Aufnahme der ersten IDPs (Vertriebene) vorbereitet: meine jüngste Tante, eine allein erziehende Mutter mit drei Kindern, weil sie am weitesten von der Familie entfernt lebt, und eine andere Tante aus Kerbela im Süden. Das Hotel Pax wurde offiziell für die Saison eröffnet. Eine Reservierung ist nicht nötig, aber wer zu spät kommt, bringt am besten eine Matratze mit.

Weitere Nachrichten/Gerüchte:

Parteimitglieder laufen in der Stadt herum und sagen den Leuten, sie sollen in ihren Häusern bleiben, falls etwas passiert. »Gehen Sie nicht auf die Straße. Alles wird Ihnen geliefert.« Sie haben an vielen Stellen Brunnen ausgehoben und Generatoren daneben gestellt, um das Wasser raufzupumpen, das dann an die Leute verteilt werden soll. Wenn Sie das Haus unbedingt verlassen müssen, warten Sie also bitte, bis ein Auto von der Partei kommt und Sie abholt.

Sie sind tatsächlich von Haus zu Haus gegangen und haben gefragt, welcher Haushalt mehr als ein Auto besitzt, haben sich Namen und Nummern notiert – es heißt, dass sie notfalls jedes überzählige Auto requirieren werden. Auf jeden Fall kann keiner mehr mit seinem Auto herumfahren. Ärzten in den staatlichen Krankenhäusern und Parteimitgliedern haben sie besondere Sticker gegeben, die sie auf ihre Autos kleben können. Sobald der erste Angriff kommt und die Ausgangssperre verhängt wird, braucht man eine Sondererlaubnis, um sich in der Stadt zu bewegen. Wir haben schon seit letztem Freitag spaßeshalber unsere eigene Ausgangssperre verhängt. Um 22:30h antreten zum Abzählen. Wenn man so viele Leute im Haus hat, ist das die einzige Möglichkeit, festzustellen, ob alle da sind. Außerdem ist das ein gutes Training, denn wir rechnen damit, dass die Amerikaner bei Nacht angreifen. Wenn sie am Tag angreifen würden, hätten sie das komplette Chaos auf den Straßen.

:: salam 18:43h ::

Dienstag, 11. März 2003

Vor einer Weile habe ich versprochen, euch den neuen 10 000-Dinar-Schein zu zeigen. Er wurde vor etwa vier Monaten ausgegeben und könnte schon bald der Vergangenheit angehören.

Bitte entschuldigt die schlechte Bildqualität. Ich habe zu Hause keinen Scanner. Was ihr da neben dem Präsi seht, das ist das Denkmal für den Unbekannten Soldaten in Bagdad.

Der Dinar hat heute Abend einen neuen Tiefstand erreicht: 1 $ = 2700 Dinar. Die Großmärkte in Shorjah hatten heute geschlossen, weil sie abwarten wollten, wohin der Dinar sich als Nächstes bewegt.

:: salam 2:41h ::

Neulich habe ich geschrieben, dass ich anscheinend nur einen irakischen Leser habe. Tja Leute, ich habe mich geirrt. Ich habe zweieinhalb (einer ist halb Iraker, halb Chinese). Das Aufregendste ist, dass der zweite eine junge Frau hier in Bagdad ist. Sie ist dreiundzwanzig und ein Computerfreak (na ja, Informatikerin) und sie hat sich bereit erklärt, etwas für den Blog zu schreiben. Sie wird den Namen »Riverbend« benutzen. Bitte, heißt sie herzlich willkommen. Ich hoffe, dass sie sich dem Weblog anschließt und in den kommenden Wochen so viel wie möglich schreibt.

Ich übergebe also an »Riverbend«:

Salam, du hast mich daran erinnert, dass wir die Fenster mit Klebeband sichern müssen (Hast du das Zeug kreuzweise aufgeklebt oder sternförmig?). [*Salam: Der Stern ist gut, aber bei besonders großen Fenstern habe ich erst ein großes Kreuz und dann in jedes Rechteck noch ein Kreuz geklebt.*] Wir reden dauernd über den Krieg, diskutieren Möglichkeiten, was er für uns bedeutet, etc., aber als ich gestern nach Hause kam, hat es mich richtig umgehauen, denn – man höre und staune! – es hingen keine Bilder mehr an den Wänden! Ich frage also ganz blöd: »Wo sind die ganzen Bilder?« Man sagte mir, sie seien »verstaut«, denn wer weiß, was alles runterfällt, wenn eine Bombe in der Nähe einschlägt? Dann hab ich auf einen scheußlichen Kronleuchter aus schwarzem Stahl gezeigt, der ja nun eine viel größere Gefahr darstellt als Bilder... Ich fühle mich an eine mittelalterliche Todesfalle erinnert und stelle mir immer wieder vor, wie mir das Ding auf den Kopf fällt...

Ansonsten leben wir ganz normal, ja – wir gehen zur Arbeit, machen den Hausputz, essen, trinken. Das Leben steht nicht jedes Mal still, wenn Amerika mit einem Krieg droht. Es wird schwieriger, stimmt, aber es geht weiter – was die ausländischen Journalisten übrigens ganz verrückt macht. Die wollen Action sehen, und Leute, die ihrem alltäglichen Leben nachgehen, sind anscheinend weder Zeit noch Filmmaterial wert.

Sei vorsichtig mit dem Benzin, Salam. Vor ein paar Tagen ist eine ganze Familie verbrannt, weil sie ihre Benzinvorräte nicht ordentlich gelagert hatten (Nennt man so was »friendly fire«?). Ich hoffe, ihr habt das Zeug sicher untergebracht. [*Salam: Ja, das haben wir im Fernsehen gesehen. Ziemlich schlimm – meine Mutter ist natürlich ausgeflippt.*] Wir haben uns jede Menge Kerzen besorgt (Dutzende), aber trotzdem schielt meine Mutter immer wieder nach meiner Sammlung von Duftkerzen. Du kannst dir die Szene also ausmalen – hunderte von Bomben, die über unseren Köpfen fliegen, der ohrenbetäubende Lärm von Flugzeugen, gemurmelte Gebete in einem halbdunklen Zimmer, in dem es nach... Lavendel duftet. Und dieser Duft wird mir für immer im Gedächtnis haften bleiben, zusammen mit den anderen Kriegserinnerungen: Kerzen, Klebeband, Kerosinlampen und Lavendel ...

Und nun zu einem nicht ganz anderen Thema: Ich hatte heute Morgen beim Zeitunglesen ein Déjà-vu. **Seufz** Werden die Amerikaner eigentlich *nie* vom Krieg die Schnauze voll haben?

Riverbend

Wenn Riverbend das nächste Mal schreibt, wird sie zu diesem Gruppen-Blog gehören (ja, das ist eigentlich ein Gruppen-Blog, aber Raïd ist einfach so verdammt faul). Ich werde jede Mail gern an sie weiterleiten, bis sie sich entscheidet, ob sie ihre E-Mail-Adresse auf diese Site setzen soll oder nicht.

:: salam 13:30h ::

Mittwoch, 12. März 2003

Hier kommt was Lustiges – im Gegensatz zu den Kommentaren unten, wo wir mit dem Finger aufeinander zeigen. Ich habe es von Douglas bekommen, der schon immer sehr aufmerksam gewesen ist und mir übersetzte Artikel aus französischen Zeitungen und Zeitschriften zuschickt. Vielen Dank, Douglas. Dieser Artikel ist besonders gut. Es geht um Ereignisse vor dem ersten Golfkrieg.

Falls ihr *parlez français*, geht zu diesem Link: *Un après-midi avec Saddam.*[+]

Wenn ihr kein Französisch sprecht, geht zu folgendem Link – ich hoffe, ich begehe keinen *faux pas*, indem ich deine Übersetzung poste, Douglas: »Ein Nachmittag mit Saddam«.[++]

Meine Lieblingssätze:

> **... bla bla bla ... »Sie können dem Genossen Fidel Castro sagen«, meinte er (Saddam Hussein) und stand auf, »dass ich**

[+] Ein Artikel von Alcibiades Hidalgo in der französischen Zeitung *Le Monde* vom 11. März 2003 (www.lemonde.fr).

[++] Ein Link zu The Pointless Linkage Project: pointlesslinkage.blogspot.com/2003_03_09 pointlesslinkage_archive.html#90576946.

ihm für seine Besorgtheit danke. Wenn die Truppen der Vereinigten Staaten in den Irak einmarschieren, werden wir sie einfach *so* zermalmen!«, schloss er lautstark und stampfte mehrmals mit seinen blank polierten Stiefeln auf den Teppich ... Die Audienz war beendet ... Ohne danach zu fragen, was eigentlich vorgefallen war, bat er (Fidel Castro) den Gallego[+] nur, ihm noch einmal vorzuführen, *wie* Saddam die Amerikaner zermalmen wollte.

Fast so, als würde man zwei Kindern zusehen, die sich im Sandkasten streiten: Ich zerquetsch dich wie eine Kellerassel, du du! (Wer's besser könnte, ob Saddam oder Fidel, käme wohl auf die Stiefel an.)

Aber reden wir lieber nicht darüber, wer wen zermalmt hat. Und was die nächste »Mutter aller Schlachten« angeht, nur eines: *shock'n'awe* (Angst und Schrecken). Lernt es auf Arabisch: *al-ithara wa al-faza*. Das ist, als würdet ihr Steine in netten kleinen Schlammpaketen verstecken und mich damit bewerfen, ihr Betrüger!

:: salam 12:49h ::

Donnerstag, 13. März 2003

Heute ist Feiertag. Nach dem muslimischen Kalender ist heute der 10. Huharam – oder Aschura für die Schiiten: ein entscheidendes Datum in ihrer Geschichte, denn heute ist der Tag, an dem der Imam Hussein in Kerbela/Irak getötet wurde. Was nach den Worten von Shiapundit[++] ein Tag ist, an dem man trauern, nachdenken und beten soll. Sonst nichts.

Meine Mutter ist eine Schiitin aus Kerbela, deswegen werden wir jedes Jahr an diesem Tag frühmorgens (es ist jetzt 1:00h) vom 3azah al 7ussain (»Husseins Wehklagen«) geweckt, das aus dem Radio plärrt – nicht sehr angenehm. Und danach müssen wir uns die Geschichten von dem großen öffentlichen Wehklagen anhören, das früher jedes Jahr stattfand (heute ist es verbo-

[+] Gemeint ist José Ramon Fernandez, Leiter der kubanischen Abordnung. Gallego = Spitzname für spanischstämmige Kubaner (Anm. d. Übers.).
[++] www.shiapundit.blogspot.com.

ten). In ganz Kerbela werden die letzten drei Tage im Leben des Imam nachgespielt. Ich erzähle euch mal, wie diese Tage ausgesehen haben, und hoffe, dass die Schiiten unter meinen Lesern es mir nicht übel nehmen, wenn ich nicht alles so ganz richtig hinkriege.

Im Prinzip ist es die Geschichte von einem Kampf zwischen Imam Hussein, dem Enkel des Propheten Mohammed, und dem Kalifen Jasid aus der Wüste bei Kerbela im Jahre 680. Hier der Live-Bericht:

Imam Hussein macht sich auf den Weg zurück nach Kufa/Irak, nachdem ihm versichert wurde, dass die Menschen dort ihn in seinem Kampf unterstützen würden – er war nach Mekka geflohen, als Jasids Leute ihm mit dem Tod gedroht hatten. Unterwegs bleibt sein Pferd an einer bestimmten Stelle in der Nähe des Euphrat stehen und rührt sich nicht mehr von der Stelle. Als der Imam sich erkundigt, wie die Stelle heißt, sagt man ihm, es sei die Wüste von Kerbela (karrun wa bala2), was so viel bedeutet wie: »Gefahr und Unheil«. Er sagt seinen Gefolgsleuten, dass dies der Ort ist, wo er gemäß der Prophezeiung getötet werden wird. Zelte werden aufgestellt, doch schon bald ist das Lager von Jasids Armee umstellt. Der Imam hat nicht viele Leute bei sich, die meisten davon sind Frauen und Kinder.

Die nächsten Ereignisse werden wir nur kurz überfliegen:

Erst wird ihnen drei Tage lang das Wasser abgesperrt, dann geht der Kampf los. Die Verwandten des Imam, darunter auch seine Söhne, sterben einer nach dem anderen bei dem Versuch, Imam Hussein zu beschützen. Nachdem alle Männer tot sind (inklusive unseres Helden), fällt Jasids Armee in das Lager ein und brennt es nieder. Anschließend wird Imam Husseins Kopf nach Damaskus gebracht, als Beweis, dass er tot ist.

Jetzt stellt euch bloß mal vor, was da jedes Mal los war, wenn diese Geschichte in der ganzen Stadt nachgespielt wurde. In Kerbela gibt es einen Bezirk namens Muchajam (»das Lager«), in dem früher die Zelte für das Theaterstück aufgestellt wurden. Die unbeliebteste Rolle in dem Stück war die des Soldaten, der Imam Hussein tötet. Meine Tante hat mir erzählt, dass die Aufführung häufig damit endete, dass die Leute hinter dem armen

Schauspieler herrannten und ihn mit Steinen bewarfen, bis er irgendwo Zuflucht fand. Anschließend zogen Gruppen durch die Stadt, die den Tod des Imam betrauerten – junge Männer, die sich selbst mit Peitschen geißelten, aus Verzweiflung darüber, dass sie nicht zur Stelle waren, um dem Imam beizustehen, Studenten, die laut aus Gedichten vorlasen, und ernst dreinblickende Juristen. Aus dem ganzen Irak und aus dem Ausland, selbst aus Pakistan kamen Menschen angereist, um in das Wehklagen einzustimmen. Menschen, die sich zur Feier des Tages in Häusern und Moscheen versammelt hatten, schlugen sich weinend auf die Brust, wenn sie das *Maqtal* (»die Tötung Husseins«) hörten. Es gibt sogar ganz spezielle Gerichte, die an diesen Tagen auf den Straßen zubereitet werden.

Ich selbst habe das noch nie miterlebt, denn heute gilt das ganze Spektakel als unerlaubte öffentliche Demonstration. In Privathäusern ist das gemeinsame Wehklagen noch erlaubt, nicht aber das Riesentheater in Kerbela. Stattdessen patrouillieren Soldaten in der Stadt. Aber was soll's, neuerdings ist ja sogar das Zubereiten von *Kima* (Hackfleisch mit Kichererbsen) und *Harissa* (ein Brei, der aussieht wie Haferschleim) in der Öffentlichkeit verboten.

:: salam 2:17h ::

Samstag, 15. März 2003

Die große Mutter aller Demonstrationen ist im Gange, und ich werde wohl noch ewig hier im Büro festhängen. Vielleicht gehe ich ein bisschen spazieren und sehe mir das Spektakel an. Die Operation »Büro-Evak« hat ihre Endphase erreicht. Es kann jeden Tag losgehen.

:: salam 10:30h ::

Sonntag, 16. März 2003

TIRADE

Keiner im Irak ist für den Krieg (ich sagte »Krieg«, nicht »Regimewechsel«). Kein Mensch, der bei Sinnen ist, wird jemals um eine Tracht Prügel bitten – es sei denn, man ist Mitglied in einem Fight Club –, und falls ihr dennoch mal irgendwelche Iraker (im Land, nicht im Exil) sagen hört: »Los, macht schon, bombardiert uns endlich!«, dann ist das nur der Ausdruck der Verzweiflung über zehn Jahre Not und Entbehrung. **Im** Irak gibt es niemanden, der herumspringt und darauf wartet, dass die Bomben endlich fallen. Wir sind schließlich keine Selbstmörder – jedenfalls nicht alle.

Ich finde, dass der bevorstehende Krieg nicht gerechtfertigt ist (und er steht wirklich bevor, die Kriegstrommeln sind bereits laut und deutlich zu hören – wenn ihr sie nicht hört, dann nehmt gefälligst die Ohrstöpsel raus!). Die Vorwände, die den Krieg rechtfertigen sollen, sind so ausgereizt, dass es wehtut. Weil irgendwann beschlossen wurde, dass ein »Regimewechsel« in Bagdad unbedingt notwendig ist, mussten Gründe für dessen gewaltsame Herbeiführung her. Ich glaube immer noch, dass ein Krieg hätte vermieden werden können. Nicht, indem man die vergangenen beiden Monate immer wieder durchkaut, das ist albern. Das ganze Thema Irak hätte seit dem ersten Tag nach dem ersten Golfkrieg anders angepackt werden müssen.

Die Staaten, die sich die »internationale Gemeinschaft« nennen, hätten schon vor langer Zeit die Verantwortung übernehmen sollen; sie hätten darüber nachdenken sollen, was die Sanktionen, die sie verhängt haben, wirklich bedeuteten; sie hätten sich die Berichte über Waffen und Menschenrechtsverletzungen ansehen sollen, lange bevor man sie ihnen in allerletzter Minute als Vorwand für einen Krieg um die Ohren gehauen hat.

Der Auslöser für diese Tirade ist eine Frage, die mir seit Tagen auf den Nägeln brennt: Wie konnte es bloß dazu kommen, dass »unterstützt die Demokratie im Irak« plötzlich heißt: »Lasst uns den Irak in Grund und Boden bomben«? Wieso kann es nur eine Demokratie geben, wenn es erst Krieg gibt? Verdammt lange Zeit hat sich niemand an einem undemokratischen Irak gestört. Und jetzt auf einmal sollen wir mit Bomben in die Demokratie gezwungen werden? Na, vielen Dank! Wie rücksichtsvoll.

Die Situation im Irak hätte sich auf andere Weise lösen lassen als durch das, was die Welt in den nächsten Wochen erleben wird. So unmöglich wäre das nicht gewesen. Seht euch bloß den nördlichen Teil des Irak an – dieses Modell funktioniert doch ziemlich gut. Warum hat keiner versucht, dasselbe im Süden durchzusetzen? Die ~~USA/UK~~ UN haben dort ein geschütztes Gebiet eingerichtet – warum hätte das nicht auch im Süden gelingen können? Das hätte dem Regime endgültig Arme und Beine abgeschnitten. Und wenn die Leute erst einmal mitkriegen, was ihnen jahrzehntelang durch das Regime vorenthalten wurde, werden sie sicher nicht sagen: Hey, turn back time! Da könnt ihr jeden Iraker aus den kurdischen Gebieten fragen.

Stattdessen hat die ganze Welt ruhig dabei zugesehen, wie die Schiiten nach dem Krieg von Saddams Armee auf eine Weise niedergemacht wurden, die es vor dem Golfkrieg nicht gegeben hat. Sieht denn sonst niemand die Worte »Iran/nicht im Interesse der USA« am Himmel treiben, oder habe ich Halluzinationen?

Dann ist da noch die Sache mit den Sanktionen. Nachdem der Irak diese Sanktionen zehn Jahre lang erduldet hat, kann ich nur hoffen, dass (nachdem sich herausgestellt hat, welche Auswirkungen solche Maßnahmen haben) niemand auf die Idee kommen wird, sie noch an einem anderen Volk auszuprobieren. Sanktionen, die angeblich eine potenziell gefährliche Situation unter Kontrolle halten sollten, haben stattdessen ein ganzes Volk in die Knie gezwungen. Und wer hat letztlich von den Sanktionen profitiert? Weder die internationale Gemeinschaft, noch das irakische Volk, sondern *der*, der an der Macht war und es immer noch ist. Sie haben die Menschen im Irak zu Geiseln des Regimes gemacht, die Schlinge um ihren Hals noch fester zugezogen. Ein ganzes Volk, ein stolzes und gebildetes Volk, wurde nicht durch Krieg, sondern durch die Sanktionen auf den Hund gebracht. Unsere intelligentesten und kreativsten Köpfe sind ins Ausland geflüchtet, und zwar nicht nur wegen der Unterdrückung durch das Regime, sondern weil niemand mehr im Irak seinen Lebensunterhalt verdienen und irgendwie überleben konnte. Und kann mir mal irgendjemand verraten, welche Auswirkungen die Sanktionen auf die Probleme mit den Waffen hatten? Kommt auf den Teppich! Es gibt immer irgendwelche Länder, die bereit sind »auszuhelfen«, es gibt immer Organisationen, die sich nicht zu fein sind, von *ihm* Geld anzunehmen. Öl für Lebensmittel? Wohl überlegte Sanktionen? Stellt euch doch nicht dümmer, als ihr seid. Was glaubt ihr denn wohl, wer all die Verträge bekommt, um die Menschen mit Lebensmitteln zu versorgen? Was glaubt ihr, wer jede Menge Geld auf ausländischen Konten hortet? Das sind *seine* Leute, *seine* Verwandten und die Leute, die nach *seinen* Regeln spielen – im Ausland und im Irak. Iraker und Nicht-Iraker.

Was ich sagen will, ist, dass alles hätte anders laufen können. Ich kann immer wieder nur neidisch nach Norden blicken und mich fragen, warum?

Unterstützt die Demokratie im Irak, aber setzt Demokratie nicht mit Krieg gleich. Es wird etwas geschehen, das hätte vermieden werden können/sollen. Erwartet nicht von mir, dass ich in einem »I ♥ Bush«-T-Shirt rumlaufe. Unterstützt die Demokratie im Irak, aber nicht, indem ihr uns erst in Grund und Boden bombt und dann versucht, das Land wieder aufzubauen (na ja, das wird sowieso passieren), nicht, indem ihr uns menschliche Schutzschilde schickt (macht euch nichts vor, der Krieg wird stattfinden, und Saddam wird euch als Geiseln benutzen), sondern indem ihr nach dem Krieg ein Auge auf das Geschehen habt.

Und zum Schluss dieser Tirade noch ein paar Worte zu islamischen Fundis/Wahabis/Qaida und dergleichen.

Wisst ihr, seit wann man sich in irakischen Städten an den Anblick von Kopf bis Fuß verschleierter Frauen gewöhnt hat? Wisst ihr, seit wann die getrennte Erziehung von Jungen und

Mädchen heiß diskutiert wird? Seit wann die Stammesgesetze DAS GESETZ ersetzen? Seit wann »Wahabi« zu unserem Vokabular gehört?

Das alles hat erst *nach* dem ersten Golfkrieg angefangen. Ich glaube, es war Cheney – oder war es Albright? –, der gesagt hat, sie würden den Irak zurück in die Steinzeit bomben ... Tja, Glückwunsch, das ist euch wirklich gelungen. Die Iraker haben religiösen Extremismus noch nie als Bestandteil ihres Lebens akzeptiert. Das tun sie auch heute nicht. Wahabis in ihren kurzen *Dishdashas* werden immer noch angeglotzt wie verirrte Schafe. Aber ihre Zahl nimmt ständig zu. Die Kombination aus Armut/Arbeitslosigkeit/Selbstzweifel und Verbitterung darüber, dass Leute zu Reichtum und Macht gekommen sind, ohne etwas dafür geleistet zu haben (aber dafür den richtigen Familiennamen oder die richtigen Beziehungen hatten), hat das gesamte soziale Gefüge erschüttert. Dinge, die früher vollkommen inakzeptabel gewesen wären, werden heute toleriert.

Man nennt das *al hamla al imania* (»der Feldzug der Religion«). Natürlich wurde er von der Regierung unterstützt: Wenn man die Leute mit Sprüchen wie »arm im Diesseits/reich im Jenseits« vollsülzt, halten sie ruhig. Oder man lässt sich von Wahabi-Organisationen bezahlen. Kommt beten, wir bezahlen euch dafür – kein Witz, todernst. Wenn die Regierung dir keinen Job geben kann, lauf in die nächste Moschee, die werden dir Geld geben und dich durchfüttern. Das ist noch nie da gewesen. Es ist unfassbar. Aber was sollen die Leute machen? Die Regierung hat kein Geld, um Gehälter zu zahlen, und das Geld, das die Regierung hat, fließt in die Taschen der Regierungsmitglieder. Also hört auf, mir was von Fundis zu erzählen – ohne *euch* hätte ich sie nie kennen gelernt, sie nie in meinen Straßen gesehen.

ENDE DER TIRADE

:: salam 1:37h ::

Montag, 17. März 2003

Endlos lange Schlangen an den Tankstellen gestern Abend – an manchen standen sogar zwei Streifenwagen, um irgendwelche »Vorfälle« zu verhindern.

Der Preis für Trinkwasser in Flaschen hat sich verdreifacht.

Auf Shabab TV (dem Jugendsender) wurde verkündet, dass die NUIS+ Wasserpumpen und Kanister, Schutzhelme, kleine Generatoren und, völlig irrwitzig, Schutzkammern gegen chemische/biologische Waffen verkauft. Auf den Bildern, die sie gezeigt haben, sahen diese Schutzkammern aus wie achteckige umgekippte Fässer, ausgestattet mit zwei Etagenbetten und allen möglichen Gerätschaften. Keine Preise, nur eine Telefonnummer.

Es gibt Gerüchte von verschandelten Saddam-Porträts in den Bezirken Dorah und Thawra (vielleicht, vielleicht auch nicht). Und die Städte Rawa und Anna sind so überfüllt, dass man nicht mal mehr eine Hundehütte mieten kann. Während des ersten Golfkriegs war man dort einigermaßen in Sicherheit; Leute mit Geld mieten sich dort eine Wohnung in der Hoffnung, dass es auch dieses Mal so sein wird.

Der Dinar hält sich bei etwa 2700 pro Dollar, und die begehrtesten Artikel neben »Partikel-Masken« sind neuerdings Ohrstöpsel – in den Läden sind sie restlos ausverkauft, es werden Vorbestellungen angenommen.

:: salam 8:48h ::

Mittwoch, 19. März 2003

Ich hätte heute schon früher etwas geschrieben, aber ich hatte eine Menge zu tun. Mein Bruder hat mich nämlich daran erinnert, dass wir unbedingt tanken müssen, was dazu führte, dass wir zwei Stunden mit Wartezeit vergeudet haben. Es ist nicht so schlimm wie vor zwei Tagen, aber an den Tankstellen ist immer noch die Hölle los. Ein paar Stunden, nachdem ich euch erzählt habe, dass zwei Streifenwagen vor den Tankstellen stehen, um Tumulte zu verhindern, waren wir nochmal in der Stadt. Jede Menge Parteimitglieder in olivgrüner Uniform schlenderten mit Kalaschnikows vor den Tankstellen auf und ab, während heute wieder nur die Streifenwagen dastehen. Es geht das Gerücht

+ National Union of Iraqi Students.

um, dass jetzt auch die »speziellen« Tankstellen für die Öffentlichkeit geöffnet werden. In Bagdad gibt es vier davon. Sie sind nur für *sie* oder für Leute mit einem entsprechenden Ausweis.

Bevor ich auf die neuesten Nachrichten eingehe, möchte ich mich bei allen Leuten bedanken, die mir E-Mails geschickt haben, in denen sie ihre Sorgen über das, was im Irak passiert, schildern. Ich hoffe, ihr könnt mir nachsehen, dass ich ein bisschen Zeit brauchen werde, um alle eure Fragen zu beantworten, also seid bitte nicht böse, wenn ich nicht sofort reagiere. Ich drucke die Mails immer aus, damit Raïd sie lesen kann, und er ist jedes Mal völlig verblüfft. Manche würde ich am liebsten veröffentlichen oder an Laternenmasten kleben. Vielen herzlichen Dank.

Vor ein paar Wochen konnten die Journalisten es gar nicht fassen, dass die Iraker einfach ihr Leben weiterleben und nicht in Panik geraten. Na ja, heute sieht das alles ganz anders aus. Die Situation ist wirklich ziemlich besorgniserregend und sehr irritierend. Aber der Reihe nach: Der Dinar hat einen neuen Tiefpunkt erreicht: 3100 pro Dollar. Keine einzige Wechselstube hatte heute geöffnet. Überall sieht man geschlossene Geschäfte. Nicht dass ihr jetzt denkt, die hätten bloß die Türen verrammelt, nein, die haben ihre Häuserfronten mit Stahlblechen abgedeckt, die Fenster mit Ziegelsteinen zugemauert und die Türen zugeschweißt. Die Ladenbesitzer haben LKWs mit allem möglichen Zeugs aus den Läden beladen, um es irgendwo anders vermeintlich sicher zu lagern. Vor vielen Rohbauten werden hohe Mauern ohne Türen errichtet; ich nehme an, um zu verhindern, dass sie zu Kasernen umfunktioniert werden. Durch die Straßen Mansur, Harhtija oder Arasat zu fahren, ist ziemlich deprimierend. Trotzdem sind Raïd, G. und ich zusammen losgezogen, um unser letztes gemeinsames Mittagessen zu uns zu nehmen.

Im Radio laufen immer noch nonstop Kriegslieder aus den 80er Jahren. Damals hat kein Mensch über die Texte nachgedacht, aber heute durch Bagdad zu fahren und Lieder mitzusingen, in denen es heißt »wir werden zu dir halten bis in den Tod, Saddam«, das ist wirklich extrem. Die Lieder haben auf einmal etwas sehr Unheimliches, vor allem einer der »patriotischsten«

Songs, den sie im Radio bringen – *alfituuwa*: das ist der Code für alle Fedajin+, sich bei ihren Einheiten zu melden.

In einem Laden erlebten wir dann eine kuriose Szene. Eine Frau sagte beim Rausgehen: *itha allah chalana taibeen* (»Wir sehen uns morgen, wenn Gott uns am Leben erhält«). Eigentlich ganz normale Abschiedsworte, trotzdem sind alle plötzlich erstarrt. Sie kicherte nervös und sagte, *so* habe sie das nicht gemeint … wir prusteten alle los, aber solche Floskeln bekommen neuerdings eine ganz andere Bedeutung.

Das Militär zeigt immer noch keine Präsenz in den Straßen. Das wird sich spätestens dann ändern, wenn das Ultimatum ausläuft. Hier und da sieht man Autos mit Maschinengewehren herumfahren, wenn auch nicht allzu viele. Aber genug, um einen nervös zu machen.

Die Preise steigen und steigen, und zwar nicht nur weil der Dinar so stark gefallen ist, sondern weil es einfach nichts mehr gibt. Ein Geschäft nach dem anderen macht zu. Nur die ganz kleinen Läden sind noch offen.

In den Apotheken bemühen sie sich sehr, den Leuten zu besorgen, was sie brauchen, aber auch sie haben nur einen begrenzten Vorrat an Medikamenten und Erste-Hilfe-Zeugs. Wer sich also nicht rechtzeitig mit dem Nötigen eingedeckt hat, muss jetzt für alles überhöhte Preise bezahlen.

Und wer nach Syrien abhauen will, bezahlt jetzt 600 $ für die Fahrt. Früher lag der Preis bei nur 50 $. Es ist billiger, zu Hause zu bleiben. Das Büro, das die Reisegenehmigungen ausstellt, ist sowieso längst mit Ketten und Vorhängeschlössern gesichert.

Ein paar Gerüchte:

Es heißt, Barazan (Saddams Bruder) hätte ihm nahe gelegt, anständigerweise zurückzutreten. Daraufhin wurde der Ärmste in einem der Präsidentenpaläste, die wahrscheinlich zu den Gebäuden gehören, die als Erste bombardiert werden, unter Hausarrest gestellt.

+ Saddam ergebene Kämpfer.

Die Angehörigen hochrangiger Regierungsmitglieder und *seine* Verwandten (natürlich bis auf den Bruder) werden bis an die Zähne bewaffnet. Und zwar mehr aus Angst vor rachsüchtigen Irakern als aus Furcht vor den Amerikanern.

Und so wie es aussieht, werden wir heute einen Sandsturm bekommen, was bedeutet, dass die Leute an den Grenzen bereits unterm Sand begraben sind. Verrücktes Wetter. Gestern hat es geregnet, heute kommt der Sand.

:: salam 3:13h ::

Donnerstag, 20. März 2003

Heute sind wir wieder mit dem Auto durch Bagdad gefahren. Absolut deprimierend. So habe ich die Stadt noch nie erlebt. Die Mitglieder der Baath-Partei haben angefangen, ihre Positionen in den Gräben, auf den Plätzen und auf den Kreuzungen einzunehmen, behängt mit Knarren und anderem Waffenzeugs und frisch rasiert. Irgendwie wirken sie einfach zu sauber und zu gut gekleidet, um irgendwas zu verteidigen. Das Schockierendste war, wie viele Kids darunter waren. Die Jungs, auf keinen Fall älter als 20, hockten am Ende unserer Straße in den Gräben, tranken Cola und anderes Zuckergesöff und aßen Schokolade; anderswo saßen sie nur gelangweilt in der Sonne. Und überall Autos mit Geschützen und Kalaschnikows.

Am schlimmsten ist diese schleichende Erstarrung der Stadt. Nichts. Keiner kauft was, keiner verkauft was, keiner rennt hinter dem Bus her. Wir sind so schnell wie möglich nach Hause gefahren. Drinnen wirkt wenigstens nicht alles so traurig.

Das Ultimatum endet hier in Bagdad um vier Uhr früh – und die große Frage lautet: Wird der Angriff sofort stattfinden oder nicht? Geschichten aus dem ersten Golfkrieg werden zum hundertsten Mal erzählt.

Die syrische Grenze ist inzwischen für Iraker gesperrt. Alle werden zurückgewiesen. Noch bitterer ist, dass Leute, die nach Deyala wollen – und das liegt *im Irak* –, nach Bagdad zurückgeschickt werden. Es heißt, Bagdad solle »abgeriegelt« werden: Keiner darf raus, keiner darf rein. An den Stadtgrenzen gibt es

Kontrollstellen, an denen keiner vorbeikommt. Es wird gemunkelt, viele Leute würden versuchen, über Deyala zur iranischen Grenze zu gelangen. Vielleicht, vielleicht auch nicht.

Falls ihr euch erinnert, ich habe euch vor kurzem erzählt, dass man 14 vom Staat sanktionierte Sender empfangen kann, übertragen und decodiert von Empfangsgeräten, die man von einer staatlichen Firma kaufen muss. Das ist jetzt alles abgeschafft. Als Nächstes ist wohl das Internet dran, da wette ich drauf.

Was es heute im irakischen Fernsehen gab:
- Ein Interview mit dem Außenminister. Hab den Ton abgeschaltet, wollte nichts hören.
- Demonstrationen in irakischen Städten.
- Gestern wurden die letzten 500 Gefangenen aus dem Iran-Irak-Krieg ausgetauscht. Ich kann es nicht fassen, dass das immer noch nicht vorbei ist. Himmelherrgott, der Krieg war 1989 zu Ende! Jede irakische Familie kann einem hundert herzzerreißende Geschichten darüber erzählen, wie es ist, wenn man einen Bruder/Vater/Sohn tot glaubt und der nach zehn Jahren plötzlich wieder auftaucht.

:: salam 0:21h ::

Fliegeralarm in Bagdad, aber das Einzige, was man hört, sind die Flak-Geschütze. Haue jetzt ab.

:: salam 5:46h ::

Es passiert immer noch nichts in Bagdad. Wir hören nur Explosionen in weiter Ferne, aber es gibt keine Entwarnung. Bei BBC hat jemand behauptet, das staatliche Radio sei von einem US-Sender übernommen worden. Stimmt nicht. Alle drei staatlichen Sender arbeiten noch.

:: salam 6:40h ::

Also damit hat wirklich keiner gerechnet. Als die Sirenen losgingen, dachten wir, jetzt würden tonnenweise Bomben auf uns abgeworfen, aber es ist überhaupt nichts passiert, zumindest nicht in dem Stadtteil, in dem ich wohne. Eine Zeit lang waren Bordgeschütze zu hören, dann kam schon die Entwarnung.

Heute Morgen bin ich mit meinem Vater durch die Stadt gefahren – es hat sich seit gestern nichts geändert. Es gibt keine Ausgangssperre, überall fahren Autos herum. Die Geschäfte sind nach wie vor geschlossen. Nur ein paar Bäckereien haben geöffnet, und natürlich die Büros der Baath-Partei. Inzwischen laufen noch mehr Baath-Partei-Mitglieder herum, und sie tragen noch mehr Waffen. Keine Soldaten in den Straßen. Wir haben immer noch Strom, die Telefone funktionieren, und wir bekommen Anrufe aus dem Ausland, was bedeutet, dass die internationalen Leitungen noch intakt sind. Auch Wasser gibt es noch.

Der englischsprachige Radiosender auf FM wurde durch ein staatliches Radioprogramm auf Arabisch ersetzt, das auf derselben Frequenz ausgestrahlt wird. Ich erwähne das nur, weil gestern Abend, als die BBC aus Bagdad berichtete (ja, wir haben die Satellitenschüssel wieder angeschraubt), auf dem News Ticker (oder wie auch immer dieser rote Streifen am unteren Bildrand heißt) stand, der staatliche Radiosender sei von Uncle Sam übernommen worden. Wir haben heute Morgen Saddams Rede gehört: sehr poetisch!

:: salam 13:23h ::

Ich habe mir al-Sahhaf auf al-Dschasira angesehen. Er sagte, die USA hätten den irakischen Satellitensender bombardiert, aber während er das sagte, war der ISC auf Sendung. Wenn sie das ISC-Hauptquartier wirklich getroffen hätten, wäre das mitten in Bagdad gewesen. Wahrscheinlich sind nur irgendwelche Übertragungsstationen kaputt. Sämtliche Fernsehprogramme funktionieren noch.

:: salam 16:28h ::

Gerade war Entwarnung.

Die Bombardierung kommt in Wellen, nichts allzu Schlimmes und bisher nicht vergleichbar mit dem, was 1991 hier los war. Alle Radio- und Fernsehsender sind noch auf Sendung. Während der ersten Phase des Luftangriffs brachte das irakische Fernsehen patriotische Lieder und machte sich nicht mal die Mühe, die Zuschauer darüber zu informieren, dass wir unter Beschuss stehen (Soll ja Leute geben, die den Kriegsbeginn verpennt haben.). Im Augenblick wird das gestrige Interview mit dem Außenminister wiederholt. Der Lärm der Flakgeschütze ist immer noch lauter als die Detonationen der Bomben, was bedeutet, dass sie immer noch weit weg sind. Aber auf den Bildern, die wir auf dem al-Arabija-Nachrichtensender gesehen haben, war ein brennendes Gebäude in der Nähe der Straße zu erkennen, in der meine Tante wohnt – ins Hotel Pax zu ziehen, war eine gute Idee.

Wir haben zwei sichere Räume. Im einen laufen internationale Sendungen, im anderen läuft irakisches Fernsehen. Alle wartenwartenwarten. Das Telefon geht noch. Eben haben wir überall in der Stadt herumtelefoniert, um uns bei unseren Freunden zu erkundigen, wie es ihnen geht. Sie brauchen Informationen. Im irakischen Fernsehen wird nichts gesagt, nichts gezeigt. Was nützen uns patriotische Lieder, wenn Bomben vom Himmel fallen?

Gegen 18:30h ist mein Onkel losgegangen, um Brot zu kaufen. Er sagt, dass alle Straßen, die zu den Hauptverkehrsadern führen, von Mitgliedern der Baath-Partei kontrolliert werden. Es gibt zwar keine Ausgangssperre, aber wenn man sein Viertel verlassen will, muss man einen Grund angeben. Die Bäckereien dürfen übrigens auf Anordnung der Partei nur eine bestimmte Menge Brot pro Kunden verkaufen. Außerdem hat mein Onkel berichtet, dass sämtliche Rohbauten in der Nähe der Hauptstraßen – Mauern hin oder her – von der Partei oder der Armee besetzt wurden.

:: salam 22:33h ::

Freitag, 21. März 2003

Die beunruhigendste Nachricht des Tages kam von al-Dschasira. Es wurde berichtet, dass neun B52-Bomber in England gestartet sind und sich »wahrscheinlich« auf dem Weg in den Irak befinden. Als würden sie mal eben spazieren fliegen! Auf jeden Fall brauchen sie noch sechs Stunden, bis sie hier sind.

Gestern Nacht war es ruhig in Bagdad. Heute Morgen bin ich losgegangen, um Brot und Lebensmittel zu kaufen. Es gab keine Baath-Leute, die uns daran hinderten, unser Viertel zu verlassen – anscheinend machen sie das erst nach dem Abendgebet. Aber sie hängen immer noch überall herum. Die Straßen sind leer, die Bäckereien offen, auch einige Lebensmittelläden, die ihre Preise vervierfacht haben.

Als ich gerade dabei war, Brot zu kaufen, hielt ein Streifenwagen vor der Bäckerei. Ein Polizist fragte den Bäcker, ob er genug Mehl hätte und um wie viel Uhr er den Laden aufgemacht habe. Der Bäcker sagte mir hinterher, alle Bäcker seien von den Behörden dazu verpflichtet worden, ihre Läden zu öffnen. Deswegen bekämen sie auch täglich Mehl geliefert. Bei Lebensmitteln, Fleisch und Milchprodukten sieht die Sache ganz anders aus. Eine Firma, die Molkereiprodukte vertreibt, scheint noch in Betrieb zu sein; ihre Lieferwagen fuhren in der Stadt herum, um alle Lebensmittelläden, die geöffnet hatten, mit Butter, Käse und Joghurt zu beliefern. Fleisch zu kaufen ist ziemlich riskant, weil man nie weiß, woher es kommt und wie es in die Läden gelangt ist. Wir haben jedenfalls frische Tomaten und Zucchini für 1 000 Dinar das Kilo gekauft, normalerweise zahlt man dafür 250.

Zu unser aller Erstaunen ist heute sogar die Müllabfuhr gekommen. Dafür sendet aber der irakische Satellitenkanal nicht mehr. Auch der zweite Jugendsender (er bringt morgens ägyptische Seifenopern und danach Sport) wurde abgeschaltet. Bleiben noch zwei Sender: Iraq TV und Shabab (Jugend) TV. Sie bringen immer noch jede Menge patriotische Lieder und nutzlose »Nachrichten« – etwa darüber, dass die Franzosen hier sehr beliebt sind. Außerdem haben wir uns die neueste Sahhaf-Show auf al-Dschasira und auf Irak TV angesehen und den fürchterlichen Innenminister mit seinen Gorillas. Freaks. Die Welt lauthals zu beschimpfen ist alles, was sie noch fertig bringen.

Auf BBC laufen Bilder von Irakern, die sich ergeben. Mein jüngster Vetter murmelte vor sich hin »Was für eine Schande«. Ja, es ist besser für sie, wenn sie sich ergeben, aber zu sehen, wie sie mit der weißen Fahne wedeln, dreht einem den Magen um.

Wir sitzen vor dem Fernseher mit einer irakischen Landkarte auf dem Schoß und versuchen rauszufinden, was sich im Süden abspielt.

:: salam 15:13h ::

Wie immer kommt Diana zu Hilfe:

GIBT ES SALAM PAX WIRKLICH?

Bitte, hört auf, mir E-Mails zu schicken, in denen ihr mich fragt, ob es mich wirklich gibt. Ihr glaubt's nicht? Dann lest einfach nicht weiter. Ich bin nicht irgendjemandes Propagandatrick – na ja, mein eigener vielleicht.

In zwei Stunden werden die B52-Bomber im Irak eintreffen.

:: salam 18:05h ::

Samstag, 22. März 2003

16:30h (Tag 3)

Vor einer halben Stunde wurden die Ölgräben angezündet. Auf al-Dschasira hieß es, sie seien bei einem Luftangriff wenige Minuten zuvor getroffen worden. Ich bin aufs Dach gestiegen, um nachzuschauen; es brannten viel zu viele Gräben für die drei Explosionen, die wir gehört hatten. Von dem Graben, der unserem Haus am nächsten ist, hab ich ein Foto gemacht. Gerade kam mein Vetter zu mir und meinte, er hätte gesehen, wie ein Polizeiauto neben einem der Gräben angehalten und ihn angezündet habe. Überall in der Stadt sieht man die Rauchsäulen aufsteigen.

Heute gab es über den Tag verteilt eine größere Anzahl Angriffe – bei einigen wurde noch nicht einmal Fliegeralarm ausgelöst. Wahrscheinlich haben sie es aufgegeben, weil sie es sowieso nicht schaffen, die Sirene rechtzeitig anzuschmeißen.

Die Bilder, die wir gestern im Fernsehen gesehen haben (nicht im irakischen Fernsehen, aber auf al-Dschasira/BBC/Arabija), waren schrecklich. Angriffswelle auf Angriffswelle rollte auf Bagdad zu. Es sah aus, als stünde die ganze Stadt in Flammen. Das

Einzige, was ich denken konnte, war: »Warum muss Bagdad das passieren?« Als dann auch noch eines der Gebäude, an denen ich wirklich hänge, explodierte, war ich den Tränen nahe.

Mein Vater und mein Bruder kamen vorhin aus dem Zentrum zurück. Sie sagen, dass es tatsächlich so aussieht, als würden Raketen und Bomben sehr gezielt abgefeuert. Trotzdem richten die Explosionen schreckliche Verwüstungen an. In den Häusern rund um den Salam-Palast (wo Minister Sahhaf die Journalisten empfangen hat) waren sämtliche Fensterscheiben zerborsten und alle Türen herausgerissen; bei einem Gebäude war das Dach eingestürzt. Das nennt man wohl »Kollateralschäden« – und damit geht das schon in Ordnung, oder?

Wir fürchten uns vor der Bombardierung am Tag und vor der nächsten Angriffswelle heute Nacht, vor allem, weil der Himmel durch den Rauchvorhang verdunkelt ist.

Sonntag, 23. März 2003

Ich habe endlich wieder Zugang zum Internet – werde mich bald melden.

Ich muss mich wirklich bei den Leuten von industrialdeathrock.com entschuldigen, weil dieser Blog von so vielen Besuchern gleichzeitig besucht wird, dass ihre Server blockiert werden. Tut mir furchtbar Leid. Ich hätte besser aufpassen müssen.

Wenn ich mir meine Mails so ansehe, stelle ich fest, dass dieser Blog auch bei Blogspot Probleme verursacht hat. Sorry. Blogger war mir gegenüber mal wieder großzügig und hat mir geholfen, das hier zu posten. Danke. Meine Mailbox ist voll, weil ich zwei Tage lang nicht ins Internet gekommen bin – ich gehe die Mails jetzt durch.

:: salam 15:24h ::

20:30h (Tag 4)

Wir haben angefangen, die Stunden zu zählen, sobald in den Nachrichten bekannt gegeben wird, dass die B52-Bomber gestartet sind. Am ersten Tag der Bombardierung hat das mit den sechs Stunden ganz genau hingehauen. Gestern haben sie es mit der Pünktlichkeit nicht so genau genommen – nach sieben Stunden waren immer noch keine Bomben gefallen.

Die Angriffe auf Bagdad waren wesentlich weniger heftig als vor zwei Tagen. In den Nachrichten haben wir gehört, dass die Stadt Tikrit fürchterlich bombardiert wurde. Heute sind die B52-Bomber um 15:00h gestartet – in einer halben Stunde werden wir wissen, ob sie es heute auf Bagdad oder auf eine andere Stadt abgesehen haben. Kerbela wurde gestern Abend ebenfalls angegriffen.

Die heutigen Überraschungsangriffe (und die von gestern Abend) kamen nicht aus der Luft, sondern aus dem Fernsehen. Die Bilder, die al-Dschasira ausstrahlt, spotten jeglicher Beschreibung. Zuerst haben sie über den Angriff auf das Lager Ansar el Islam im Norden des Irak berichtet. Dann flimmerten Bilder von getöteten Zivilisten in Basra über den Schirm. Am schlimmsten waren die Aufnahmen aus den Krankenhäusern. Sie sind auf diese Situation einfach nicht vorbereitet. Die Leute lagen mit blutigen Verbänden auf den Korridoren. Wenn das »Kriegführung in den Städten« ist, dann steht uns eine Katastrophe bevor. Und dann die Bilder von gefangenen und toten Briten und Amerikanern – die haben wir natürlich im irakischen Fernsehen gesehen. Jetzt zeigt dieser Krieg der Welt seine hässliche Fratze und löst damit gleich den nächsten aus – in den Medien: Al-Dschasira wirft dem Pentagon vor, sie würden nicht über die Gräuel dieses Krieges berichten, und Rumsfeld erklärt im Gegenzug, es sei sehr bedauerlich, dass einige Sender diese Bilder ausstrahlten.

Heute Vormittag bin ich mit meinem Vetter losgezogen, um mir die Stadt anzusehen. Zwei Dinge: (1) Die Angriffe sind tatsächlich präzise. (2) Sie greifen Ziele an, die einfach zu nah an bewohnten Gegenden in Bagdad liegen. Man braucht sich nur den Präsidentenpalast und die Häuser drum herum anzusehen. Da kriegt man's mit der Angst zu tun. In einem andern Viertel habe ich ein »Ziel« gesehen, das mich ziemlich überrascht hat: ein Offiziersclub mitten im [...]-Bezirk. Ich denke, er wurde nicht schwer getroffen, denn das Gebäude stand noch, aber die Nachbarhäuser und die auf der anderen Straßenseite waren stark beschädigt. Eines lag völlig in Trümmern, vor den anderen wurden gerade Glasscherben und Schutt weggeräumt. Müllwagen transportieren die größten Trümmer ab.

Insgesamt sind die Straßen recht belebt. Viele Autos, aber wenige Läden, die geöffnet haben. Der Markt bei uns in der Nähe ist jetzt fast leer. Der Inhaber sagt, dass alle Supermärkte in Shorjah* geschlossen sind; aber die Preise für Gemüse und Obst sind wieder auf normales Niveau gefallen.

Beim Einkaufen habe ich gehört, wie die Frau vom Gemüsestand sich mit einer anderen Frau darüber unterhielt, dass die amerikanische Armee auf Nadschaf vorrückt, und darüber, was in Umm Kasr und Basra los ist. Wenn es so schwierig ist, Umm Kasr unter Kontrolle zu bringen, was wird dann erst passieren, wenn sie Bagdad erreichen? Es wird verdammt übel werden. Die Leute (und ich wette auch die »Alliierten«) haben sich das alles viel harmloser vorgestellt. Es gibt keine winkenden Massen, die die Amerikaner willkommen heißen, und die Menschen ergeben sich auch nicht zu Tausenden. Die Leute tun, was alle tun: Sie hocken in ihren Häusern, hoffen, dass ihnen keine Bombe aufs Dach fällt, und halten die Türen geschlossen.

Die Rauchsäulen haben Bagdad inzwischen eingeschlossen. Na ja, den größten Teil zumindest. Der Wind bläst meistens in Richtung Osten, so dass der westliche Teil der Stadt halbwegs verschont bleibt. Wenn der Rauch vor der Sonne steht, verdeckt er sie fast vollständig – wir sehen im wahrsten Sinn des Wortes düsteren Tagen entgegen.

Wir haben immer noch Strom; nach den Angriffen von gestern Abend sind einige Viertel in Bagdad ohne. Das Telefon geht noch, fließend Wasser haben wir auch noch.

Gestern wurden jede Menge Flugblätter über Bagdad abgeworfen. Ich war gerade unterwegs und hatte Glück: Zwei hab ich erbeutet. Nachdem ich zu den Leuten von www.industrialdeathrock.com so unfreundlich gewesen bin, weiß ich nicht so recht, ob ich Bilder ins Netz stellen soll oder nicht.

Oh, und wir hatten schon wieder einen E-Mail-Angriff. Der Absender ist jemand namens blablabla@hotpop.com. Drei

* Hauptmarkt in Bagdad, auf dem fast alle Iraker einkaufen.

Mails waren an die Soldaten gerichtet und zwei an die allgemeine Öffentlichkeit; sie enthielten Informationen über Radiofrequenzen, die wir einstellen sollen – der Sender heißt »Informationsradio«.

:: salam 16:41h ::

Montag, 24. März 2003

In den letzten zwei Tagen hatten wir keinen Zugang zum Internet. Ich dachte schon, das war's, und habe begonnen, ein paar »pblogs« zu schreiben – was ihr jetzt lesen werdet, wollte ich eigentlich am 22. und 23.+ posten. Blogger und Google haben für diejenigen von euch, die Probleme mit dem Unterstrich zwischen »dear« und »raed« in meinem URL haben, bei www.dearraed.blogspot.com eine zweite Adresse eingerichtet. Ich weiß gar nicht, wie ich den Leuten bei Blogger für ihre Hilfe und Unterstützung danken soll.

21:29h (Tag 5)++

Heute hat noch keiner der Nachrichtensender irgendetwas über B52-Bomber berichtet, die von Fairford aus starten. Sind ja noch genug hier, die uns den ganzen Tag schon zuballern. Der Angriff gestern Abend war ganz anders als die bisherigen. Es sind nicht nur mehr Bomben gefallen, sondern der Lärm der Detonationen war auch viel näher. Man hörte einen riesigen Knall, dann folgte dumpfes Grollen, alles wackelte. Natürlich zerrte dieses schnelle bamm-bamm-bamm der Explosionen, die weiter weg stattfinden, ebenfalls an unseren Nerven. Gegen Mitternacht war es richtig losgegangen, dann wieder um 3, 4 und 6 Uhr. Jeder Angriff dauerte etwa eine Viertelstunde, es gab die ganze Nacht keine Entwarnung. Schlaf bekommt man nur noch in den kurzen Pausen zwischen den Erschütterungen – falls es einem gelingt, sich vom Fernseher loszureißen. Wir

+ Die Einträge für den 22. und 23. März sind entsprechend der Chronologie eingefügt.

++ Die folgenden Einträge bis zum 1. Mai 2003 wurden erst im Mai von Diana ins Netz gestellt, weil der Internetzugang im Irak zusammengebrochen war. Salam führte sein Tagebuch weiter und schickte die Einträge am 7. Mai per E-Mail an Diana.

hören uns immer und immer wieder dieselben Nachrichten an. Man kann einfach nicht anders.

Der Fliegeralarm ist nicht besonders zuverlässig. Wenn nach einer ganzen Stunde Stille keine Entwarnung kommt, wird man total nervös. Aber Not macht ja bekanntlich erfinderisch. Die Muezzins (die normalerweise zum Gebet rufen) haben sich angewöhnt, dass sobald einer von ihnen eine Explosion hört, er das *Allahu akbar – la ilaha illa-llah* ruft. Der Muezzin der nächsten Moschee nimmt den Ruf auf und so weiter. Innerhalb kürzester Zeit ertönt der Ruf etwa fünf Minuten lang von sämtlichen Minaretten der Stadt. Es klingt wirklich unheimlich, aber es funktioniert.

Hier seht ihr eine von den »Angriffsmails«, die wir bekommen haben, von mir grob ins Englische übersetzt. Der Betreff lautet: »Wichtige Info«.

> **Die Welt hat eine Allianz gebildet, um den Vater von Kussei und sein brutales Regime zu stürzen. Kusseis Vater tyrannisiert die Söhne des Euphrat und hat sie jahrelang ausgeplündert. Deswegen muss ihm die Macht entzogen werden.**
>
> **Die alliierten Truppen sind nicht hier, um euch zu schaden, sondern um euch zu helfen. Zu eurem Schutz haben die alliierten Truppen eine Liste von Anweisungen aufgestellt, damit euch und euren Familien nichts geschieht. Ihr sollt wissen, dass diese Anweisungen zu eurem Schutz da sind, auch wenn sie vielleicht nicht (*angemessen sind*).** [Das ist ziemlich schwierig, weil ich selbst auf Arabisch nicht richtig kapiere, was sie meinen, aber es hat mich auf jeden Fall hellhörig gemacht – soll ich mich etwa nackt in meinen Garten stellen oder was?] **Wir möchten noch hinzufügen, dass wir keine Unschuldigen verletzen wollen.**
>
> **Bitte haltet euch zu eurer eigenen Sicherheit von potenziellen Zielen fern, z. B. von Fernseh- und Radiosendern. Vermeidet es, an Ölfeldern vorbeizufahren oder dort zu arbeiten. Haltet euch von militärischen Einrichtungen fern und von Gebäuden, in denen Waffen gelagert werden. Alle oben erwähnten Orte sind potenzielle Ziele für Bombenangriffe. Haltet euch zu eurer eigenen Sicherheit von solchen Orten und Gebäuden fern.**
>
> **Haltet euch zu eurer eigenen Sicherheit auch von den alliierten Truppen fern. Sie sind zwar nicht hier, um euch zu scha-**

den [*sic*], aber sie sind dazu ausgebildet, sich selbst und ihre Ausrüstung zu verteidigen. Versucht nicht, die alliierten Truppen bei ihren Operationen zu behindern. Wenn ihr das tut, werden die Soldaten euch nicht als Zivilisten betrachten, sondern als Bedrohung und auf euch schießen.

Bitte haltet euch zu eurer eigenen Sicherheit von allem oben Erwähnten fern. Lasst eure Kinder dort nicht spielen. Bitte informiert eure Angehörigen und eure Nachbarn über diese Nachricht. Unser Ziel ist es, den Vater von Kussei und sein brutales Regime zu stürzen.

Anschließend sind die Frequenzen des »Informationsradios« aufgelistet. Sie wollen das Zeug sogar auf FM senden. Als Erstes ist mir aufgefallen, dass sie »Vater von Kussei« sagen. Im irakischen Arabisch sagen wir nicht *walid Kussei*, sondern *abu Kussei*; normalerweise wird Saddam *abu Udai* genannt, aber Udai ist offenbar endgültig aus dem Rennen. Er taucht in keiner Versammlung mehr auf. Vier dieser E-Mails kamen übrigens von einem hotpop.com-Account, eine von Lycos und eine von Yahoo. Wahrscheinlich rechnen sie nicht damit, dass ihnen jemand antwortet. Aber es wäre äußerst interessant zu sehen, was passiert, wenn ich es täte.

Vor einer Weile habe ich auf al-Dschasira einen Bericht über Mosul und die Vorbereitungen gesehen, die dort getroffen werden. Der Reporter interviewte jemanden von den Fedajin-Saddam. Der Mann sagte, er sei in Mosul, »um die Amerikaner zu töten und jeden zu töten, der nicht gegen die Amerikaner kämpft«. Dieser eine Satz erklärt auch die ganze Situation in Basra und wahrscheinlich in den meisten irakischen Städten. Die Angst sitzt tief, und das Vertrauen in die Ausländer ist äußerst gering.

:: salam 17:50h ::

Dienstag, 25. März 2003

10:05h (Tag 6)

Eine riesige Explosion um Punkt Mitternacht. Der Angriff dauerte zehn Minuten, dann war Ruhe. Das Wetter war und ist grauenhaft. Sehr starker Wind – ich hoffe, wir bekommen keinen Sandsturm.

Der Ironie-des-Schicksals-Abteilung meines Lebens kann ich das unglaubliche Pech hinzufügen, dass ich, als ich mir einen Spielfilm anschauen wollte, weil ich die ewigen Nachrichten satt hatte, nur einen einzigen Film fand, den ich noch nicht in- und auswendig kannte, und zwar *The American President.* Kein Witz. Ein Freund hatte mir das Video vor Monaten geschenkt, ich hatte es mir jedoch nie angesehen. Gestern Abend hab ich's dann getan. Der amerikanische »Präsidentenpalast« sieht ja gar nicht schlecht aus. Aber Michael Douglas gibt als Präsident eine verdammt traurige Figur ab.

Kein Internetzugang heute Morgen, kein Internetzugang gestern Abend. Und gerade gab es wieder eine Explosion (12:21h). Keine Sirenen, nichts. Nur ein Knall.

Und noch einer.

Man kann die Flugzeuge hören: zuerst das tiefe Dröhnen der Motoren, dann ein kurzer Knall, gefolgt von einem Rummeln, das allmählich immer lauter wird, dann plötzlich BUMM! und dann wieder das Flugzeug.

Ich glaube, das ist ein richtiger Großangriff, denn ich höre immer noch Explosionen.

Bis später.

Mittwoch, 26. März 2003

11:50h (Tag 7)

Tja, was meinen Wunsch betrifft, von einem Sandsturm verschont zu bleiben: Ich kann euch sagen, die Götter erhören mich einfach nicht. Wir hatten den schlimmsten Sandsturm, den ich je erlebt habe. Er hörte überhaupt nicht mehr auf. Heute Morgen war alles mit Sand bedeckt. Und zwar nicht mit einem dünnen Film, sondern mit einer dicken roten Schicht. Und um die absurde Komödie, die die Götter auf unsere Kosten spielen, noch zuzuspitzen, haben sie ein paar Tröpfchen Regen fallen lassen, damit der Sand schön liegen bleibt.

Heute Morgen um acht klarte sich der Himmel für ein paar Stunden auf. War wohl das Stichwort für die Amerikaner, die sofort die Bühne betraten. Sie wollten offensichtlich klarstellen, dass sie sich die Hauptrolle in dieser Schmierenkomödie von niemandem wegnehmen lassen. Schon gar nicht von so ein paar Sandgöttern. Und los ging's mit neuen Bomben. Jetzt liegt nicht nur Sand in den Straßen, sondern auch noch bergeweise Schutt.

Mein Freund Stefan hat mir vor vier Tagen eine E-Mail geschickt, in der er die ganze Sache als dadaistisches Theater beschreibt. Nach den Sandstürmen, dem Regen und dem Schwachsinn, der in den Nachrichten verbreitet wird, stimme ich ihm voll und ganz zu. »Umm Kasr ist unter Kontrolle.« »Umm Kasr ist gefährdet.« »Basra ist kein Angriffsziel.« »Basra wird bombardiert.« »Nassirija ist unter Kontrolle.« »Nassirija wird schwer umkämpft.« Könnten die Nachrichtenfuzzis sich vielleicht mal auf irgendwas einigen? Die neueste Fortsetzung der Kriegsberichterstattungsabsurditäten ist der »Aufstand in Basra«. Erst tönen die Briten/Amerikaner: »Wir hoffen/warten darauf, dass die feigen Iraker sich gegen ihr Regime auflehnen«, und dann erscheint Rumsfeld im Fernsehen und meint staubtrocken: »Tja ... wenn sie das tun, können wir ihnen auch nicht helfen.«

Habe heute mit G. telefoniert. Seit zwei Tagen hört er sich keine Nachrichten mehr an. Aber werft deswegen jetzt nicht den irakischen Medien vor, sie würden Lügen verbreiten – die anderen sind auch nicht besser.

Die Berichte, nach denen das irakische Fernsehen nicht mehr sendet, entsprechen nur zum Teil der Wahrheit. Wir kriegen es nicht mehr auf den Schirm, aber in anderen Gebieten können die Leute die Showeinlagen noch empfangen. Vielleicht werden zu schwache Signale übertragen, vielleicht liegt es an der Stromversorgung. Gestern war in vielen Teilen Bagdads nach 17:00h Schicht im Schacht. Ein Viertel nach dem anderen war ohne Saft; dann gab es wieder eine halbe Stunde lang welchen, dann wieder nicht. Ich weiß nicht, ob das am schlechten Wetter liegt oder an der Bombardierung. In einigen Straßen haben umgeknickte Bäume die Stromleitungen beschädigt. Das Telefon funktioniert immer noch, außer in den Gegenden, wo der Sturm die Telefonmasten aus der Verankerung gerissen hat.

Heute Morgen habe ich ein paar Verwandte getroffen, die in einem Vorort im Süden/Südwesten von Bagdad wohnen. Sie haben von heftigen Bombardements erzählt, die wahrscheinlich den Weg für den Angriff auf Bagdad frei machen sollen. Ab und zu würden auch Hubschrauber sehr niedrig über die Gegend fliegen – sehr zum Leidwesen der Grundbesitzer. In einem Fall wurden die Hightechbrummer mit Gewehrschüssen verscheucht.

Ich würde jetzt gern mal etwas über die Bedeutung von Ackerland erzählen. Für die irakischen Stämme gibt es nichts Wichtigeres als ihr Land. Und es dreht ihnen den Magen um, wenn das nicht respektiert wird. Seit einer ganzen Weile liegen sie deshalb schon im Clinch mit der irakischen Armee, die sich ein Grundstück nach dem anderen unter den Nagel reißt – und zwar nicht erst seit Kriegsbeginn. Gegen die Willkür der Militärs haben sie keine Chance. Die Kommissköppe wiederum sind hocherfreut, dass auf jeden anderen geballert wird, der sich nähert – besonders wenn es sich dabei um Alliierte handelt. Neuerdings werden die Stammesführer sogar in edle Hotels in Bagdad eingeladen, wo man ihnen bündelweise irakische Dinar in die Hände drückt – Kopfgeld vermutlich.

Donnerstag, 27. März 2003

15:35h (Tag 8)

Den ganzen Morgen damit verbracht, das Chaos zu beseitigen, das der Sand-Regen-Sandsturm angerichtet hat. Natürlich haben wir zum Takt der Bombardierungen gearbeitet. Das Geräusch ist zum Soundtrack unseres Lebens geworden. Man wacht auf vom Lärm der Bombardierung, man putzt sich die Zähne im Rhythmus der Flakgeschütze. Und dann kommt pünktlich zum Mittagessen der nächste Angriff.

Es macht Spaß, sich beim Geschirrspülen auszumalen, was mit dem großen Fenster direkt vor deiner Nase passieren wird, wenn es beim nächsten Bombenangriff in tausend Stücke zersplittert. An den ersten beiden Tagen des Krieges sind wir immer verschreckt ins Haus gelaufen, sobald wir was hörten, sind in Deckung gegangen und haben ängstlich gelauscht. Jetzt schauen wir nur noch seufzend zum Himmel, fluchen und machen weiter mit dem, womit wir gerade beschäftigt sind. Das geht natürlich nur, weil wir ziemlich weit entfernt von der Gegend wohnen, wo es im Moment richtig rundgeht. Das Einzige, wovor wir uns wirklich fürchten, sind zwei bescheuerte Flakgeschütze, die nur ein paar hundert Meter von unserem Haus entfernt stehen. Nach allem, was wir von Leuten gehört haben, die in der Nähe von »Angriffszielen« wohnen, können wir den Göttern oder dem Zufall oder wem auch immer dafür danken, dass wir hier draußen leben.

Gestern Abend wurde ein Knotenpunkt im Kommunikationsnetz von Bagdad in der Nähe des Saddam Tower im Ma'amun-Viertel von einer Bombe getroffen. Wir sind hingefahren, um uns den Schlamassel anzusehen. Der Anblick war schockierend, es sah aus, als wäre das Gebäude von innen explodiert. Man kann durch drei Stockwerke gucken. Jetzt können wir bestimmte Viertel der Stadt nicht mehr telefonisch erreichen, und mit Gesprächen ins/aus dem Ausland ist auch Ebbe… Gott sei Dank kann ich Raïd immer noch anrufen. Aber er kann einige seiner Angehörigen nicht mehr erreichen. Es ertönt nur eine automatische Ansage: »Kein Anschluss unter dieser Nummer.« Ich habe jede Hoffnung aufgegeben, dass ich jemals wieder ins Internet komme.

In den Straßen herrscht reges Treiben. Aber Bagdad sieht schlimm aus mit all dem Dreck überall. Alles liegt quasi unter einer Tarnschicht. Und alle Leute sind auf der Straße, putzen ihre Autos und räumen ihre Einfahrten frei. Wir alle hier in Bagdad sind uns darüber im Klaren, dass wir das Schlimmste noch vor uns haben.

Basra dagegen steckt tief in der Scheiße. Noch ein Wort von den Amerikanern im Fernsehen über »humanitäre Hilfe«, und ich erschlage meinen Fernseher. Sie haben die Frechheit besessen, uns zu Bettlern zu machen, während wir für die Entwicklung und Herstellung der Waffen bezahlen müssen, die sie jetzt an uns ausprobieren, und dann tun sie auch noch so, als würden sie uns »humanitäre Hilfe« leisten.

Verzeihung, aber es würde uns viel mehr helfen, wenn ihr aufhören würdet, uns mit diesen Millionen-Dollar-Bomben zu bewerfen – und es wäre auf lange Sicht auch billiger. Auch wenn ich al-Sahhaf nicht ausstehen kann, hat er es doch auf den Punkt gebracht, als er sagte: »Das sind doch bloß Krokodilstränen«. Einmal musste ich wirklich herzlich lachen, als die Wagen vom Roten Halbmond (sie kommen aus Kuweit – und ich sage lieber nicht, was ich davon halte) in der Safwan-Straße hielten und anfingen auszuladen. – Sie wurden ausgeraubt! Die Leute sind einfach auf die Lastwagen geklettert und haben die Verteilung selbst übernommen, und die britischen/amerikanischen Soldaten haben einfach daneben gestanden und zugeguckt. Und was haben die Iraker geschrien, die um die Lastwagen herumstanden? *Bil ruh, bil daam nafdeek ya saddam!* (»Wir opfern unsere Seelen und unser Blut für Saddam!«) Es ist eine Katastrophe, und sie fängt gerade erst an.

Die besorgniserregendste Nachricht kommt über die US-Regierung: Die irakische Armee zwingt alle Männer, gegen die Amerikaner in den Krieg zu ziehen, und droht, ihre Familien zu töten, wenn sie sich weigern. Ich schätze, es wird mir nicht viel helfen, wenn ich ihnen sage, dass ich keine Lust habe zu kämpfen.

Sonntag, 30. März 2003

19:30h (Tag 11)

Heute auf der Fahrt durch die Stadt zwei Ein-Mann-Demonstrationen gesehen:

Ein Typ hatte sich vor dem UN-Gebäude in Abu Nawas an einen Baum gekettet. Sah eher komisch aus. Er trug eine lange Hundeleine und wirkte eher wie ein armer Irrer als wie ein wütender Demonstrant. Das Gebäude selbst ist leer, sämtliche Fenster sind kaputt, weil es in der Nähe des Flusses und der Paläste liegt, die bombardiert wurden.

Die andere Ein-Mann-Show war wesentlich eindrucksvoller. Wir haben sogar gehupt und den Kerl angefeuert. Er stand ganz allein auf einer Kreuzung in der Nähe von Salhia, gleich neben dem Informationsministerium, und hielt ein Schild hoch, auf dem stand (auf Arabisch): **IRAKER WEIGERN SICH HUMANITÄRE HILFE VON JORDANIERN UND ÄGYPTERN ANZUNEHMEN**. Weiter so! Ich wünschte, ich hätte den Mut, mich neben ihn zu stellen. Nur leider hat er sich in einer der am strengsten bewachten Gegenden postiert – überall wimmelt es nur so von *Hisbis*.[+] Das bedeutet wahrscheinlich, dass er selbst einer ist. Trotzdem stimmt es natürlich, dass wir Probleme damit haben, Hilfe von Ländern anzunehmen, die sich dafür bezahlen lassen, dass sie die Klappe halten, sobald es um den Irak geht.

Das Informationsministerium wird gerade leer geräumt. Gestern noch wuselten tausende von Leuten im und um das Gebäude herum, jede Menge Journalisten hatten sich auf dem Dach postiert. Heute sind die Satellitenschüsseln alle verschwunden, die Zelte abgebaut und nur noch vereinzelte Wagen mit den aufgeklebten Buchstaben »TV« zu sehen. Wir haben sie in der Nähe des Hotels Palestine-Meridian entdeckt.

Wir sind zu den Fernmeldestationen der Stadt gefahren, die letzte Nacht bombardiert wurden. Viele liegen in Schutt und Asche. Gestern Abend haben wir die bisher schwersten Bombenangriffe erlebt. Kurz nachdem ich den Eintrag in mein Tagebuch beendet hatte, brach die Hölle los. Es gab zwei Explosionen, bzw. eine Folge von Explosionen, die das ganze Haus erschüttert haben, so stark wie noch nie. Der Boden bebte unter unseren Füßen, und die Wände wackelten, noch bevor wir den Knall überhaupt gehört haben. Seit den gestrigen Bombenangriffen kann ich auch Raïd nicht mehr anrufen. G. kann keinen von uns mehr telefonisch erreichen, seit die erste Fernmeldestation getroffen wurde.

Überall nur schlechte Nachrichten. Kein Licht am Ende des Tunnels – und der Vormarsch der Amerikaner ist auch nicht gerade ermutigend. Wenn wir ein Stimmungsbarometer im

[+] Parteimitglieder.

Haus hätten, würde darauf zu lesen sein: **ZUM TEUFEL MIT SADDAM UND MÖGE BUSH IHM BALD FOLGEN**. Keiner hat Lust, die amerikanischen Soldaten willkommen zu heißen. Die amerikanische Regierung wird ebenso inbrünstig verflucht wie die irakische.

> April 2003

Dienstag, 1. April 2003

18:50h (Tag 13)

Magentabletten! Wer hätte gedacht, dass ich ausgerechnet davon mal einen so großen Vorrat brauchen würde. Wenn der Fliegeralarm losgeht oder die schweren Bomben fallen, renne ich keine fünf Minuten später zur Schublade mit den Magentabletten. Neuerdings summt mein Bruder bei jedem Bombenangriff *Pennyroyal Tea* von Nirvana+ vor sich hin… Schön wär's, aber irakische Magentabletten schmecken, als würde man auf Gips rumkauen.

Sehr schweres Bombardement während der vergangenen zwei Tage. Heute war es tagsüber sehr ruhig, aber ich wette, heute Nacht geht es wieder rund. Es wird von Tag zu Tag schlimmer. Wenn die wirklich dicken Brocken fallen, ist es, als würde das Haus gleich über einem einstürzen. Gestern Nacht gegen 2:00h ließ eine Reihe von Explosionen unser Haus regelrecht schwanken – man spürt, wie sich der Boden unter den Füßen bewegt. Es hieß, das waren die Bomben, die auf das »irakische Dorf« gefallen sind – ein Waisenhaus. Na ja… wir alle wissen, dass das »irakische Dorf« in Wirklichkeit zu einem riesigen Komplex gehört, der von der Republikanischen Garde benutzt wird. Es ist also kein Wunder, dass es schon zum zweiten Mal unter Beschuss genommen wurde.

Heute sind wir in den Stadtteil Adhamija gegangen, um uns die Schäden der vergangenen Nacht anzusehen. Es hat dort heftig geknallt. Das Viertel ist sehr dicht besiedelt – die Bewohner

+ Eine Zeile des Songs dreht sich um Magentabletten mit Kirschgeschmack (Anm. d. Übers.).

müssen ziemlich übel durchgeschüttelt worden sein. Eine weitere kleine Fernmeldestation ist dem Erdboden gleichgemacht. Die Geschäftsgebäude rundherum sind nur noch Gerippe, die beim leichtesten Windstoß wahrscheinlich in sich zusammenfallen. Wenige Meter entfernt liegt ein riesiger Schutthaufen, der bis gestern noch ein Wohnhaus war. Ein paar Straßen weiter befindet sich der irakische Satellitensender. Man sieht zwar den zerborstenen und verbogenen Sendeturm, kommt aber nicht näher heran – sämtliche Zufahrtsstraßen sind verbarrikadiert.

In anderen Teilen der Stadt sieht es besser aus, immer mehr Geschäfte öffnen wieder. Könnt ihr euch vorstellen, wie das ist, wenn man zwei Wochen nicht arbeiten kann? Ein großer Teil der Bevölkerung – vor allem Ladenbesitzer, Lebensmittelhändler und dergleichen – ist auf tagtägliche Einnahmen angewiesen. Zwei Wochen sind eine irre lange Zeit, wenn man nichts verdient. Die Waren, die angeboten werden, kosten zwar ein Schweinegeld, aber wir sind froh, dass wir unsere gehorteten Vorräte für härtere Zeiten aufheben können. Denn die stehen uns garantiert noch bevor.

Wenn man Basra als Maßstab nimmt, wird Bagdad die Hölle erleben. Es sieht so aus, als würde die amerikanisch-britische Armee von Westen her auf Bagdad vorrücken, womit *wir* genau in ihrer Schusslinie liegen. Die irakische Armee scheint das genauso zu sehen, denn das Gebiet, in dem wir wohnen, sieht mittlerweile aus wie ein Armeestützpunkt. Jedes leere oder halb fertige Gebäude wird von der Regierung beschlagnahmt. Zurzeit haben wir Hisbis als Nachbarn. Zwei Straßen weiter haust wahrscheinlich noch viel schlimmeres Pack, zumindest nach Anzahl und Marke der Autos zu urteilen, die dort tagsüber parken. Die Hauptstraße sieht jetzt schon aus wie ein Schlachtfeld, ein Schützengraben neben dem anderen. Sie haben nicht etwa bloß Sandsackwälle errichtet, nein, sie haben richtige Gräben ausgehoben, und dazwischen patrouillieren Leute mit Raketenwerfern. Tolles Gefühl, von allen Seiten umzingelt zu sein. Wie zum Teufel wollen die Bagdad einnehmen? Und wo zum Teufel sollen wir hin? Mitten im Kampfgebiet auf dem Präsentierteller sitzen bleiben?

Ich versuche immer noch, das Rund-um-die-Uhr-Bombardement im Fernsehen zu ignorieren. Nachrichten verschlimmern bloß meine Paranoia. Ich habe entweder den ganzen Tag Kopfhörer auf oder sehe mir alberne Videos an. *Ice Age* ist derzeit der Renner hier im Haus.

Mittwoch, 2. April 2003

Bin eigentlich zu müde, zu verängstigt und zu ausgebrannt, um irgendwas zu schreiben. Ja, wir sind wieder rausgegangen, um nachzusehen, was getroffen wurde. Jedes Gespräch endet mit »Was ist los mit denen? Sind die verrückt geworden?«. Ich kann das Fernsehen nicht mehr ertragen und die Lügen, die in den Nachrichten verbreitet werden. Keine guten Nachrichten, egal, wohin man sich wendet.

In Bagdad sieht es von Minute zu Minute furchterregender aus. Überall wimmelt es von Soldaten. Mein Onkel muss aus seinem Haus ausziehen, weil ganz in der Nähe eine Flak aufgestellt wird. Da, wo wir wohnen, sieht es auch nicht besonders gut aus. Wir sind umzingelt von Militär. Jede Schule in den Stadtrandbezirken wurde inzwischen entweder zu einem Partei- oder Militärbüro umfunktioniert. Um die Schule in unserem Viertel mache ich seitdem immer einen großen Bogen. Ich habe mich auf die Vogel-Strauß-Strategie verlegt: Wenn ich das Böse nicht sehe, gibt es das Böse nicht.

Die Nachrichtenprogramme machen mich verrückt, trotzdem hocken wir natürlich ständig davor. Am liebsten sehe ich mir die Pentagon Show an: *er* mit dem seltsamen Gesichtsausdruck und *sie* mit ihren knallbunten Kostümen. Aber die abgefahrenste Unterhaltung bieten heutzutage die Briefings – die irakischen ebenso wie die amerikanischen. Al-Sahhaf übertrifft sich jedes Mal selbst, wenn er im Fernsehen auftritt – und ich kenne keinen Menschen, der mir sagen kann, was *ulouj* bedeutet.

Vor zwei Stunden hörten wir Flugzeuge über uns dröhnen – es dauerte ewig, bis sie vorbei waren. »Ängstlich« ist nicht das richtige Wort. Nervös, kribbelig, manchmal möchte man am liebsten irgendjemanden anbrüllen, sauer. Ich wünschte, die irakische *und* die amerikanische Regierung würden endlich aufhören zu behaupten, sie täten das alles für das Volk. Ich würde gern ein Schild mit der Aufschrift **NICHT IN MEINEM NAMEN** hochhalten.

Pachechi* wird auf sämtlichen arabischen Nachrichtensendern interviewt und tritt in allen Talkshows auf. Sollte es darauf hinauslaufen, dass wir uns zwischen Chalabi und Pachechi entscheiden müssen, stimme ich für Pachechi.

Die Bombardierung nimmt kein Ende. Zurzeit gewinnen die Briten und Amerikaner mit keiner Schlacht mein Herz oder meine Seele. Egal, wie das alles ausgeht, mein Leben wird komplizierter werden.

Man sieht die Nachrichtensprecher von BBC, al-Dschasira und al-Arabija so oft, dass man schon anfängt, von ihnen zu träumen – es fällt einem sogar auf, wenn sie beim Frisör waren oder, wie ein Sprecher auf al-Dschasira, sich die Haare schlecht gefärbt haben.

Freitag, 4. April 2003

16:30h (Tag 16)

Letzte Nacht nicht geschlafen. Wenn es stimmt, dass die US-Armee den Saddam National Airport eingenommen hat, dann sind sie nur noch eine halbe Autostunde von Raïds Wohnung entfernt. Kein Telefon – und ich traue mich nicht, mit dem Auto zu ihm zu fahren. Die Telefonleitungen sind seit einigen Tagen ganz komisch. Es ist eher wie eine Gegensprechanlage für das ganze Viertel – du kannst mich anrufen, wenn du an derselben Fernmeldestation hängst.

Viele Leute, die in der Dschihad-Straße, der Furat-Straße und der Amirijah-Straße wohnen, ziehen aus ihren Häusern und Wohnungen aus, weil sie fürchten, dass dort die Front verlaufen könnte. Als wir einem meiner zahlreichen Onkel dabei halfen, seine Wasser- und Lebensmittelvorräte zu uns zu schaffen, kamen wir uns zeitweise vor wie im Niemandsland. Dann ging plötzlich alles ganz schnell: Die Amerikaner griffen von einer

* Adnan Pachechi ist der Elder Statesman der Anti-Saddam-Exil-Iraker. Der ehemalige Außenminister des Irak ist der Vorsitzende der Iraqi Democratic Group.

weiter westlich gelegenen Stellung erneut den Flughafen an, und wir saßen mittendrin. Innerhalb von zehn Minuten war alles auf den Beinen. Autos, die in Richtung Westen aus der Stadt hinaus unterwegs gewesen waren, machten kehrt und rasten in einem Affenzahn auf der Gegenfahrbahn zurück. Das Grollen der Artillerie war ganz nah. Während wir in zwei Autos zu uns nach Hause fuhren – was nicht sehr weit war –, sahen wir, wie die Hisbis, die Armeesoldaten und die Fedajin um die Autobahnzubringer im Westen der Stadt ihre Stellungen bezogen. Wir haben es gerade noch über die Ghazalia-Brücke geschafft, bevor sie gesperrt wurde. Überall herrschte Panik. Zwei Stunden später war es in der ganzen Stadt stockdunkel. Kein Strom (zumindest im westlichen Teil Bagdads). Wer wohl den Stecker rausgezogen hat? Die Iraker oder die Amerikaner? Wasser gab es für die nächsten Stunden auch nicht mehr.

Bombardement und Artilleriefeuer von 18:00h bis 21:00h oder 22:00h. Und nachts um zwei ging es mit drei fürchterlichen Explosionen von vorne los. Irgendwelche Idioten fingen an, mit ihren Kalaschnikows und anderen Gewehren herumzuballern; meine ängstliche Tante glaubte schon, die GIs stünden vor der Haustür.

Die ganze Nacht lang patrouillierte ein Wagen mit einem Maschinengewehr durch die Straßen. Mein Onkel, der auf der Hauptstraße wohnt, rief an und erzählte, dass sich direkt vor seinem Haus ein paar Hisbis postiert haben. Heute Morgen hätten er und seine Frau den Männern Tee und Kuchen gegeben und anschließend ihre Sachen gepackt. – Reine Vorsichtsmaßnahme natürlich. – Sie sind die Einzigen in der Straße, die noch nicht ausgezogen sind.

Was es im Fernsehen gibt:

- Diar al Umari und Taysir Alluni: zwei Reporter von al-Dschasira, die aufgefordert wurden, das Land zu verlassen (Diar ist Iraker und steckt deswegen vermutlich richtig in der Scheiße). Wahrscheinlich wurden sie mit Thuraya-Satellitentelefonen [+]

[+] Die irakische Regierung hat Satellitentelefone der Firma Thuraya verboten (die Firma hat ihren Sitz in den Vereinten Arabischen Emiraten), weil man damit kurze Mitteilungen verschicken kann, an denen sich der Standort ablesen lässt. Die Leute wurden aufgefordert, ihre Thuraya-Telefone abzuliefern, damit die Regierung »feindliche« Nachrichten innerhalb des Landes abfangen könne. Auch die US-Armee verbot den mitreisenden Journalisten die Benutzung dieser Telefone.

erwischt und der Spionage verdächtigt, was in letzter Zeit ziemlich häufig vorkommt.

- Bilder aus Nadschaf, wo Leute die US-Truppen daran gehindert haben, den Schrein von Imam Ali zu betreten. Die Soldaten senkten ihre Gewehre und knieten nieder. Ihr Befehlshaber – oder was auch immer der Typ war – rief »Smile! Smile!« und ging anschließend zu ein paar Irakern, die sich vor den Amerikanern auf den Boden gesetzt hatten, um ihnen die Hände zu schütteln. Ein Iraker brüllte in die Kamera: »City, OK! Imam Ali, NO!« Es ging wohl darum, ob man den Amerikanern gestatten sollte, den Schrein zu betreten, um nachzusehen, ob sich dort irakische Soldaten versteckten.
- Der Kampf um Fatwas[+] und Wer-hat-was-Gesagt über die »alliierten Truppen« – und ob man sie bekämpfen oder sie unterstützen soll. Sämtliche Imams hier und im Ausland sagen, kein Muslim sollte eine angreifende Armee unterstützen. Es wurde aber auch berichtet, al-Khoei[++] hätte eine Fatwa ausgerufen und gesagt, die Leute sollten die Amerikaner nicht »behindern«.

Montag, 7. April 2003

11:30h (Tag 19)

Die Amerikaner nannten es »a show of force« (eine Demonstration der Stärke) und NICHT die Invasion von Bagdad. Na ja, für jemanden, der aus dem Weltraum zugesehen hat, war es bestimmt eine tolle Show. Zusätzlich zu den Raketen, die über unsere Köpfe hinwegzischten, und den darauf folgenden Explosionen kam schon wieder ein Sandsturm auf, um uns das Leben noch ein bisschen schwerer zu machen. Ich meine – äh – der ganze Rotz kam rot aus der Nase, weil wir so viel Sand eingeatmet haben. Die Fenster können wir aber auch nicht schließen; das wäre Wahnsinn. Sie müssen offen sein, wenn die nächsten Bomben explodieren.

[+] Islamisches Rechtsgutachten zu einer Frage, die in der Rechtsprechung nicht eindeutig beantwortet wird. Zu einem Thema können unterschiedliche Fatwas angerufen werden.
[++] Abd al-Maschid al Khoei, ein schiitisches Oberhaupt im Irak, ist der Generalsekretär der al-Khoei-Foundation, einer internationalen islamischen Organisation (www.al-khoei.org).

Seitdem Uncle Sam den Flughafen eingenommen hat, haben wir keinen Strom, und Wasser gibt's nur noch sporadisch. Wir lassen unseren Generator jeweils vier Stunden am Tag und während der Nacht laufen, hauptsächlich, um uns die Nachrichten anzusehen. Heute hat mein Vater den Generator schon um acht Uhr morgens angeschaltet, weil er sich über einen Angriff auf das Zentrum von Bagdad informieren wollte. Zwei Stunden lang haben wir immer wieder dieselben Bilder gesehen, bis Kuweit TV einen Film von Fox News gezeigt hat. Amerikanische Soldaten im Sidschud-Palast. Wie vom Donner gerührt. Gleich danach kam al-Sahhaf wieder auf Sendung und leugnete, was wir gerade gesehen hatten. Er behauptete immer wieder, es seien keine amerikanischen Soldaten in Bagdad, und aus irgendeinem Grund erklärte er dann, al-Dschasira hätte sich zu »einem Werkzeug der amerikanischen Medien« entwickelt. Idiot. Auf al-Dschasira wird die amerikanische »Invasion« (so drücken sie sich aus) stark kritisiert, und was macht dieser neunmalkluge Informationsminister? Er ächtet sie noch ein bisschen mehr.

Seit drei Tagen bin ich nicht mehr vor die Tür gegangen. Inzwischen wohnen 15 Personen im Hotel Pax, aber leider sind wir auch hier nicht wirklich in Sicherheit. Man rechnet damit, dass der nächste Angriff auf Bagdad die westlichen und südwestlichen Randgebiete treffen wird, und man hat uns gesagt, dass die Front durch unser Viertel verlaufen wird. Ich kann nur hoffen, dass den Amerikanern, wenn sie die Stadt stürmen, kein allzu großer Widerstand entgegengesetzt wird und wir nicht im Kreuzfeuer enden.

Das irakische Fernsehen sendet immer noch, aber man muss seine Antenne ganz hoch oben auf dem Dach montieren, um irgendwas zu empfangen. Ich habe kurz nach dem Programm gesucht, das die »alliierten Truppen« angeblich ausstrahlen, konnte es aber nicht finden. Auf BBC hatte ich Rageh Omar ein paar Stunden vorher sagen hören, er hätte beobachtet, dass viele Leute sich Antennen kauften. Er sagte, die Leute hätten ihm erklärt, sie bräuchten die Antennen, um das irakische Fernsehen zu empfangen – aber das stimmt nicht so ganz. Seit der Krieg angefangen hat, sendet ein iranischer Nachrichtensender namens al-Alam (die Welt) auf Arabisch. Wenn man eine gute Antenne hat, dann kriegt man das Programm problemlos. Es ist wirklich ziemlich informativ, wenn man bedenkt, dass man ansonsten nichts anderes geboten bekommt als al-Sahhaf im irakischen Fernsehen, der uns beteuert, die amerikanische Armee sei geschlagen und vernichtet worden.

Okay. Nachdem ich ein bisschen rumgelaufen bin und mit Leuten aus allen möglichen Teilen Bagdads gesprochen habe (die gerade dabei waren, in alle möglichen Richtungen zu flüchten), sieht es folgendermaßen aus: Der Angriff kam doch nicht von Westen, wo der Flughafen liegt, sondern eher aus östlicher Richtung. Im Stadtteil Saydia ist das totale Chaos ausgebrochen – ein herzliches Willkommen an die Front. Und das bedeutet, dass es Mahmudia am Stadtrand von Bagdad und Latifija ebenfalls schlimm getroffen hat. Es gibt eine Autobahn, die wir die »Flughafenstraße« nennen. Sie führt von Saydia in einem riesigen Bogen rund um die Stadt bis zum Flughafen; sämtliche Gebiete entlang dieser Autobahn, einschließlich des Quahtan-Platzes, waren von Kampfhandlungen betroffen. Die sind einfach so durch den Stadtteil Karkh marschiert. Der irakische Regierungsapparat wird sich nun wohl vor lauter Scham selbst zerstören. Ich meine, hey, wo bleiben denn die verdammten Republikanischen Garden?

Ich mache mir immer noch Sorgen um Raïd und seine Familie. G. wird wohl nicht mehr so sehr in Gefahr sein, weil die Angriffe jetzt mehr auf die Randgebiete zielen anstatt auf das Zentrum.

Donnerstag, 10. April 2003

15:00h (Tag 22)

Nachdem das Haus eine Zeit lang so überfüllt war, kommt es mir jetzt richtig leer vor. Die meisten Verwandten sind in ihre Häuser zurückgekehrt. Waren wirklich ein paar aufregende Tage, die wir in diesem wunderbaren Hotel verbracht haben …

4. April: Die Amerikaner besetzen den Flughafen.

7. April: Sie dringen in die Stadt ein.

9. April: Amerikanische Soldaten auf dem Firdaus-Platz (»firdaus« ist ein weiteres Wort für »Himmel«), und kein einziger

irakischer Soldat so weit das Auge reicht. Sie haben sich einfach – puff! – in Luft aufgelöst. Die große Verschwinde-Nummer. Überall liegen Armeestiefel und Uniformen herum, Armeefahrzeuge stehen herrenlos mitten auf der Straße. Dafür gibt es nur eine Erklärung: Die Götter haben sämtliche Angehörigen der irakischen Armee auf einen Schlag … hokuspokus … verschwinden lassen wie im Märchen: »… und um Punkt zwölf Uhr wurde die goldene Kutsche wieder in einen Kürbis verwandelt.«

Gestern gegen 18:00h haben wir den Generator eingeschaltet, um uns die Nachrichten anzusehen. Heiliger Strohsack! Man höre und staune! Was sehen wir? Iraker, die versuchen, die Saddam-Statue auf dem Firdaus-Platz zu stürzen. Dass die amerikanischen Truppen mitten in der Stadt waren, hat uns weniger überrascht als die Leute, die an dieser Statue zerrten. Inzwischen haben uns alle Verwandten und Freunde bestätigt, dass sogar schon vor dem 9. April amerikanische Soldaten in der Stadt gesichtet worden waren. Nicht nur in den Präsidentenpalästen, sondern auch in vielen Wohngegenden.

Gestern haben wir im Fernsehen Bilder von den Plünderungen gesehen. Der iranische Nachrichtensender (al-Alam) hat sie gebracht, und da man diesen Sender mit einer ganz normalen Antenne empfangen kann, konnte jeder, der einen Generator besitzt, sehen, dass die gesetzlose Phase dieses Konflikts Bagdad erreicht hat. In Bagdad hat der *Farhud* angefangen.

Farhud. Der erste *Farhud*[+] hatte die Bagdader Juden getroffen – fragt mich nicht nach genauen Daten. Diana hat mir davon erzählt. Bis dahin hatte ich keine Ahnung, dass das Wort für antisemitische Pogrome verwendet wird: *farhud al jahud*. Später gab es einen organisierten *Farhud* in Kuweit – absolut systematisch angelegt und vom Staat organisiert. Heute sage ich euch, die Geschichte wiederholt sich nicht nur, sie schlägt einem ein drittes Mal ins Gesicht.

Mit ansehen zu müssen, wie die Heimatstadt vor den eigenen Augen verwüstet wird, verursacht einen Schmerz, den man

[+] Während des Machtvakuums nach der Niederschlagung der Regierung Raschid Alis durch die Briten im Mai 1941 wurden in Bagdad jüdische Iraker verprügelt oder gar ermordet und jüdische Geschäfte geplündert (Anm. d. Übers.).

nicht mit Worten beschreiben kann. Es macht einen sauer (oder soll ich sagen bitter?). Es macht, dass etwas im Innern zerbricht und man alle Hoffnung verliert. Zerstört von den eigenen Leuten. Schließ die Türen. Schließ die Augen. Hoffe, dass die schwarze Wolke dieser Abscheulichkeit dich nicht erreicht. Zurzeit wird nur das geplündert und zerstört, was den Reichtum der Regierung symbolisiert – eigentlich handelt es sich dabei um öffentliches Eigentum, und sie zerstören im Grunde nur, was ihnen selbst gehört. Aber wer will jetzt so was hören?

Staatliche Autohandlungen – voll gestopft mit importierten Autos, die Saddam gern als »Geschenke« verteilte – sind aufgebrochen worden. Die Autos wurden auf die Straße geschoben, so dass sich jeder eines nehmen konnte. Sorry, keine Schlüssel. Das Problem müsst ihr schon selbst lösen.

Ich bin davon überzeugt, dass die Amerikaner das mit einem Fingerschnippen hätten verhindern können. Kein Plünderer hat sich ins Gebäude des Innenministeriums gewagt, bloß weil ein paar amerikanische Armeefahrzeuge und Soldaten davor standen. Die Türen waren zu, und keiner kam rein. Im Moment wünschte ich, die Amerikaner würden an jeder Straßenecke einen Panzer aufstellen.

Geschichte von Leuten, an deren Straßenecke ein amerikanischer Panzer steht:

M. wohnt in der Nähe der Autobahnen, die von Westen her in die Stadt führen. Am Ende der Straße, in der er lebt, haben die Amerikaner einen Kontrollpunkt eingerichtet. Das war am 7. April. Ein paar Soldaten haben die Nacht auf dem Dach seines zweistöckigen Hauses verbracht. Aus Furcht, ein falsches Geräusch zu machen, hat er sich im Erdgeschoss versteckt und keinen Mucks von sich gegeben.

Am nächsten Morgen hörte er, wie sie ein Fenster einschlugen und ins Haus eindrangen. Er rannte nach draußen und machte sich lauthals bemerkbar. M. spricht sehr gut Englisch und bat die Soldaten, sein Haus nicht zu verwüsten. Sie meinten, sie hätten am Abend geklopft und, als keiner aufmachte, angenommen, dass das Haus leer sei. Während der Nacht seien sie von Leuten beschossen worden, die sich hinter einem am Straßenrand geparkten Auto verschanzt hatten, und hätten daraufhin beschlossen, sich auf dem Dach zu postieren. Als erneut Schüsse aus der Nähe eines Autos abgefeuert wurden, hatten die Panzer jedes Auto in der Straße kurz und klein geschossen und nebenher ein paar Fedajin getötet, die sich in den Gärten der Häuser versteckt hatten.

M. erklärte den Soldaten, dass die etwa 20 Häuser in der Straße seit dem amerikanischen Vormarsch größtenteils leer stünden – die Leute hatten die Flucht ergriffen. Er selbst hat verdammtes Glück gehabt, dass die Amerikaner ihn nicht erschossen haben, als er aus dem Haus stürzte. Aber die Amerikaner waren nicenicenice und haben sogar ihren Posten auf das Dach eines anderen Hauses verlegt.

Als M. mich heute besuchen kam, hatte er ein weißes Taschentuch an seiner Autoantenne (heutzutage ist es sehr riskant, ohne ein weißes Tuch herumzufahren oder -zulaufen – zu viele schlimme »Zwischenfälle«). Er erzählte mir von den Fotos, die er von den Marines und den Panzern in seiner Straße gemacht hat. Nachdem sie das ganze Viertel in ein Schlachtfeld verwandelt haben, bemühen sie sich jetzt also, besonders freundlich zu sein – und einige Leute dort haben die Soldaten sogar schon mal zum Mittagessen eingeladen. Nett, nicht wahr?

Freitag, 11. April 2003

(Tag 23)

Nachdem wir gestern Abend gegen 23:00h den Generator ausgeschaltet hatten, bin ich mit meinem Bruder nach oben gegangen. Wenige Minuten später gab es einen tierischen Knall direkt hinter unserem Haus, dann noch einen und noch einen. Es war so nah, dass mein Bruder völlig panisch stammelte: »Die haben es auf *uns* abgesehen! Die haben es auf *uns* abgesehen!«

Als Nächstes hörten wir Glas zersplittern und irgendwas aufs Dach fallen. Wir sind wie die Verrückten nach unten gerannt. Alle restlichen neun Bewohner von Hotel Pax drückten sich in einem sicheren Zimmer eng aneinander. Insgesamt gab es zwanzig Explosionen, und jedes Mal dachten wir, die nächste Bombe trifft unser Haus. Das Ganze dauerte etwa zwanzig Minuten. Keiner wagte es, sich zu bewegen. Draußen rief irgendjemand: »Zivilisten! Zivilisten! Nicht schießen!«

Nachdem eine gute halbe Stunde lang nichts weiter passiert war, gingen wir nach draußen, um nach dem Haus und nach unseren Nachbarn zu sehen. Alle Leute waren auf der Straße. Aus irgendeinem Grund waren an unserem Haus nicht so viele Fenster zersplittert wie am Nachbarhaus. Eine Straße weiter konnten wir Flammen und Rauch sehen. Wir haben uns aber nicht getraut hinzugehen, sondern haben abgewartet, bis es hell wurde. Um sieben bin ich dann losgestapft: Drei Häuser lagen in Schutt und Asche, zwei waren abgebrannt und kokelten immer noch vor sich hin. Auf wundersame Weise war niemand getötet worden. Drei Menschen waren schwer verletzt, ein paar andere, die leichtere Verletzungen davongetragen hatten, wurden in der nächsten Straße versorgt. Überall Glassplitter. Zwei Autos waren in Flammen aufgegangen, glücklicherweise aber nicht explodiert. Man kann der Spur des Schrapnells folgen. Sie zieht sich in einer graden Linie über zwei Straßen hinweg. Was für eine Art Bombe ist das, die in der Luft explodiert und haufenweise Splitter überall verteilt? Die Szene war unbeschreiblich. Alle standen unter Schock. Ein Scherzkeks aus einem Haus am Ende der Straße fragte: »Na, hattet ihr Saddam etwa gestern Abend zu Gast?«

Raïd hat mich besucht. Seine Familie und er sind heute wieder in ihr Haus gezogen. Er sagt, das Gebäude sei wegen der Bomben im Furat-Bezirk reichlich beschädigt.

Donnerstag, 17. April 2003

Zu vieles ist in den letzten Tagen passiert, und mein Kopf ist schwer wie Blei. Heuschnupfenzeit. Das Sexualleben der Palmen bringt mich zum Weinen.

Ich kann mich immer noch nicht überwinden, im ersten Stock zu schlafen, auch wenn seit jener Nacht nichts Schlimmes mehr passiert ist. Aber ich kauere mich lieber hinter möglichst vielen Wänden und unter möglichst vielen Dächern zusammen. Faustgroße Splitter durchschlagen die erste Wand, aber die zweite hält sie vielleicht auf – das hab ich schon erlebt und meine Lehre daraus gezogen. Jetzt lautet die Preisfrage natürlich: »Was zum Teufel ist in jener Nacht eigentlich passiert?« Tja, irgendwelche syrischen/libanesischen/irakischen Fedajin haben sich in unserer Gegend rumgetrieben.

Fedajin. Das Wort ist neuerdings zum Schimpfwort mutiert. Zu einem richtig schlimmen, schmutzigen. Und meist folgen darauf noch weitere Beschimpfungen. Syrische, libanesische und natürlich irakische Idioten, die blöd genug sind, den Schwachsinn von wegen »Jennah-unter-den-Füßen-des-Märtyrers+« zu glauben. Sie wollen also im Namen Allahs sterben. Und was tun sie? Stellen sie sich etwa dem ungläubigen Aggressor in den Weg? Nein, das tun sie nicht, weil sie Feiglinge sind. Sie verstecken sich in einer Wohngegend und geben einen einzigen Schuss mit ihrem Granatwerfer ab oder ein paar Schüsse mit ihren Kalaschnikows, die von den gepanzerten Fahrzeugen der Amis einfach abprallen. Aber die Antwort, die sie auf diesen einen Schuss bekommen, ist ein Regen von Mörsergeschossen auf die ganze Umgebung, aus der der Schuss kam. Das passiert neuerdings überall in Bagdad, und viele Leute haben nicht so viel Glück gehabt wie wir.

Manchmal kriegt man noch nicht mal mit, dass diese durchgeknallten Freaks sich für die Nacht in der Straße eingerichtet haben, in der man wohnt. In ganz Bagdad sieht man die schwarzen Tücher mit den Namen derjenigen, die bei solchen Gelegenheiten ums Leben gekommen sind. Noch schlimmer ist es, wenn die Amerikaner beschließen, direkt zwischen den Wohnhäusern zum Gegenangriff überzugehen. Ich habe gesehen, was in den Bezirken Jamia und Adhamija passiert ist. Eine Frau traute sich nach dem Angriff nicht mehr aus dem Haus, weil ihr Vorgarten mit Stücken von einem dieser Fedajin übersät war.

Wenn die Fedajin jetzt irgendwo auftauchen, werden sie sofort verjagt. Manchmal mit Steinen, aber auch mit Schusswaffen. Wenn man die Typen in der Gegend hat, kann man nicht mehr ruhig schlafen. Diese bescheuerten Arschlöcher. Aus irgendeinem Grund zieht bei denen das Argument nicht, dass sie, wenn

+ Jennah = Himmel; laut Koran wird der Himmel unter den Füßen der Märtyrer sein (Anm. d. Übers.).

sie schon sterben wollen, das gefälligst allein tun und nicht die halbe Nachbarschaft mit in den Tod reißen sollen.

Als wären wir mit den verrückten Schwachköpfen aus Syrien nicht schon genug geschlagen, richten auch Iraker ziemlichen Schaden an. Plünderer. Wie soll man das erklären? Im Fernsehen sieht man dauernd Leute, die sagen, wenn man sie nach den Plündereien fragt: »Nein, wir doch nicht – das müssen Ausländer gewesen sein!« (sie meinen natürlich Kuweitis, trauen sich aber nicht, das auszusprechen). Gibt es irgendjemanden, der ihnen das abkauft? Wie viel können wir auf »die systematische Zerstörung des Irak durch Ausländer« abwälzen, wie viel haben wir selbst zu verantworten? Ich habe dazu Folgendes im Fernsehen gehört (kann mich nicht erinnern, wer es gesagt hat): »Wenn Dschinghis Khan den Tigris blau gefärbt hat mit der Tinte der Manuskripte, die er in den Fluss geworfen hat, dann färbt sich heute der Himmel schwarz vom Rauch der verbrennenden Bücher.«

Versuch mal, das rational zu erklären, und du wirst glorreich scheitern. Dieselben Massen, die auf und ab gehüpft sind und geschrien haben: »Lang lebe Saddam!«, brüllen jetzt in die Fernsehkameras »Danke, Mr. Bush!«, während sie gleichzeitig alles fortschleppen, was sie tragen können. Ja, vielen Dank. Das ist nicht das Volk, das zurückerobert, was ihm gehört, das sind kriminelle Elemente, die auf die Menschheit losgelassen wurden.

Und wie sauber sind die Hände der US-Truppen? Können sie behaupten, »Tja, da war nichts zu machen«, und sind damit entschuldigt? Nein, verdammt. Wenn ich einem die Tür öffne und zusehe, wie er stiehlt, mache ich mich damit nicht zum Komplizen? Sie haben die Türen geöffnet – nicht zur Freiheit, sondern zum Chaos. Nur das, woran sie selbst interessiert sind, halten sie unter Verschluss. Sie haben einfach weggesehen. Und als stecke System dahinter, sind sie erst dann mit ihren Panzern aufgekreuzt, als alles ratzeputz leer geräumt war.

Wir haben uns zu Hause verschanzt. Gegen so eine wild gewordene Meute kommt niemand an. Ach ja, vielen Dank für den Panzer vor dem Nationalmuseum. Und für die paar Soldaten, die sich darauf sonnen, während die Plünderer ihre Beute durch die Hintertür rausschaffen.

Wo wir schon mal übers Plündern reden. Wisst ihr, wer in den letzten Jahren der allergrößte Schmuggler war? Arschad, Saddams langjähriger persönlicher Leibwächter. Vor ein paar Jahren hat er sogar mal versucht, den Kopf des geflügelten Minotaurus von Ninive außer Landes zu schaffen, aber es endete in einem Fiasko, und Arschad musste sich wieder mit kleineren Dingen abgeben.

Ein Offizier aus Tikrit hat G. einige Tage nach den Plünderungen 70 Exponate aus dem Nationalmuseum zum Kauf angeboten. Er und seine Freunde hatten insgesamt 150 Gegenstände erbeutet, darunter auch einige Objekte neueren Datums. (Später stellte sich heraus, dass es sich um Kopien handelte – zumindest haben die Amerikaner das G. gegenüber behauptet, als er ihnen Fotos der gestohlenen Ausstellungsstücke zeigte. Aber das ist eine andere Geschichte.)

Im Saddam Arts Centre, zehn Minuten Fußweg vom Nationalmuseum entfernt, sind an den Wänden jetzt weiße Flecken zu besichtigen, wo früher eine Sammlung moderner Kunst ausgestellt war. Einige der Gemälde wurden nicht mal gestohlen, sondern zerschnitten oder zerschossen. Das ist ja mal was ganz anderes. Dir gefällt das Bild nicht? Schieß einfach ein paar Löcher rein. Seltsam.

Es gibt Orte, an denen man ganz schlechte Karten hat, wenn man sich mit einer Waffe blicken lässt und auch noch damit schießt; aber wenn man Gemälde zerschießt oder Gewölbe in die Luft sprengt, scheint sich niemand an den Dingern zu stören. Der Allerschlimmste ist natürlich dieser Vollidiot al-Subaidi✦ mit seiner so genannten Zivilverwaltung. Habt ihr im Fernsehen die Polizeiautos und die Polizisten gesehen, die er angeblich eingesetzt hat? Ich hab sie auch im Fernsehen gesehen – und das ist so ziemlich der einzige Ort, wo ich sie zu Gesicht bekommen habe. In Vierteln, wo ein starker sozialer Zusammenhalt besteht, haben die Leute die Polizeistationen selbst übernommen und die Verbrecher festgesetzt. Polizei? Dass ich nicht lache.

✦ Mohammed Mohsen al-Subaidi, ein ehemaliger Exiliraker, ernannte sich im April selbst zum Bürgermeister von Bagdad. Er wurde später von amerikanischen Soldaten wegen Amtsanmaßung verhaftet. Al-Subaidi steht in Verbindung mit Ahmad Chalabi, dem Vorsitzenden des Iraqi National Congress.

Absolut deprimierend.

Ich sehe Raïd und G. alle paar Tage. Bei einem seiner unmöglichen und verrückten Abenteuer hat G. mit einem Team vom *Guardian* zusammengearbeitet. Ich bin so froh, dass ich wieder regelmäßigen Kontakt mit den beiden habe. Über das Thema amerikanische Präsenz und irakische Regierung reden wir uns die Köpfe heiß, bis uns die Luft ausgeht. In der Regel enden die Diskussionen damit, dass Raïd G. und mich als pragmatische Schweine ohne Moral und Prinzipien beschimpft. Am liebsten würde er mir ein Schild auf die Stirn kleben mit der Aufschrift: **VORSICHT! PRAGMA-SCHWEIN!** Er redet von feindlichen Invasoren und von dämlichen Trotteln (damit bin ich gemeint), die glauben, dass die USA uns dabei helfen werden, eine Demokratie aufzubauen. Allerdings sind wir uns alle einig darüber, dass wir, wenn die Amerikaner jetzt abziehen, von den durchgeknallten Mullahs und Imams gefressen werden. G. meinte, jetzt sei ein guter Zeitpunkt, unsere Seelen an den (US-)Teufel zu verkaufen.

Mittwoch, 23. April 2003

Gestern wäre ich vor einem Regal mit 30 Flaschen voll sauberen Wassers beinahe verdurstet. Ich hatte 30 000 Dinar in der Tasche, konnte mir aber keine Flasche zu 2 000 Dinar kaufen. (2 000 Dinar ist sowieso ein Verbrechen – früher bekam man vier Flaschen zu dem Preis, aber was will man machen?) Ich hatte nämlich 30 000 Dinar in 10 000-Dinar-Scheinen, die neuerdings mit dem Stigma »gestohlen« behaftet sind. Auch wenn man bettelt und winselt und schwört, dass dies garantiert Vorkriegsscheine sind, nimmt sie einem keiner ab.

Hier der Hintergrund meines Beinaheablebens: Die Gelddruckerei ist ebenso wie alles andere geplündert worden. Auf al-Dschasira haben sie die kaputte 10 000-Dinar-Presse gezeigt und einen Iraker, dessen Gesicht nicht zu erkennen war (wahrscheinlich einer der Plünderer), der sagte, es seien gedruckte, aber noch nicht nummerierte Geldscheine gestohlen worden, ebenso die Schablonen (oder wie auch immer die heißen – wir nennen sie *Kalischa*). Papier und Sicherheitsfäden ebenfalls. Al-Dschasira berichtete, bei dem Papiergeld, das jetzt auf dem

Markt kursiert, handle es sich um gedruckte Scheine mit gefälschten Seriennummern. Das komplette Chaos. Die 10 000-Dinar-Scheine werden zwar in den Geschäften nicht mehr angenommen, aber es gibt Leute, die einem die Scheine für 8 000 Dinar abkaufen. (?!?!) Und was sagt Mr. Subaidi, der von all dem weiß? Sein »Finanzberater« – auch so ein selbst ernannter Exdieb und Freund von al-Chalabi – hätte ihm gesagt, die irakische Zentralbank sei in der Lage, die Geldmenge abzusichern, es gebe also gar kein Problem. Humbug. Für wen hältst du dich, Subaidi, dass du meinst, du könntest irgendwas über die Zentralbank sagen?

Ein kleiner Schlenker, bevor ich wieder auf die 10 000-Dinar-Scheine zurückkomme. Wisst ihr, was die neuen Wahrzeichen dieses Staates sind? Ein Thuraya-Telefon und die Flagge der Iraqi National Conference – Chalabis Leute. Da fragt man sich doch … Jedenfalls muss man alles, was al-Subaidi sagt, auf die Goldwaage legen. Er plappert sowieso nur nach, was die Amerikaner sagen. Da höre ich doch lieber auf die Stimme des Puppenspielers als auf die der Marionette.

Wieder zu Hause treffe ich auf Onkel M., der bei einer Bank arbeitet. Das heißt, er ist sogar Bankdirektor. Nachdem ich ihm berichtet habe, was vorgefallen ist, sagt er, sie hätten sich mit ein paar »Puppenspielern« zu Besprechungen getroffen und würden demnächst zum Thema 10 000er Scheine eine Erklärung veröffentlichen. Allerdings geht diese Erklärung erst mal an die Banken. Bis die Information die Bevölkerung erreicht, wird es noch eine Weile dauern, denn zurzeit haben wir weder Fernsehen noch Radio – wir haben überhaupt keinen Strom. Mein Onkel hörte gar nicht mehr auf, über diese Geier zu schimpfen, die nur darauf aus sind, schnell viel Geld zu verdienen, und die alles nur noch schlimmer machen. Typisch Onkel M., der auf seinem Pferd namens Moral in den Sonnenuntergang galoppiert. Eigentlich wollte ich ja nur von ihm wissen, was ich mit meinen 10 000-Dinar-Scheinen machen soll. Verbrennen? Schiffchen daraus falten? Sie zu Konfetti verarbeiten? Nach seinem ganzen Moralgesülze hat er mir wenigstens die Antwort gegeben, die ich hören wollte: »Gib sie mir. Ich besorge dir morgen 250er Scheine.« Ich bin ihm ziemlich auf die Nerven gegangen, war aber mal wieder heilfroh, einen Banker in der Familie zu haben.

Seit einigen Tagen hege ich die übelsten Gedanken gegenüber Chalabi, Subaidi *et al.* Sobald einer der Namen irgendwo erwähnt wird, fange ich unwillkürlich an, leise vor mich hin zu fluchen. Und die scheußliche Flagge, die die haben!

Wer hat diesen Nasen eigentlich gestattet, auf dem Gelände des Mansour Social Club *und* auf dem Rasen des Irakischen Jagdclubs zu kampieren? Was soll ich jetzt mit meinem Mitgliedsausweis machen? Wo finde ich einen anderen großen überdachten Swimmingpool? Nein, im Ernst. Was ist eigentlich los mit diesen ganzen ausländischen Parteien, die in Bagdad eingefallen sind? Haben die keinen Respekt vor öffentlichem Eigentum? Oder glauben sie, weil gerade »Plünderungssaison« ist, können sie kampieren, wo sie wollen, und – äh – öffentliche Gebäude »befreien«? Die PUK[+] hockt im Gebäude der Baubehörde, die KDP[++] sitzt im Geheimdienst-Gebäude in Mansur und der INC[+++] in Büros der Armee. Die Islamic Dawa übernimmt die Kinderbibliothek, eine andere islamische Partei eine Bank. Raus! Raus! Raus! ALLE! Befreit euren eigenen Garten. Ihr habt kein Recht, euch in diesen Gebäuden einzunisten.

Es gibt nur ein Gebäude, dessen »Befreiung« meinen Beifall gefunden hat, denn sie hatte nur Symbolcharakter. Am Seiteneingang zum Muchabarat-Hauptgebäude in Harthiya steht in roter Sprayfarbe: *Irakische Kommunistische Partei.* Auf eine perverse, makabre Weise ist hier tatsächlich das Zentrum der irakischen Kommunisten. Denn in diesem Gebäude wurden unter Saddam zahllose Mitglieder der Kommunistischen Partei gefangen gehalten, gefoltert und getötet.

Gestern hat das »Iraqi Media Network« angefangen zu senden. Nichts, worüber es sich zu jubeln lohnt. Anscheinend nehmen sie pro Tag nur eine einzige Stunde auf, die senden sie dann rund um die Uhr. Der Sender wird hauptsächlich für Bekanntmachungen der Alliierten benutzt, zusätzlich zum »Information Radio«. Sie haben Ahmad al-Rikabi von Radio Free Iraq/Radio Free Europe für sich gewonnen. Und gestern haben die irakischen Medien-Fuzzis (Journalisten, Leute vom Fernsehen und

---

[+] Patriotic Union of Kurdistan.
[++] Kurdistan Democratic Party.
[+++] Iraqi National Congress.

vom Radio) vor dem Hotel Meridian demonstriert und ihre Jobs zurückverlangt. Hey, reiht euch in die Warteschlange ein! Wir warten alle auf unsere Jobs!

Das Ironische an diesem seit Wochen andauernden Medienfestival namens »Irak-Krieg« ist, dass es nicht eine einzige irakische Stimme gibt.

Ein Gespräch, das G. zufällig gehört hat, als er im Hotel Meridian war (dem irakischen Medienzentrum):

Journalistin 1: Meine Liebe, wie *geht* es dir? (Küsschen, Küsschen.) Ich hab dich ja seit Ewigkeiten nicht mehr gesehen.

Journalistin 2: Das wird wohl in Kabul gewesen sein, Darling.

Journalistin 1: Bla bla bla.

Journalistin 2: Bla bla bla.

Journalistin 1: So, jetzt muss ich aber los, wir sehen uns dann in Pjöngjang, ja?

Journalistin 2: Ganz bestimmt.

Irak ist schon aus den Schlagzeilen, und die Geier sind auf der Suche nach dem nächsten Konflikt. Falls er sich in Syrien ereignen sollte, sparen sich die Damen wenigstens ein paar Kröten aus ihrer Reisekasse.

Samstag, 26. April 2003

G. und ich hatten dieser Tage im Meridian was zu erledigen. Als wir im Hotel ankamen, waren die meisten Medienleute gerade dabei, auszuchecken – wer für längere Zeit irgendwo bleibt, mietet sich vernünftigerweise gleich ein Haus.

Später haben wir noch eine Weile vor dem Hotel gestanden und die Demonstration beobachtet. Einige irakische Offiziere machten sich im Gebäude des Alwiyah-Clubs zu schaffen, und überall wurden Fotokopien verkauft, angeblich Bewerbungsformulare für Jobs oder so was.

Vor dem Meridian und dem Sheraton hat sich ein regelrechter Markt entwickelt. Besitzer von Thuraya-Satellitentelefonen (www.thuraya.com) stehen vor ihren Autos und bieten Auslandsgespräche für 5 $ pro Minute an (eigentlich kostet die Minute weniger als einen Dollar). Copyshops bieten Kopien von allem an, was die Alliierten neuerdings unters Volk bringen. Leute auf Klappstühlen mit Pappkartons vor sich tauschen Dollar gegen Dinar. Keine Ahnung, warum sie dafür Pappkartons brauchen. – Vielleicht, damit es aussieht wie ein Büro. Auch Zigaretten sind im Angebot und alle möglichen Sandwiches, die allerdings nicht besonders appetitlich aussehen. Es herrscht eine Atmosphäre wie auf einem Festival. Fehlt nur noch Livemusik und eine Bierbude.

Egal …

G. hat sich ein Falafel-Sandwich gekauft und wir haben eine *ZamZam-Cola* getrunken. Bagdad wird förmlich überschwemmt mit *ZamZam-Cola* – benannt nach dem »heiligen« Brunnen in Mekka. Das Zeug kommt aus dem Iran und ist viel zu süß. Aber da es *ZamZam* heißt, muss es irgendwas Göttliches an sich haben. Und da ich jetzt schon seit einer ganzen Weile dieses klebrige Gesöff in mich hineinkippe, werden mir demnächst wohl kleine Engelsflügel wachsen.

> Mai 2003

Donnerstag, 1. Mai 2003

Erster Mai. Proletarier aller Länder vereinigt euch. Die Irakische Kommunistische Partei und die Irakische Kommunistische *Arbeiter*partei bekleben jede Menge Wände mit roten Plakaten. Ich habe nicht gehört, dass Nadia Abdul Maschid von der Kommunistischen Arbeiterpartei in Bagdad ist. Ich wäre ja immer noch bereit, mich freiwillig zu melden, wenn sie ein paar kosmetische Veränderungen an ihrem Namen vornehmen würden. Sie haben das Herz am rechten Fleck, im Gegensatz zu den meisten anderen Parteien, deren Mitglieder das Herz in der Brieftasche haben. Aber »kommunistisch«? Ich würde ja aussehen wie ein Communards-Fan, wenn ich rote Sterne und Buttons mit diesem Hammer-und-Sichel-Emblem tragen würde. Nichts gegen Mr. Somerville+, aber aus dem Alter bin ich raus, und zu seiner Falsettstimme kann sowieso kein Mensch mitsingen.

Saad al-Bazzaz und seine Zeitung *Az zaman* (www.azzaman.com) haben einen Angriff gegen Bagdad geführt. Das Blatt ist ziemlich gut im Vergleich zu den ~~Flugblättern~~ Zeitungen, die die verschiedenen Parteien drucken und unters Volk bringen. *Az zaman* sieht aus, als würde viel Geld dahinter stecken, obwohl kaum Werbung drin ist. Die Zeitung hat eine hervorragende Kulturseite namens Alef yaa (www.alefyaa.com) – und da die Leute im Moment sowieso alles lesen, was sie in die Finger kriegen, verirrt sich der ein oder andere vielleicht sogar in kulturelle Niederungen. Mit Ausnahme eines anderen Blattes namens *New Iraq* – es erscheint zurzeit nur einmal wöchentlich, weil es von einigen irakischen Journalisten privat finanziert wird – sind sämtliche Zeitungen Schrott. Kaum ein Unterschied

---

+ Jimmy Somerville, Sänger der Band The Communards aus den 80er Jahren.

zum alten irakischen Schund: ein Foto von irgendeinem Parteivorsitzenden »umgeben von seinen Leuten«, Berichte über die großen Leistungen der Partei, bla bla bla. Gut für die Erdnussverkäufer auf der Straße – das Papier eignet sich wunderbar zum Tütendrehen.

Saad al-Bazzaz jedenfalls ist ein gutes Beispiel dafür, dass es Blödsinn ist, einfach zu sagen: »Werft alle Baathisten raus!« Er war der Herausgeber einer der großen Zeitungen des Regimes. Dann ging er ins Ausland, um ein Buch über Saddam zu schreiben oder irgend so was, und ist nie zurückgekommen. Wenn man das Land »de-baathifizieren« wollte (wie Chalabi es nennt), dann müsste man auch al-Bazzaz rauswerfen, aber das wäre ein Fehler. Die Zeitung, die unter seinem Namen erscheint, beweist, dass er dabei helfen könnte, die irakischen Medien auf Vordermann zu bringen. Und es gibt viele wie ihn. Natürlich haben zahlreiche Parteimitglieder unverzeihliche Gräueltaten begangen, aber es ist nicht nötig, jeden einzelnen Iraker, der einmal in der Partei war, unter Hausarrest zu stellen. Das würde bedeuten, dass wir keine Lehrer mehr in den Schulen hätten, keine Professoren in den Universitäten, und jeder, der in einem staatlichen Betrieb gearbeitet hat, wäre seinen Arbeitsplatz los.

G. würde mich dafür umbringen, dass ich das sage. Er wartet immer noch darauf, dass die Massen sich erheben. Er glaubt an etwas, das er »die roten Mullahs« nennt. Die Islamische Dawa-Partei und die Kommunistische Partei sollten eine Koalition bilden, meint er. Ts, ts, und so was sagt ein Christ. Vielleicht sollte ich *ihm* meine Kassetten von den Communards geben?

Na, egal. Die Leute führen sowieso ihren eigenen Frühjahrsputz durch. Manche, die an ihren Arbeitsplatz zurückkehren konnten, weigern sich jetzt, unter bestimmten Vorgesetzten zu arbeiten, die ihnen zu baathistisch sind. Einschub – kurze Geschichte, die mir ein Freund neulich erzählt hat: Er steht also an der Bushaltestelle, um zur Arbeit zu fahren. Als der Bus hält, dreht sich einer in der Warteschlange um und sagt zu einem der Baath-Mitglieder hinter ihm: »Du steigst wohl besser nicht in den Bus, sonst wirst du mit Schuhen beworfen und wieder rausgejagt.« Es waren sicher noch mehr Baath-Mitglieder im Bus, aber jeder wusste, wer das schwarze Schaf ist. Verallgemeinerungen wie Chalabis Debaathisierungsplan lösen keine Probleme.

In verschiedenen Bezirken im Süden kursieren Geschichten über Baathisten, die Leute »prophylaktisch angreifen«, um ihre eigene Haut zu retten. Einfach grotesk.

Und die Plündereien gehen auch weiter. Vor einer Woche waren Nummernschilder von Autos das begehrteste Diebesgut. Natürlich haben ein paar Schlaumeier gedacht, na gut, dann leg ich die Dinger halt *in* den Wagen, damit sie nicht gestohlen werden. Überraschung! Dann war gleich die ganze Kiste weg. Hintergrund: Nachdem zahllose Autos gestohlen worden waren, von denen viele keine Nummernschilder hatten, gerieten die Diebe etwas unter Zugzwang. Ein legaler Anstrich musste her, denn manchmal werden Autos von der Polizei angehalten, bloß weil sie ohne Nummernschilder fahren. Lösung des Problems: Es gibt drei verschiedene Arten von Nummernschildern auf dem Schwarzmarkt. Die schlechtesten sind die, die direkt von einem Hersteller gestohlen wurden, denn für die kann man keine Papiere bekommen – sie existieren einfach nicht. Andererseits sind sie billig, sie kosten nur 15 000 Dinar (Umtauschkurs zurzeit 2 000 Dinar für einen US-Dollar). Etwas besser sind die Nummernschilder, die von geparkten Autos abgeschraubt wurden – aber auch zu diesen gibt es meist keine Papiere. Am besten ist das Rundumsorglospaket aus Nummernschild samt aller nötigen Papiere. Das ist natürlich ziemlich teuer, aber wenn man Glück hat, findet man einen Händler, der Papiere für genau so ein Auto anbietet wie das, was man gerade von den lästigen alten Nummernschildern »befreit« hat – für eine Fahrgestellnummer interessiert sich sowieso niemand.

Aber das ist mittlerweile alles kalter Kaffee. Wer ein geschäftstüchtiger Plünderer ist, geht in die Waffenfabriken rund um Bagdad. Die riesigen leeren Patronenhülsen, die man da findet, sind äußerst begehrte Ware – das Metall wird geschmolzen und anderweitig verwertet. Und von diesen Hülsen gibt es Unmengen. Um die Qa'qah-Fabrik (al qa3qa3) toben Nacht für Nacht erbitterte Kämpfe – Nachschubsicherung. Bisher hat dieser Kleinkrieg dreißig Tote und eine große Anzahl Verwundete gefordert. Die alliierten Truppen amüsieren sich über das Spektakel und halten sich zurück.

Das tun sie übrigens in den meisten Fällen. Sie sitzen gelangweilt herum und sehen den Leuten beim Plündern zu. Manchmal, wenn es ihnen nicht zu lästig ist, gehen sie hin und sehen nach, um was es geht – z. B., wenn man vor ihren Panzern rumspringt und »Ali Baba! Ali Baba!« ruft. Witzig, was? Endlich haben wir bei den »Geschichten aus 1 001 Nacht« eine Gemeinsamkeit entdeckt. Jeder kennt die Geschichte von Ali Baba und den vierzig Räubern, aber längst nicht jeder spricht Englisch. Wenn man also Glück hat, kommen die Amerikaner, um nachzusehen, was Ali Baba mal wieder anstellt. Manchmal, manchmal auch nicht.

Vor ein paar Tagen, als ich gerade die Raschid-Straße entlang ging, schien sich Uncle Sam für irgendeine »Ali Baba«-Situation zu interessieren – für meinen Geschmack fast ein bisschen zu sehr. Zwei kleine gepanzerte Fahrzeuge kamen die Straße heruntergefahren, ein paar Soldaten liefen mit entsicherten Gewehren hinterher. Die Götter, die sich wohl mal wieder an einem ihrer perversen Scherze erfreuten, sorgten dafür, dass ich genau vor der Tür des Gebäudes stand, das die Amerikaner überprüfen wollten. Die zwei Panzerchen halten ganz plötzlich, einer vor mir, einer hinter mir, die Soldaten laufen schneller. Ich mache mir fast in die Hose, reiße die Hände hoch und schreie: »Nicht schießen! Nicht schießen!« Sie haben's nicht getan. Pffft! Bin der Todesstatistik knapp entronnen.

G. hatte auch ein Beinahe-tot-Erlebnis vor einem Stacheldrahtzaun irgendwo im Norden. Er stand da so herum, als ein Mann in einer *Dishdasha* aus einem Auto stieg, die Hände in den Hosentaschen, und langsam auf den Zaun zuging. Ein Soldat in der Nähe von G. fing an, leise den »Nimm die Hände aus den Hosentaschen«-Blues zu singen, und richtete sein Gewehr auf den Mann. Zum Glück hörte der ziemlich schnell auf, sich die Eier zu kratzen, und kratzte sich stattdessen die Nase. Der Soldat ließ das Gewehr sinken, G. war gerettet.

Irgendjemand hat offenbar beschlossen, dass es höchste Zeit für die US-Armee ist, ein bisschen Schönwetter zu machen, und hat ein paar Soldaten auf PR-Tour geschickt. In der Ameriyah-Straße standen vor ein paar Tagen vier Panzer herum, während GIs in kleinen Gruppen (zu viert oder fünft) herumschlenderten und mit den Ladenbesitzern plauderten. In kugelsicheren Westen und bis an die Zähne bewaffnet, bemühten sie sich, einen freundlichen Eindruck zu machen. Sie lachten und erkundigten sich nach den Preisen und so weiter. Einer von ihnen hatte einen Riesensack voller Süßigkeiten, und die Kinder hingen an ihm wie die Fliegen. Die Soldaten kauften Pepsi-Cola und bekamen irakisches Brot angeboten. Solche Szenen habe ich später auch noch anderswo beobachtet.

Zu den gefährlichsten Orten, an denen man sich zurzeit aufhalten kann, gehören Tankstellen – zu viele Unfälle. Und bei den endlosen Warteschlangen und den vielen Leuten, die sich darum kloppen, endlich an die Reihe zu kommen, ist die Zahl der Toten hoch. Ich halte mich in letzter Zeit lieber von Menschenmengen fern. Man weiß nie, was da passieren kann.

Mittwoch, 7. Mai 2003

Nachrichten aus Bagdad

Salam Pax hat mir das heute als Attachment geschickt. Nachdem sich wochenlang überhaupt nichts getan hat, passiert jetzt alles auf einmal: Gestern habe ich von Salams Vetter eine E-Mail mit seiner Telefonnummer bekommen. Ich habe sofort angerufen. Salams Vater mimte den schlecht gelaunten Patriarchen und bat mich, in »zwei Minuten« nochmal durchzuklingeln, was ich auch getan habe. Salam scheint wohlauf zu sein. Wir besprachen so viele Dinge wie in der kurzen Zeit möglich. Ohne großes Tamtam gebe ich jetzt seine letzten Einträge an euch weiter. Bitte nehmt es mir nicht übel, wenn das Format komisch sein sollte. Man hat mir verboten, während der Arbeit zu bloggen, ich kann mir also nicht die Zeit nehmen, um irgendwas in Ordnung zu bringen.*

P.S. von Diana: *Bevor wir aufgelegt haben, sagte ich: »Salam, ich möchte nur noch eines sagen.« Und dann hab ich aus vollem Hals in den Hörer gebrüllt (hoffe, ich habe die Nachbarn nicht verschreckt): »Fuck Saddam Hussein!« Also, persönlich habe ich ja nichts gegen den Mann, es fällt mir sogar schwer, ihn zu hassen, weil er meinem kürzlich verstorbenen Onkel ähnlich sieht (ich sage euch, der hätte glatt als sein Double fungieren können, nur dass er jetzt leider tot ist), aber ich wollte einfach etwas klarstellen. Und das ist: Jetzt kann man so was sagen, ohne zu befürchten, dass irgendwelche Verwandten*

* Das bezieht sich auf die letzten 15 Einträge, vom 24. März bis zum 1. Mai.

oder Freunde abgeholt und getötet werden. Salam meinte: »Jeder auf der Straße sagt das wie ein Mantra – Fuck Saddam, Fuck Saddam, Fuck Saddam …« (Na ja, Salam hat vielleicht nicht das Wort Mantra benutzt, aber ihr versteht schon, was ich meine.) Ich glaube, wir können uns nicht im Entferntesten vorstellen, wie es ist, Iraker zu sein. Es muss ungefähr so sein, als wäre man 35 Jahre lang in einem Kartoffelkeller eingesperrt gewesen, und plötzlich stolpert man blinzelnd hinaus ins Licht und fragt sich, ob das, was man sieht, real ist oder nur ein Traum.
– Diana Moon

Wenn ihr das jetzt lest, dann ist alles so gelaufen, wie ich gehofft habe; entweder Diana oder mein Vetter hat diesen Blog ins Netz gestellt. Ich hab mich kaputtgelacht, als ich mich nach dem Krieg am Telefon mit meinem Chef in Beirut unterhalten habe (Thuraya sollte einen Werbespot mit folgendem Text machen: »Operation Freiheit für den Irak – präsentiert von Thuraya Phones«) und er meinte, jemand namens Diana Moon würde ihn dauernd wegen eines gewissen Salam Pax nerven. Ich kann mich nicht erinnern, ihr gesagt zu haben, wo ich arbeite. Diana, du *bist* tatsächlich das Orakel von Gotham.

Als ich heute die Karada-Straße entlangging, habe ich ein Schild gesehen, auf dem stand: **E-MAILS SENDEN UND EMPFANGEN ZU NIEDRIGEN PREISEN**. Ich werde mich morgen darum kümmern. Wenn die Preise wirklich so niedrig sind, dann kann ich vielleicht einmal pro Woche meinen Blog auf den neuesten Stand bringen.

Aber zuerst möchte ich euch was erzählen. Krieg ist total Scheiße. Lasst euch bloß niemals dazu überreden, im Namen eurer Freiheit einen Krieg zu führen. Wenn die Bomben fallen und man am Ende der Straße das Knattern der Maschinengewehre hört, denkt man an alles andere als an seine »bevorstehende Befreiung«.

Gott, ich rede schon wie die Taxifahrer, mit denen ich mich regelmäßig in die Wolle kriege, sobald ich bei ihnen einsteige. Abgesehen davon, dass sie unverschämte Preise verlangen (man kann's ihnen nicht übel nehmen: Die Benzinpreise haben sich verzehnfacht – wenn man überhaupt welches bekommt), fangen sie an, vor sich hin zu fluchen und zu schimpfen, und irgendwann kommt dann so was wie: »Also, unter Saddam hatten wir jedenfalls nicht so ein Chaos.« Das ist meistens das Stichwort für mich, um komplett auszurasten. Wir Iraker scheinen ein sehr schlechtes Gedächtnis zu haben, oder wir besitzen die Gabe, manche Dinge einfach auszublenden. Ich frage den Taxifahrer, wie lange es nach dem ersten Golfkrieg gedauert hat, bis wir wieder Strom hatten. Nach zwei Monaten Krieg hat es *zwei Jahre* gedauert, bis alles wieder einigermaßen normal lief. Dann frage ich: Und wie war das mit dem Wasser? Schlecht. Mit Benzin? Gab's überhaupt nicht. Arbeit? Die Leute hockten meistens in irgendwelchen Teestuben herum. Und wie ist alles wieder so geworden wie vorher? Hussein Kamel[+] hat die Leute im wahrsten Sinne des Wortes mit Peitschen und Prügeln gezwungen, die Wiederaufbauarbeiten aufzunehmen.

Das Beste hebe ich mir aber bis zum Schluss auf – die Frage, die sie endgültig zum Schweigen bringt: »Und, lieber Taxifahrer, hättest du deinen Saddam gern zurück? Sollten wir nicht froh sein, dass wir jetzt wenigstens auf einen neuen Irak hoffen können? Oder sind wir Iraker bloß ungeduldige Narren, die nur nörgeln und jammern können? Nur Geduld. Auf Zeiten wie diese haben wir 35 Jahre lang gewartet, also mach dich lieber an die Arbeit, anstatt zu lamentieren.« Ende des Gesprächs.

Die Wahrheit ist doch, dass all das ohne Intervention von außen nicht passiert wäre. Als wir gesehen haben, wie die Saddam-Statue niedergerissen wurde, sagte eine meiner Tanten, sie hätte sich nie träumen lassen, dass sie das mal erleben würde.

ABER …

Krieg. Egal, wie er ausgeht, Krieg hinterlässt immer eine Spur der Verwüstung. Es gab Tage, da haben die Leute vom Roten Halbmond händeringend nach Freiwilligen gesucht, die ihnen halfen, die Leichen von den Straßen einzusammeln und ordentlich zu beerdigen. Die Krankenhausgärten wurden in Friedhöfe verwandelt, weil der Strom ausfiel und man die Leichen unmög-

[+] Hussein Kamel, der ehemalige Direktor der irakischen Organisation für militärische Industrialisierung (verantwortlich für das irakische Rüstungsprogramm). Er setzte sich am 7. August 1995 nach Jordanien ab und legte der UNSCOM Dokumente über die ehemaligen irakischen Rüstungsprogramme vor. Nach seiner Rückkehr in den Irak wurde er am 23. Februar 1996 ermordet.

lich so lange aufbewahren konnte, bis jemand kam, um sie zu identifizieren.

Ich gestehe, ich bin ein Eskapist. Ich verdränge das alles – es sei denn, es springt mich direkt an und erwischt mich kalt. Kurz nach der Einnahme Bagdads durch die US-Armee ist meine Mutter einmal in die Stadt gegangen. Danach hat sie erklärt, dass sie nicht wieder vor die Tür gehen wird – bis ich ihr versichere, dass alles wieder normal und ungefährlich ist. Das Vogel-Strauß-Syndrom scheint also in der Familie zu liegen.

Seit einigen Tagen wirkt tatsächlich alles wieder halbwegs normal. Oder liegt es daran, dass die Sinne abstumpfen und man nicht mehr so leicht zu schockieren ist? Aber wenn es eines gibt, worauf man sich verlassen kann, dann, dass das Leben wirklich weitergeht. Menschen sind anpassungsfähig. Das ist das Einzige, was erklärt, warum diese idiotische Spezies sich immer noch nicht selbst ausgerottet hat. Menschen sind *extrem* anpassungsfähig, sowohl physisch als auch emotional.

Ich gestehe außerdem, dass ich an starken Internet-Entzugserscheinungen leide.

Freitag, 9. Mai 2003

Nur ganz kurz, denn Raïd bringt mich um, wenn ich zu spät komme.

Ich habe jetzt nicht nur Zugang zu jemandem, der E-Mails verschicken kann, ich habe jetzt auch Zugang zu einem Telefon. Ich hatte also die Möglichkeit, mit Diana zu telefonieren. Sie meinte, ich hätte einen britischen Akzent. Und Stefan hat auch angerufen. Wenn ihr den Blog schon länger lest, dann wisst ihr, dass er der Mann ist, mit dem ich in Wien vier Jahre lang zusammengewohnt habe. Er will heute nochmal anrufen, und dann haben wir ein bisschen Zeit, über den Blog und alles zu reden. Einiges von dem Gespräch wird garantiert irgendwann irgendwo in Österreich veröffentlicht werden, denn er arbeitet für eine österreichische Nachrichtenagentur. Wenn ihr mehr wissen wollt, müsst ihr ihn fragen, weil ich keine Ahnung habe, was er mit meinem Gequatsche macht. Ich weiß auch immer noch nicht, was er mit dem E-Mail-Interview angestellt hat, das wir ein paar Wochen vor dem Krieg geführt haben.

Nachdem ich Diana das ganze Zeug gestern zugemailt habe, bin ich die Karada-Straße runtergegangen und habe drei Panzer vor einer Eisdiele gesehen. Und später, am Abend, kamen vier von den Soldaten, die in der Ameriyah-Straße stationiert sind, mit diesen Kerosinlampen in der Hand zurück, die wir *laleh* nennen. Sie hatten sie in dem Laden am Ende der Straße gekauft, vermutlich, weil ihr Generator kaputtgegangen war oder so was. Nachtwache bei romantischer Beleuchtung.

Bis später.

:: salam 5:57h ::

Fünf US-Dollar für eine einzige Stunde im Internet! Wenn das kein Wucher ist. Ob ich auch für eine halbe Stunde bezahlen könnte?

Schon gut, ich beschwere mich ja gar nicht. Wenn mir vor einer Woche jemand gesagt hätte, dass ich jetzt wieder im Netz browsen kann, hätte ich ihm nicht geglaubt. Hier und da machen weitere Internetläden auf, so dass die Preise wahrscheinlich mit der Zeit runtergehen werden. Außerdem habe ich heute gehört, dass eine NGO* namens »Kommunikation ohne Grenzen« im Irak eingetroffen ist und ihre Hilfe zugesagt hat.

Wahrscheinlich werden sie es so machen wie das Rote Kreuz: ein Zentrum hier in Bagdad und ein Team, das im Irak herumfährt. Das Rote Kreuz bewegt seinen Telefonservice (wenn man das so nennen kann) in Bagdad hin und her. Sie bleiben jeweils zwei Tage in einem Viertel und sind auf Mundpropaganda angewiesen. Meistens gibt es riesige Warteschlangen, sobald bekannt ist, wo sie zu finden sind, aber die Leute sind dankbar, dass sie überhaupt telefonieren können.

Viele Menschen haben keine Möglichkeit, ihre Verwandten im Ausland wissen zu lassen, wie es ihnen geht. Ein paar arabische Fernsehsender (hauptsächlich al-Dschasira) stellen ihre Kame-

* Non-Governmental Organization, Nichtregierungsorganisationen – wie Umweltverbände, Gewerkschaften und Kirchen.

ras auf der Straße auf und gestatten den Leuten, ihren Verwandten im Ausland Grüße zu senden – in der Hoffnung, dass die gerade fernsehen. Die einzige andere Möglichkeit, mit der Welt Kontakt aufzunehmen, ist ein Thuraya-Satellitentelefon – aber das ist extrem teuer. (700 $! Letzte Woche betrug der Preis noch 1500 $ – und da sind die Telefongebühren noch nicht mitgerechnet.) Ich weiß nicht, wie lange es dauert, bis ein Netzwerk aufgebaut werden kann. Das, was wir hatten, liegt in Schutt und Asche.

Ich habe heute eine für mich sehr untypische Entscheidung getroffen – und mich von Raïd dazu überreden lassen, ihn auf seiner nächsten zweitägigen Reise in den Süden zu begleiten. Ich bin ein ziemlicher Feigling. Mir hat völlig gereicht, was ich hier in Bagdad erlebt habe – damit komme ich schon kaum klar. Jedes Mal, wenn ich in die Stadt gehe, zieht es mir den Magen zusammen. Und wenn ich daran denke, was Raïd mir über seine letzte Reise erzählt hat, möchte ich mich am liebsten noch tiefer in mein Schneckenhaus verkriechen.

Seit zwei Wochen arbeitet Raïd für eine kleine Organisation, die sich CIVIC (Campaign for Innocent Victims in Conflict[+]) nennt – das Akronym haben sie sich wahrscheinlich ausgedacht, bevor sie sich den Namen gegeben haben. Es ist eine sehr kleine Gruppe von Freiwilligen und Fast-Freiwilligen (d. h. sie werden viel zu schlecht bezahlt), die in Wohngebiete gehen, in denen Kriegshandlungen stattgefunden haben, Formulare verteilen und versuchen, so viele Informationen über Tote und Verletzte wie möglich zu sammeln. Zusätzlich überprüfen sie alle Krankenhausunterlagen, um die Zahl der getöteten Zivilisten schätzen zu können. In Bagdad haben sie bisher 5000 Tote und Verletzte gezählt, und sie stellen gerade Teams zusammen, die in anderen irakischen Städten Informationen sammeln sollen.

Und da will Raïd mich nun also reinziehen. Wir werden nach Kerbela, Samawa, Nassirija und Basra fahren. Und dann zurück über Kut. Diese Namen dürften euch mittlerweile geläufig sein, denn diese Orte haben im Krieg eine Menge mitgemacht. Raïd ist schon mal dort gewesen (außer in Kut) und hat bereits Teams zusammengestellt. In Samawa werden wir einen unserer

---

[+] Hilfe für unschuldige Kriegsopfer (Anm. d. Übers.).

Freunde von der Uni treffen und bei ihm übernachten, weil unser Fahrer, Abu-Saïf, eine nächtliche Ankunft in Nasirijah vermeiden will. Er hat uns außerdem gesagt, dass der einzige gefährliche Teil der Reise die Fahrt durch Kut sein wird. Wusstet ihr schon, dass wir jetzt eine *Hisbollah* im Irak haben? Ausgerechnet in Kut und Amarah! (*Hisbollah* bedeutet übrigens »Gottespartei«.) Diese Hisbollah nennt sich *Hisbollah al iraki* und ist anti-iranisch orientiert. Wir werden durch *Hisbollah*-Gebiet fahren, und das macht Abu-Saïf ganz nervös. Mal sehen. Am Samstag wollen wir früh am Morgen aufbrechen, am Montag müssten wir wieder hier sein. Wünscht uns Hals- und Beinbruch.

Auf dem Markt steigen die Preise für Waffen. Vor kurzem bekam man eine Handgranate für 500 Dinar – das ist ein Vierteldollar. Eine Kalaschnikow kostete 200 $, eine nagelneue Uzi ein bisschen mehr. Die Knarren werden in den Stadtteilen Jadida und Baya offen am Straßenrand angeboten. Die billigsten Waffen bekommt man im Thawra-Viertel (»Revolution«). (Oh, das ist ja schon Geschichte: Unter Saddam hieß der Stadtteil Thawra. Jetzt heißt er Sadir. Egal.) Thawra ist jedenfalls die reinste militarisierte Zone. Wenn man nicht dort wohnt, geht man besser auch nicht hin.

Die Straßenmärkte sehen aus wie aus einem William-Gibson-Roman. Bergeweise billige RAM-Bausteine (natürlich gestohlen) werden neben kaputten Bildschirmen und Falafel-Ständen verkauft – und natürlich jede Menge Waffen. Dauernd gibt es Streitereien, und wie aus dem Nichts tauchen Messer auf, die erst vor fünf Minuten gekauft wurden. Armee-Zielfernrohre, seltsame Dinger mit Linsen, werden ebenfalls verhökert. Und Leute, die in ihrem Leben noch nie einen Computer gesehen haben, bieten Computergehäuse feil und behaupten, es handle sich um elektrische Heizöfen.

Wirklich absolut kosmisch. Software-CDs, DVDs, billige Pornos und eine Kassette mit 5 CDs mit dem Titel *Die Verbrechen des Saddam Hussein*. Da sind Filmberichte über Halabja+ drauf, z. B.

+ Am 16. März 1988 wurde die kurdische Stadt Halabja von irakischen Flugzeugen mit Giftgas bombardiert. 5 000 Kurden kamen dabei ums Leben und mehr als 7 000 wurden schwer verletzt. Der Angriff ereignete sich während des Iran/Irak-Krieges, bei dem der Irak vom Westen unterstützt wurde. Nach dem ersten Golfkrieg wurde ein Aufstand in Halabja von der irakischen Regierung brutal unterdrückt.

die Aufnahmen, die 1991 während der Niederschlagung des Aufstands nach dem Golfkrieg gedreht wurden, und alles Mögliche über Udai. Es gibt sogar eine komplette CD featuring Udai. Bisher habe ich noch nichts davon gesehen, doch es heißt, die Filmberichte enthalten einige grässliche Szenen, aber weniger Schlüpfriges, als man bei Udai hätte erwarten können.

Zurück zu den Waffen. Die Preise steigen, weil die Waffen auf dem Markt in großen Mengen gekauft werden. Eine der wenigen klugen Ideen, auf die unsere neue amerikanische Verwaltung bisher gekommen ist, war nämlich diese: Sie haben sich gesagt, wenn die Plünderer Geld für gestohlene Waffen haben wollen, dann sollen sie sie doch zu uns bringen. Es heißt, außerhalb Bagdads bekommt man einen Festpreis für jede Art von Waffe, die man abliefert. Ein gutes Geschäft, wenn man sie vorher zu Straßenpreisen am Markt von Thawra erstanden hat.

Der amerikanischen Zivilverwaltung in Bagdad mangelt es wirklich an Ideen. Ich frage mich immer wieder, was bei den monatelangen »Vorbereitungen« auf einen »Post-Saddam«-Irak rausgekommen ist. Was ist mit all den 100 Seiten langen Berichten? Wo ist dieser Dick-Cheney-Report? Wieso wird bei jedem einzelnen Problem so getan, als hätte man nie im Leben damit gerechnet, dass es auftaucht? Wollten sie nicht alle möglichen Leute zusammentrommeln und Ideen für eine »Übergangsregierung« sammeln? Was ist damit? Wieso kann man sich des Eindrucks nicht erwehren, dass sie sich auf die Strategie Probieren-wir's-mal-hiermit-probieren-wir's-mal-Damit verlegt haben? Versuch und Irrtum, angewendet auf ein ganzes Land? Prima Idee!

Zwischen den verschiedenen Gremien, die sie eingerichtet haben, scheint es nicht viel Koordination zu geben. Dabei brauchen wir alle das Gefühl, dass große, sichere und selbstbewusste Schritte unternommen werden. Ja ja, träum weiter! Wie wäre es, wenn ihr leere, nichts sagende Gesten unterlassen und euch um die wirklichen Probleme kümmern würdet? Kann mir mal irgendjemand verraten, was es für einen Sinn macht, dass die Kinder in diesem Chaos in die Schule geschickt werden? Außer dass es sich gut in den Sechs-Uhr-Nachrichten macht? Bildung in allen Ehren, aber die Schulen wurden geplündert; manche wurden von Streubomben getroffen, als die Fedajin sich dort verschanzt hatten. Niemand hat sich die Mühe gemacht, da mal ein bisschen aufzuräumen, bevor im »Informationsradio« alle Schüler dazu aufgerufen wurden, wieder die Schule zu besuchen. Und könntet ihr vielleicht nebenbei auch das Chaos beseitigen, das ausgebrochen ist, als die Verteilungszentren für die Lebensmittelrationen ganz plötzlich verschwanden? Und was ist mit den Krankenhäusern? Wie wär's, wenn ihr die mal in Ordnung brächtet? Und wenn ihr dafür sorgen würdet, dass die Straßen wieder sicher sind?

Ich meine, es gibt wesentlich dringendere Probleme, mit denen sich diese Kommittees, die sich täglich treffen, beschäftigen könnten, als Kinder in halb zerbombte Schulen zurückzuschicken.

Ja, ja, ich weiß. Geduld. Gott hat die Welt auch nicht an einem Tag erschaffen und so weiter.

Ich wohne übrigens wieder in meinen Kopfhörern. Das ist im Moment der angenehmste Ort.

:: salam 11:47h ::

Montag, 19. Mai 2003

Die Leute von Electronic Iraq+ und von Muajaha++ haben sich bereit erklärt, nicht nur die Bilder für diesen Post zu hosten, sondern ihn auch auf ihrer Site zu veröffentlichen. Ich habe sie vorgewarnt, frei nach dem arabischen Sprichwort *Wa kad u'sira man anssar* (»Mach keinem einen Vorwurf, der dich gewarnt hat.«). Mir blieb wirklich keine andere Wahl, denn die Leute in dem Internetladen wollten mir für das Herunterladen der Bilder (1,2 Megabite) 66 000 Dinar abknöpfen. Das sind beim derzeitigen Kurs etwa 50 $. Ihr müsstet mal erleben, wie die Leute reagieren, wenn sie diese Preise hören. Weil der Dinar so stark gestiegen ist, ist das sogar den reichen Ausländern zu teuer, und sie fangen an zu handeln. Schon verückt, wir kaufen heute Internetzeit wie Tomaten: »Hör zu, wenn ich eine halbe Stunde

+ www.electroniciraq.net.
++ www.almuajaha.com.

länger im Netz bleibe, krieg ich die Stunde dann für 3000 Dinar?«

Drei Tage im Süden des Irak. Eine kurze Tour von Bagdad nach Basra und zurück. Da ich eigentlich nur mitgedackelt bin, durfte ich nicht mit entscheiden, wo es hingeht und was wir uns ansehen werden. Raïd hatte verschiedene Treffen mit den CIVIC-Teams organisiert, vorwiegend in verschiedenen Krankenhäusern und medizinischen Versorgungsstationen (ihr könnt euch die Site ansehen, iraqvictimsfund.org – aber Marla[+] hat mir erzählt, dass diese zurzeit nicht sehr informativ ist). Nur in den Krankenhäusern ist nach dem Kriegschaos noch ein Rest von Verwaltungsstruktur übrig geblieben.

Wir haben viele Fotos gemacht und mit vielen Leuten gesprochen. Während wir nach Süden fuhren, war al-Hakiem (der Vorsitzende von SCIRI[++]) gleichzeitig unterwegs nach Bagdad. Kurz vor Samawa kreuzten sich unsere Wege. In Basra habe ich die *beste* Eisdiele im ganzen Irak entdeckt – wirklich die allerbeste und auch noch billig. Und als ich versuchte, das abgebrannte (Ex-)Sheraton-Hotel in Basra zu fotografieren, hat ein britischer Soldat mir den »Stinkefinger« gezeigt. Leider ist das Foto nichts geworden, und darüber bin ich sehr traurig. Es wäre zu schön gewesen: wie der Typ halb aus seinem Armee-Jeep hängt und mir den Finger entgegenreckt. Das wäre das passende Souvenir aus Basra gewesen.

* * *

Das Saddam-Krankenhaus in Nadschaf heißt jetzt Sadir-Krankenhaus. Eine Ikone geht, eine andere kommt. Als wir von unserem Trip nach Basra zurückkamen, war ich ernsthaft besorgt, wir könnten uns in einen Iran-Klon verwandeln. Wenn jetzt einer auf die Idee käme, Wahlen abzuhalten, wären wir am Ende mit einer Regierung geschlagen, die schlimmer ist als das Chomeini-Regime.

[+] Marla Ruzicka, die Projektleiterin, die früher mit Global Exchange zusammengearbeitet hat, um die US-Regierung unter Druck zu setzen, damit sie einen Fonds für afghanische Familien einrichtet, die bei der Operation Enduring Freedom zu Schaden gekommen sind.

[++] Muhamed Saïd Bakir al-Hakiem ist der Führer des Supreme Council for Islamic Revolution in Iraq (Oberster Rat der Islamischen Revolution im Irak).

Was aussah wie eine Schwulenparade auf Rädern mit lauter rosa Fähnchen in der Nähe von Samawa, entpuppte sich als Begrüßungskomitee für al-Hakiem. Fragt mich nicht, warum die rosa Fähnchen hatten – das hab ich nicht rausbekommen. Die SCIRI-Flagge ist rot, aber überall sieht man nur die rosa Dinger.

Habe an einer Wand ein Graffito auf Englisch gesehen: **CITIZENS OF THE NOBLE HOME NAJAF DEMAND FOR THE RETURN OF THEIR DEVOTED SON, HIS EMINENCE, GOD'S GREAT MIRACLE, MUHAMED BAKER AL-HAKIEM.**+ G. war in Nadschaf, als »Gottes großes Wunder« unter Tränen seine Rede gehalten hat. Sehr theatralisch. Eigentlich wird al-Hakiem ja vorgeworfen, nicht im Land gewesen zu sein und nicht das Gleiche durchgemacht zu haben wie Mitglieder anderer Schiiten-Parteien (z. B. die Islamische Dawa-Partei um al-Sadir). Aber seine Tränen hatten anscheinend den gewünschten Effekt auf die Menge. Leider hatte Raïd zu viel um die Ohren; wir konnten also leider nicht miterleben, was in Nadschaf los war, als »Gottes großes Wunder« eintraf.

***

Als wir in Kerbela ankamen, erfuhren wir zu unserer großen Überraschung, dass zum dortigen CIVIC-Team eine junge Frau gehört. Sie hatte durch ihren Bruder fragen lassen, ob Frauen mitmachen dürfen. In einem Notizbuch hält sie fest, um welche Fälle CIVIC sich ihrer Meinung nach so schnell wie möglich kümmern sollte. Sie hat uns von um-Tschudair erzählt, einer 30-jährigen Mutter mit sechs Kindern. Ihr Mann, 20 Jahre älter, war ums Leben gekommen, als ihr Haus von einer Bombe getroffen wurde. Das Haus wurde vollkommen zerstört. Um-Tschudair und ihre sechs Kinder hausen jetzt in einem einzigen Zimmer in einem Tschan (das sind hotelartige Häuser, die von Moscheen unterhalten werden). Zu allem Überfluss ist sie auch noch schwanger. Sabah, die junge Frau vom CIVIC-Team, wollte Raïd das Versprechen abnötigen, der Frau zu helfen, aber er kann eigentlich überhaupt nichts versprechen. Es gibt nichts

+ Die Bürger der edlen Stadt Nadschaf verlangen die Rückkehr ihres treuen Sohnes, seiner Eminenz, Gottes großes Wunder, Muhamed Baker al-Hakiem. Al-Hakiem kam am 29. August 2003 bei einem verheerenden Anschlag auf die Imam-Ali-Moschee in Nadschaf ums Leben (Anm. d. Übers.).

Schlimmeres, als Menschen in solchen Situationen falsche Hoffnungen zu machen. Wir haben allen Leuten vom Team eingeschärft, den Menschen, die sie befragen, keine Versprechungen zu machen. Zurzeit kann CIVIC nur Informationen sammeln und diese in Extremfällen an Organisationen weitergeben, die Mittel und Möglichkeit zu helfen haben.

Nach dem Treffen wollten die CIVIC-Leute unbedingt mit uns in die Stadt fahren und uns einen Drink (Saft) spendieren. Sabah kam nicht mit; sie ließ sich stattdessen zum Abschied mit Raïd zusammen fotografieren.

Der Laden mit dem Saft war grauenhaft, also beschlossen wir, irgendwo was Kohlensäurehaltiges zu trinken. *Kufa-Cola*. Irakische Schiiten-Cola. Wie gut das Zeug schmeckt? Ich wette, »Gottes großes Wunder«, al-Hakiem, trinkt *ausschließlich Kufa-Cola*.

Während wir also unsere heilige Cola tranken, erzählte uns Rijadh, einer der älteren Freiwilligen, von einem Armee-Trainingslager, in dem vor allem ausgebombte Familien Zuflucht gesucht haben, aber auch Leute, die in den vergangenen zwei Monaten, als das Land zum Stillstand gekommen war, ihre Miete nicht mehr bezahlen konnten. Raïd wollte sich das Lager mal ansehen.

***

Im Lager lernten wir Saïf al-Din (ein schwieriger Name für ein Kind, das lispelt), Ibrahim und dessen kleinen Bruder kennen. Saïf al-Din (Schwert des Glaubens) kam mit seiner Familie hierher, weil sein Vater, ein Soldat in der irakischen Armee, die Miete nicht mehr bezahlen konnte: 10 $ pro Monat.

Insgesamt leben acht Familien in diesem ehemaligen Trainingscamp am Stadtrand von Kerbela. Sie erzählten, dass sie von verschiedenen Orten hierher verfrachtet worden waren. Vorher hatten die meisten in leer stehenden Gebäuden gehaust. Als wir sie fragten, wer sie von dort weggeholt hätte, erklärten sie uns, das wären die neuen politischen Parteien gewesen. Ihre Behausungen seien den Parteien aber NICHT von den »Koalitionstruppen« übergeben worden. Die Amerikaner vor Ort haben offenbar beschlossen, sich vorerst nicht um die Situation zu kümmern. Ich schätze, sobald die Ministerien und staatlichen Institutionen ihre Arbeit wieder aufnehmen, werden sie ihr Eigentum zurückverlangen. Ich sehe nicht ein, warum die Dawa-Partei sich dauerhaft in einer öffentlichen Bibliothek festsetzen sollte. Jedenfalls streiten sich die neuerdings Obdachlosen mit den Parteien um die Gebäude.

Ein großes Problem im Lager ist, dass überall Munition herumliegt, darunter ein fetter Blindgänger, der während des Krieges von einem Hubschrauber auf das Militärlager geschossen worden war. Die Kinder laufen überall herum, zeigen uns die Handgranaten und all das andere Zeugs. Es hat keinen Zweck, Warnschilder aufzustellen (alliierte Truppen haben ein paar an die Organisationen verteilt, um Stellen markieren zu können, an denen scharfe Munition herumliegt – hauptsächlich Streubomben), weil hier sowieso keiner lesen und schreiben kann. Man kann die Familien, die im hinteren Bereich des Lagers wohnen, nur immer wieder ermahnen, sich von diesen Stellen fern zu halten. Aber das fällt nicht gerade auf fruchtbaren Boden. Sie wiegeln ab, meinen, das sei bloß Übungsmunition, nichts Gefährliches. Sie wollen auch nicht aus dem Lager weg, weil sie einfach nicht wissen wohin.

Später haben wir uns ein Viertel angesehen, in dem die irakische Armee gepanzerte Fahrzeuge verstecken wollte. Hat nicht geklappt – die Dinger wurden von Hubschraubern aus mit Raketen beschossen. In einigen Fällen haben die Alliierten vorher Flugblätter abgeworfen, um die Soldaten und die Zivilisten zu warnen. Niemand wurde hier verletzt, hauptsächlich deswegen, weil sowieso alle abgehauen sind, nachdem die irakische Armee ihr Kriegsspielzeug hier abgestellt hatte. Einige Häuser wurden allerdings stark beschädigt. Die Familien sind inzwischen zurückgekehrt und versuchen, alles so gut wie möglich zu reparieren.

Genug über Kerbela. Nächster Halt Nadschaf, dann Diwanija.

***

Auf dem Weg zum Saddam General Hospital in Diwanija durchquerten wir das Shamiya-Gebiet: typische Szenen ländlichen Lebens im Irak: Lehmhäuser und Palmen. Und dann erblickt man plötzlich den Shamiya-Kontrollpunkt.

In der medizinischen Versorgungsstation in Shamiya wurden in einer einzigen Nacht 44 tote Zivilisten registriert – sie hatten alle denselben Fehler begangen und sich in der Nähe des Kontrollpunkts aufgehalten, als die Amerikaner gerade schlecht gelaunt waren. Die Leute, die dort wohnen, haben uns erzählt, dass an jenem Tag ein schwerer Sandsturm wütete. Da haben die Amerikaner wahllos auf alles geschossen, was sich dem Kontrollpunkt näherte. Ein Wagen war gerade mit dem Sarg einer Toten auf dem Weg zum Friedhof. Alle vier Insassen wurden getötet.

Während des Sandsturms war es richtig schlimm, und zwar nicht nur für die Zivilisten, sondern auch für die »alliierten Truppen«. Die Zahl der Selbstmordattentate nahm zu, und nachdem eine Frau bei einem dieser Angriffe mehrere amerikanische Soldaten mit in den Tod gerissen hatte, wurden die Vorschriften geändert. Kein Iraker konnte sich mehr dem Gebiet nähern, in dem die US-Truppen stationiert waren, ohne zu riskieren, dass er erschossen wurde – bloß weil seine Hosentaschen komisch aussahen.

Im Krankenhaus von Diwanija hat Raïd mit Freiwilligen gesprochen, während ich mich ein bisschen umgesehen habe: Die US-Armee half dem Krankenhauspersonal dabei, die Röntgengeräte und andere Sachen zurückzuschaffen, die man irgendwo gelagert hatte, um sie vor Plünderern zu schützen. Hinterher standen die Soldaten noch eine Weile vor dem Krankenhaus herum, fotografierten und ließen die Kinder ihre dicken Muskeln fühlen. »Strong mister.«

Überall im Süden, in sämtlichen Krankenhäusern, die wir besucht haben, war das Militär präsent. In Kut trafen wir auf die FIF (Free Iraqi Forces – Chalabis Miliz): Männer in haargenau denselben Uniformen wie die Amerikaner, nur mit kleinen Abzeichen, auf denen FIF stand. Nicht besonders weit oben auf meiner Beliebtheitsskala. Nein, ich kann Chalabi nicht ausstehen. Verklagt mich, wenn ihr wollt.

Wenn das Militär da ist, fühlen sich die Leute sicherer. Das geht so weit, dass die medizinische Fakultät in Basra, die auf dem Krankenhausgelände liegt, wegen der Anwesenheit der britischen Armee als einzige im Irak wieder ihren normalen Betrieb aufgenommen hat.

Ein paar Meter von uns entfernt stapelte jemand Kisten mit der Aufschrift »humanitäre Hilfe« auf einen Wagen und schob die Sachen aus dem Krankenhaus. Es gibt keinerlei Verteilungssystem. Die Hilfsgüter, die hier ankommen, werden von irgendjemandem in Empfang genommen und auf dem Markt verkauft. Man kann eine ganze Kiste für 16 000 Dinar kaufen. (Beim derzeitigen Kurs etwas mehr als 16 $.) Oder man beschränkt sich auf die Sachen, die einen wirklich interessieren. Schokolade z. B., während Zucker und Reis liegen bleiben. In Basra standen unzählige Kisten einfach so am Straßenrand herum – das sieht man fast überall. Habe ich eigentlich schon erwähnt, dass diese Kisten aus Kuweit stammten? Es gibt auch welche aus den Vereinigten Emiraten und aus Saudi-Arabien. Wasser wird übrigens gesondert verkauft: 1 000 Dinar pro Flasche. Eigentlich sollte jede Not leidende Familie eine Kiste und zwölf Flaschen Wasser erhalten – kostenlos, ohne die ganze Schwarzmarktdealerei.

Diwanija war alles in allem nicht besonders aufregend. Aus irgendeinem Grund hielt sich die Begeisterung, als Freiwilliger für CIVIC zu arbeiten, in Grenzen – ganz anders als in Kerbela und Nadschaf. Am Ende konnte Raïd aber wenigstens ein Mini-Team auf die Beine stellen.

Nächster Halt Samawa, wo wir übernachten werden.

* * *

Die Teammitglieder erzählten uns, dass sie nicht in der Lage seien, in die Stadt zu gehen: Alle stünden unter Schock wegen der Massengräber, die außerhalb der Stadt entdeckt worden waren. Viele, die dort begraben sind, stammten aus Samawa. Kleiner Trost am Rand: Die Toten trugen ihre Ausweise bei sich und können identifiziert werden. In der ganzen Stadt hängen Fotokopien mit Fotos von den Hingerichteten. Aus jedem Schaufenster, von jeder Wand schauen einen die Gesichter an.

Grauenhaft: Während der Aufstände nach dem ersten Golfkrieg haben Saddams Handlanger, um Zeit zu sparen, unliebsame Leute einfach auf Lastwagen geladen, an den Stadtrand gekarrt und lebendig begraben. Die Toten sind komplett bekleidet, nur ihre Hände sind gefesselt. Kein großes Massengrab, nur 50 Leichen. Man wird makaber.

Zu müde, um einen Spaziergang durch die Stadt zu machen. Morgen ist Nassirija dran. Man nimmt an, dass dort eine sehr viel größere Anzahl Toter zu beklagen ist, und CIVIC hat immer noch kein Team dort.

***

Die offiziellen Zahlen für Nassirija (z. B. von Krankenhäusern und medizinischen Versorgungsstationen in der Gegend) liegen bei 1 000 Toten und 3 000 Verletzten unter den Zivilisten. Normalerweise liegen die CIVIC-Zahlen nach den Umfragen um 25 Prozent höher. Nassirija ist nicht besonders groß. Bei so vielen Toten und Verletzten muss es hier ziemlich schlimm zugegangen sein. Wir beeilen uns, zum Krankenhaus zu kommen und ein Team zusammenzustellen. Zu unserer Überraschung melden sich viele junge Frauen, obwohl wir erklärt haben, dass man für die Befragungen viel von Tür zu Tür gehen muss, was weibliche Freiwillige meistens abschreckt. Sie bitten nur darum, dass man ihnen Bezirke in der Innenstadt zuteilt, wo sie sich sicherer fühlen.

Während wir ihnen erklären, was sie zu tun haben, fällt plötzlich der Name Jessica.✦ Asil, eine der Freiwilligen, sagt uns, dass dies das Krankenhaus ist, in dem Jessica gefangen gehalten wurde. Die beiden großen Kliniken der Stadt waren in militärische Kommandozentralen umgewandelt worden. Das eine, in dem die Fedajin saßen, wurde von den Amerikanern völlig zerbombt, in dem anderen hat Ali Hassan al-Maschid eine Zeit lang Hof gehalten, bevor er in ein anderes Quartier umgezogen ist. Als die amerikanischen Soldaten kamen, um Jessica zu retten, war »Chemie-Ali« schon ausgeflogen. Der Geschäftsführer des Krankenhauses und ein paar Ärzte wurden aufgefordert, zivile Kleidung anzulegen und so schnell wie möglich zu verschwinden. Das Gebäude wurde nicht beschädigt.

Raïd überlegt, ob er die Anzahl der Teams wegen der hohen Zahl der Toten auf 25 erhöhen soll. Wir halten uns damit zu lange auf und kommen zu spät zu unserer Verabredung in Basra.

***

✦ Die 19-jährige Soldatin Jessica Lynch wurde am 23. März 2003 in Nassirija bei einem Angriff aus dem Hinterhalt schwer verletzt. Sie überlebte, weil sie von Irakern medizinisch behandelt wurde. Ihre spektakuläre Befreiung von US-Spezialeinheiten eine Woche später erregte in den Medien weltweites Aufsehen.

Basra ist wunderschön. Es war nicht einfach, ein Hotel zu finden, weil die Stadt so überfüllt ist mit Ausländern und Journalisten, dass die Preise für Übernachtungen in astronomische Höhen geschossen sind. Schließlich finden wir ein Zimmer für 30 000 Dinar pro Nacht – in Nassirija haben wir 3 000 bezahlt (Ausländer zahlen übrigens das Doppelte). Wenigstens ist das Essen phantastisch, und gleich in der Nähe gibt es eine super Eisdiele namens Kima. Nein, das ist keine Schleichwerbung. Geht hin und bestellt euch *Ananas-asbari*, dann werdet ihr feststellen, dass sogar echte Ananasstücke drin sind. Verdrängt eure Ängste vor der Cholera und genießt.

Die Polizei in Basra hat mehr Glück als die in Bagdad: Sie steht unter militärischem Schutz – im Unterschied zu den Läden, die Alkohol verkaufen. *Seufz* Bisher wurden fünf Läden überfallen, alle, die dort arbeiteten, getötet. Kein Mensch wagt es mehr, einem in den Straßen von Basra ein Bier zu verkaufen. In einigen Vierteln in Bagdad hat es ähnliche Überfälle gegeben, aber bisher ist noch keine Panik ausgebrochen. Bei seiner *khutba*[+] verkündete al-Fartusi[++], dass »liederliche Frauen«, die Kinos in der Sadun-Straße, die unmoralische Filme zeigen (die etwa so unmoralisch sind wie ein Britney-Spears-Video: Bauchnabel und gespielte Küsse), und alle, die Alkohol verkaufen, eine Woche Zeit haben, um sich zu besinnen. Ansonsten würden »andere Methoden« angewandt, um sie daran zu hindern, ihre Unmoral zu verbreiten.

In Basra haben wir etwa 100 Gräber am Straßenrand gesehen. Dort wurden die begraben, die zu Anfang des Krieges ums Leben gekommen sind. Es war zu gefährlich, sie auf den Friedhöfen zu beerdigen, deshalb hat man sie einfach an der nächstbesten Stelle verscharrt. Die letzten Gräber tragen das Datum vom 16. April. In der Nähe der Dyala-Brücke in Bagdad gibt es auch so einen provisorischen Friedhof, auf dem sogar ein paar Leute aus Basra und Umgebung begraben sind. Wir haben die Namen aufgeschrieben und die Liste in Basra in der Moschee aufhängen lassen. Vielleicht erfahren die Angehörigen so vom Schicksal ihrer Lieben.

[+] Freitagsgebet/-predigt (Anm. d. Übers.).
[++] Kadhim al-Fartusi, schiitischer Geistlicher (Anm. d. Übers.).

Die Islamische Dawa-Partei hat an der Tür ihres Büros in Basra lange Namenslisten von Parteimitgliedern, die von den Baathisten hingerichtet wurden, aufgehängt. Solche Szenen sieht man in allen Städten. Als die Listen in Kerbela aufgehängt wurden (nicht nur von Mitgliedern der Dawa-Partei, sondern von hunderten von Menschen, die während der Aufstände 1991 getötet wurden), hat die ganze Stadt die traditionellen dreitägigen Beerdigungsfeierlichkeiten abgehalten. Es waren 240 Namen: Männer, Frauen und Kinder – manchmal 20 und mehr Tote in einer einzigen Familie.

Den Rest der Zeit haben wir in unserem viel zu teuren Hotel verbracht. Ach ja, abgesehen von einem kurzen Spaziergang am Fluss entlang in Ashar. Kurz nach dem Golfkrieg hatte Saddam beschlossen, seine Offiziere mit einem riesigen Monument in Ashar zu ehren. Die 30 Auserwählten konnten sich an ihrem überlebensgroßen Abbild aus Bronze ergötzen. Unangenehm dürfte dabei gewesen sein, dass sie permanent in Richtung Osten, Richtung Iran glotzen mussten. Inzwischen wurden sämtliche Statuen von ihren Podesten gerissen – bis auf eine: die von Adnan Chairullah, Saddams Vetter mütterlicherseits. Der Verteidigungsminister wurde von Saddam liquidiert, weil er bei seinen Soldaten ein bisschen zu beliebt geworden war. Alle anderen Bronzehelden wurden in Stücke geschlagen und auf dem Schrottmarkt verkauft.

Am nächsten Morgen wurden wir vom Lärm einer britischen Armeepatrouille geweckt. Wir sind sofort zum Krankenhaus gedüst und haben uns mit den Leuten vom CIVIC-Team von Basra getroffen – sämtliche Freiwillige sind Medizinstudenten. Inzwischen bin ich viel zu durchgedreht wegen alldem, was wir erlebt haben, um den Diskussionen noch richtig folgen zu können. Raïd ist ständig in Aktion wie so ein batteriebetriebener Plüschhase aus einer Duracell-Reklame.

Und alle finden plötzlich ihre Sprache wieder, jeder hat eine Meinung, jeder/jede will beteiligt sein. Die Gespräche mit all den Freiwilligen in den Städten machen Mut. Vor dem Krieg habe ich einen Artikel gelesen, in dem stand, nach all den Jahren seien die Iraker völlig entpolitisiert. Wenn man heute durch die Straßen geht, bekommt man einen anderen Eindruck. Die Leute, mit denen wir zu tun haben, sind so alt wie ich, zum Teil sogar jünger. Und sie stehen der Politik dieses Landes *nicht* apathisch gegenüber.

:: salam 13:59h ::

Donnerstag, 22. Mai 2003

Gute Neuigkeiten: Irgendwelche Iraker unter meinen Lesern? Sagt es allen weiter! Wenn ihr Angehörige oder Freunde in Bagdad habt, deren Telefonnummer mit 555, 556 oder 557 anfängt, könnt ihr sie von überall aus anrufen. Ganz normales Auslandsgespräch. Ein einfallsreicher irakischer Fernmeldetechniker hat auf dem Dach des Fernmeldeamts in Dawudi eine Satellitenschüssel montiert und ein paar Telefonzellen aufgestellt, damit die Leute ins Ausland telefonieren können. Viel billiger als bei den Haien von Thuraya. Oben am Gebäude haben sie Transparente aufgehängt, auf denen steht: **KOMMUNIKATION MIT DER AUSSENWELT HIER MÖGLICH**. Also, falls du ein Iraker bist oder einen kennst, sag es weiter. Fang an zu wählen.

Update: Die Fernmeldestation von Dawudi ist seit neuestem auch mit den Fernmeldestationen in den Bagdader Bezirken Jadida, Amin und Sajuna verbunden. Das sind Nummern, die mit 77X anfangen. Alles, was nicht mit 541 oder 542 anfängt, scheint zu funktionieren – zumindest von außen.

Der irakische Dinar ist auf Achterbahnfahrt: an einem Tag 2000 Dinar pro Dollar, am nächsten Tag 950, zehn Stunden später 1350. Und dann wieder in den Keller. Es gibt keine logische Erklärung, zumindest keine, die Ignoranten wie ich verstehen würden.

Wenn ihr jetzt an *meiner* Stelle wärt, würdet ihr eine Menge interessanter Leute kennen lernen. Ich hatte ein langes Gespräch mit Mark von www.boar.com, der für zwei Tage im Irak war. Ich habe ihn getroffen, nachdem er in einem der Präsidentenpaläste geplündert hat. Als er in das Hotel kam, wo wir verabredet waren, hatte er eine Teekanne aus rostfreiem Stahl unter seinem T-Shirt versteckt. Pah! Amerikanischer Amateur! Er hätte sich wenigstens was aussuchen können, das *aussieht* wie Gold.

Fragt mich nicht, wie wir uns begegnet sind. War purer Zufall. Wir haben etwa zwei Stunden lang zusammengesessen und nur geredet. Er hatte erstaunlich wenig technischen Krimskrams bei sich, nur eine kleine digitale Kamera, und hat mir die Fotos gezeigt, die er im Palast gemacht hat – darunter natürlich das obligatorische Foto vom Badezimmer. Alle sind total auf die Badezimmer fixiert. Die ersten Bilder aus einem der Paläste, die sie gezeigt haben, waren Aufnahmen von nicht besonders spektakulären Nasszellen. Demnächst wird es bestimmt eine Sondersendung im Fernsehen geben mit dem Titel »Saddams Badetempel«. Jedenfalls ein netter Typ. Mark, nicht Saddam.

Einen Tag vor meinem Treffen mit Mark habe ich meine Seele an den Teufel verkauft. Ich habe mit Rory vom *Guardian* gesprochen. Aber soll ich euch mal was sagen? Er hat für ein erstklassiges Essen in einem Laden mit Klimaanlage bezahlt, in dem jede Menge Ausländer waren. Es hat Spaß gemacht, mit ihm zu quatschen, aber als Raïd mich nach dem »talk« gesehen hat, meinte er, ich würde aussehen, als hätte mich jemand vergewaltigt. Ich hatte also offenbar ein paar Schuldgefühle. Aber die wurden von der kühlen Luft aus der Klimaanlage weggeblasen. Ja, so billig bin ich nun mal zu haben. Für eine gute Flasche Wein würde ich sogar meine Eltern verkaufen.

Wisst ihr, was eine Pizza gekostet hat, bevor *Der Angriff der Medienfuzzis II* anfing? 2500 Dinar – etwas mehr als ein Dollar. Und wisst ihr, was heute eine Pizza kostet? 6 000 Dinar – etwas weniger als 6 $. Anhand der Preise in bestimmten Stadtteilen kann man der Spur der Ausländer folgen. Rory hat mir natürlich keine 6000-Dinar-Pizza spendiert. Das wäre ein bisschen *zu* billig. Er hat 3 $ mehr bezahlt.

Die Geschichte von der »irakischen Übergangsregierung« war also eine Verarschung. *Quelle surprise!* Ich war zwar sowieso nicht allzu begeistert von denen, aber jetzt können wir wenigstens den Amerikanern die Schuld dafür geben, dass unsere Zukunft total vermurkst ist. Sie haben den Schlamassel verursacht, in dem wir jetzt stecken. Also sollen sie uns gefälligst dabei helfen, das Chaos zu beseitigen. Äh … drücken wir es lieber anders aus, damit sich keiner auf den Schlips getreten fühlt:

Bitte, bitte, geht noch nicht gleich weg, sonst spießen die verrückten Mullahs mich noch auf einen Pfahl und lassen mich in der Sonne braten, damit ich über meine »Sünden« nachdenken kann!

Nein, im Ernst, die Übergabe der Regierungsgeschäfte an Iraker aufzuschieben ist ein »guter« Entschluss. Er gibt allen Zeit, nachzudenken und sich zu beruhigen. US-Soldaten zusammen mit irakischen Polizisten patrouillieren zu lassen, ist »gut«. »Gut« ist auch das Vorgehen gegen die Milizen. Es gibt neuerdings ernsthafte Gespräche mit der PUK+ und der KDP++ über die Peschmerga und mit der FIF (Free Iraqi Forces – was für ein großkotziger Name für ein paar Amateure, die in Bagdad Autos klauen). Die Leute von der FIF haben jetzt erkärt, dass sie nichts mit Chalabis INC+++ zu tun haben (alles klar, und ich bin Mickey Mouse), bloß damit der INC keins aufs Dach bekommt.

Kleine Gedächtnisstütze für Salam: Ich sollte wirklich ernsthaft in Erwägung ziehen, eine Coverversion von »Smack My Bitch Up« von The Prodigy aufzunehmen. Ich würde sie »Smack the INC Up« nennen. Auf dem Video würde man ein Double von Chalabi sehen, das nackt in den Dollars schwimmt, die er von der Petra Bank gestohlen hat.

Wo bleiben eigentlich die *Demokratie für Dummies*-Bücher, die ihr mitbringen solltet? Hier geht es ja sonst drunter und drüber. Es ist schon wieder eine neue Partei zu den 100 hinzugekommen, die wir bereits haben. Oh, falsch, eben ist mir aufgefallen, dass eine verschwunden ist. Wir haben jetzt eine Truppe, die sich die Liberale Demokratische Front nennt, während die Irakischen Intellektuellen Irgendwas gerade von der Bühne abgetreten sind. Ihr Vorsitzender, Bustam, war ungeschickterweise von den Amerikanern verhaftet worden. Sie haben ihn zwar wieder freigelassen, aber seitdem hat kein Mensch je wieder einen Mucks von ihm gehört. Bustam ist ein Typ, um den Fragezeichen kreisen wie ein Schwarm Schmeißfliegen. Wahrscheinlich ist er schleunigst abgetaucht, bevor die Amis doch noch ernsthaft etwas gegen ihn aus dem Hut zaubern.

+ Patriotic Union Kurdistan (Anm. d. Übers.).
++ Kurdistan Democratic Party (Anm. d. Übers.).
+++ Iraqui National Congress (Anm. d. Übers.).

Ein kurzes Update zu Raïds Arbeit bei CIVIC. Nassirija hat es schlimmer getroffen, als sie erwartet hatten: 1 500 Tote gemeldet in weniger als einer Woche. Der Gruppe in Nassirija haben sich tatsächlich noch ein paar Freiwillige angeschlossen. In kleinen Orten, um die sich bisher noch niemand gekümmert hat, werden sie wie Götter und Erlöser empfangen. An anderen Orten wirft man ihnen vor, sie seien Wahabis. Das ist heftig. Wenn man in einer schiitischen Gemeinde bezichtigt wird, ein sunnitischer Extremist zu sein, dann ist das etwa so gesund wie ein Kopfschuss. In wieder anderen Gegenden wurden die Mitglieder der CIVIC-Teams verdächtigt, an einer westlich-zionistischen Verschwörung beteiligt zu sein, die sich zum Ziel gesetzt hat, den Islam zu vernichten. (Okay, war nur ein Typ, der das verbreitet hat, und der hatte wahrscheinlich nicht alle Tassen im Schrank.)

Raïds Rundfahrt war diese Woche sehr viel entmutigender als unsere gemeinsame Tour. Im Elektrizitätswerk von Nassirija, das einen Großteil der südlichen Gebiete mit Ausnahme von Basra mit Strom versorgt, ist irgendetwas explodiert. Zwischen Kerbela und Diwanija ist das gesamte Stromnetz zusammengebrochen. In Nassirija gibt es mittlerweile kein Trinkwasser mehr, die Leute kippen unaufbereitetes Flusswasser hinunter – ihr könnt euch vorstellen, was dabei rauskommt. Nur anderthalb Stunden entfernt, in Basra, gibt es Trinkwasser im Überfluss, weil ein paar Golfstaaten Aufbereitungsanlagen zur Verfügung gestellt haben; aber natürlich fährt keiner Tankwagen mit Wasser nach Nassirija.

Grotesk sind auch viele »humanitäre Hilfsgüter«, die in den südlichen Bezirken eintreffen. Man kommt sich vor wie in einer perversen Komödie. Das Krankenhaus in Nassirija hat z. B. 20 Kisten erhalten – in sechs davon war nichts als Haarshampoo. Du brauchst eine Bluttransfusion? Nimm doch Shampoo, das riecht gut.

Vier weitere Kisten enthielten medizinisches Nähzeug mit abgelaufenem Verfallsdatum. Die Lastwagen mit »humanitären Hilfsgütern«, die aus Saudi-Arabien kommen, sind mit *Pepsi-Cola*-Kästen beladen. Auf der Kinderabteilung des Krankenhauses von Basra sind die fiebersenkenden Medikamente ausgegangen, aber *Pepsi* haben sie in rauen Mengen. Wenn das in einem Kinofilm vorkäme, würde man sich totlachen.

Die Leute von CIVIC versuchen, mit den Teams von Human Rights Watch+ und Handicap++ zusammenzuarbeiten. Da CIVIC bereits über ein Netzwerk von jungen Irakern im ganzen Land verfügt, könnten die Hilfsgüter mit ihrer Unterstützung weiß Gott effizienter verteilt werden.

Ich werde immer wieder in endlose Gespräche darüber verwickelt, was CIVIC eigentlich tut, wo das Geld herkommt und so weiter. Also, nicht mal Raïd weiß Genaueres darüber, wie Marla von Global Exchange+++ das Geld für die gigantische Aufgabe, die vor ihnen liegt, beschaffen will. Ich habe sie heute getroffen, und sie hat mir erzählt, sie würden einen Zuschuss bekommen – aber von wem? Egal, wir haben uns zum Schluss darauf geeinigt, dass die Arbeit von CIVIC gut und OK ist, weil keine andere Organisation bisher ein Interesse daran gezeigt hat, die Zahl der getöteten Zivilisten in diesem Krieg zu ermitteln. Die US-Verwaltung in Bagdad hat das glatt abgelehnt.

Noch eine kleine, interessante Nachricht, bevor ich für heute Schluss mache: Die CIA verhandelt mit einigen Muchabarat-Agenten wegen einer möglichen Zusammenarbeit. Ich schwöre euch, das habe ich mir nicht aus den Fingern gesogen. Offiziell stehen die Herren ja auf einer schwarzen Liste – und eine graue Liste und eine Sucht-euch-die-Farbe-aus-Liste liegt bestimmt auch noch in irgendeiner Schublade –, aber hinter den Kulissen versuchen sie, ihren Arsch zu retten und andere hinzuhängen.

Agenten, die in irgendeiner Form mit den USA zu tun hatten, sollen systematisch ausgequetscht und wahrscheinlich wegen verschiedener Verbrechen vor Gericht gestellt werden. Die Leute, deren Arbeit mit Russland zu tun hatte, will man einzeln vernehmen. Die Agenten, die auf den Iran spezialisiert waren, werden hingegen mit offenen Armen empfangen. Könnten Sie so liebenswürdig sein und Ihre Kollegen kontaktieren, und hätten Sie nicht Lust, bei uns einzusteigen?

+ www.hrw.org.

++ www.handicap-international.org.

+++ Eine Menschenrechtsorganisation mit Sitz in San Francisco: www.globalexchange.org.

Tut mir Leid, das ist einfach total daneben. Muchabarat? Es weiß doch jeder, dass nur solche perversen Arschlöcher einen Muchabarat-Ausweis bekommen haben, die der eigenen Mutter den Hals aufgeschlitzt hätten, um in der Partei Karriere zu machen. Aber Bremers+ »Entbaathifizierungsplan« schließt die Typen vom Geheimdienst offenbar nicht mit ein.

Für den Fall, dass ich wegen meines ungebührlichen Gequatsches jetzt die CIA am Hals haben sollte: Reiht euch in die Warteschlange ein, und zwar hinter dem INC, der FIF, der Hawza und sämtlichen anderen islamistischen Gruppen im Irak.

:: salam 14:45h ::

Freitag, 23. Mai 2003

Ein Zimmer mit Blick auf den Swimmingpool im Hotel Hamra – das, wovon jeder Journalist träumt. Wenn die Medienfuzzis lange genug am Pool sitzen, könnten sie glatt vergessen, dass außerhalb des Hotelgeländes ein Krieg tobt. Aus den Lautsprechern kreischt Jennifer Lopez, und dazu gibt's kühles Bier zu 5 Dollar, Hamburger und Salat zu überteuerten Preisen. »Leg die ICG++-Berichte weg, ich bin im Moment damit beschäftigt, braun zu werden.« So in der Art. Sie kommen rein, behängt mit Kameras, Mikros und dicken Ordnern mit einem roten Kreuz drauf. Minuten später zischen sie ein Bier und haben nur noch an, was unbedingt sein muss.

Raïd war hin und weg von diesem »Das Leben ist schön«-Ambiente und weigerte sich glatt, aus dem Pool zu steigen. Er erinnerte sich dauernd daran, dass vor den Mauern das richtige Bagdad auf uns wartet: kein Strom, Warteschlangen an den Tankstellen, Wucherpreise und das Gefühl, als würde nie wieder alles normal werden. Danke, Raïd, hätt ich fast vergessen. Im Moment kann sowieso kein Mensch definieren, was »normal«

+ L. Paul Bremer, ein hochrangiger Diplomat und altgedienter Antiterror-Spezialist, übernahm am 12. Mai 2003 die zivile Verwaltung im Nachkriegs-Irak. Er ersetzte den pensionierten US-General Jay Garner, dessen Dienstzeit als Chef der Irakischen Übergangsadministration von internen Machtkämpfen zwischen dem amerikanischen Militär und dem US-Außenministerium geprägt war.

++ International Crisis Group, mit Sitz in Brüssel und Amman.

ist. Habt ihr schon mal gesehen, wie ein Fisch zappelt, sobald man ihn aus dem Wasser holt? So fühlt es sich zurzeit an, wenn man in Bagdad ist. Man kann noch nicht mal sicher sein, dass das, was man sieht, einem nicht im nächsten Moment ein blaues Auge beschert.

Ich hab am Poolrand gesessen (ja, ich geb's ja zu: Ich kann nicht schwimmen) und eine geliehene Ausgabe des *New Yorker* gelesen. Einen Artikel über den neuen *X-Men*-Film. Mein ganzes System war auf Autopilot geschaltet. Verdammt, ich wünschte wirklich, in diesem Moment wäre die Zeit stehen geblieben. Aber das Leben geht weiter, ich habe zu tun, muss mich mit Leuten treffen.

Ich war am Rande in etwas verwickelt, das mit etwa 24 Pizzen und doppelt so vielen amerikanischen Soldaten zu tun hatte. Eigentlich sollte ich euch davon nichts erzählen, aber die Geschichte ist einfach zu gut! Die Gesichter, die sie gemacht haben, als der Wagen hielt und der Fahrer sie fragte, ob sie die Guys seien, die kistenweise Peperoni-Pizza bestellt hätten ... Na ja, Spaß allein macht nicht glücklich. Wir hatten am Ende fast ein schlechtes Gewissen, denn die Typen machen ja nur ihren Job. Und das ist kompliziert genug – eine Medaille mit zwei Seiten. Auf der einen Seite repräsentieren sie die US-Armee, Invasoren/Befreier (sucht's euch aus), sind bis an die Zähne bewaffnet und geben seltsame Geräusche von sich. Auf der anderen Seite sieht man einen Mann, in der Regel jünger als ich, in einem Land, wo er eigentlich gar nicht sein will. Aber er hat diese Uniform an, ein schweres Gewehr und eine superdunkle Sonnenbrille auf der Nase, durch die man seine Augen nicht sehen kann. Schwierige Situation. Am Swimmingpool im Hamra zu liegen ist leichter.

Die irakische Zentralbank soll am 31. Mai wieder aufmachen, die anderen Banken einen Tag später. Es wurde bekannt gegeben, dass die Banken an den ersten Tagen 10 000-Dinar-Scheine gegen Dollar tauschen, um zu beweisen, dass die Scheine OK sind und in der Hoffnung, die Entwertung des Dinar aufzuhalten.

Hier noch eine weitere seltsame Geschichte über den irakischen Dinar. Sie spielt hauptsächlich an Tankstellen – und zwar abends, wenn sie gerade Feierabend machen wollen –, weil dort zurzeit das meiste Geld eingenommen wird. Ein amerikanisches Armeefahrzeug kommt, und die Soldaten tauschen die irakischen Dinar zum Tageskurs gegen Dollar. Dann werden die Dinar auf der Stelle verbrannt. Die Geschichte ist gar nicht so surreal, wie man im ersten Augenblick denkt. Saddam hat mehr irakische Dinar drucken lassen, als das System verkraften kann. Zu viele Dinar auf dem Markt, schwupp, ist der Wert im Keller. Falls das mit dem Verbrennen stimmt, verringern sie damit die Menge an Papiergeld, erzeugen Nachfrage und steigern den Wert des Dinar. Was will man mehr? Ich verstehe gar nicht, warum sich die Leute, die mir die Geschichte erzählt haben, so aufgeregt haben. Ha, ich bin ganz stolz, dass ich als unbedarfter »Lehnstuhlfinanzanalyst« diese diffizilen Zusammenhänge so wunderbar erklärt habe!

:: salam 10:41h ::

Montag, 26. Mai 2003

Die Internetpreise steigen weiter. Inzwischen berappen wir 8 $ die Stunde. Kapitalismus! Pah!

Jemand von Muajaha+ (bevor ihr anfangt, euch den Kopf zu zerbrechen – der »Salam«, der für Muajaha arbeitet, bin nicht ich) ist vor ein paar Tagen in den Straßen rumgelaufen und hat überall gefragt: »Wo ist Saddam?« Die beste Antwort, die er bekommen hat, kam von einem zehnjährigen Kind: »Saddam ist tot. Er ist vor fünf Jahren gestorben.«

Tja, das erklärt wohl Einiges.

:: salam 11:06h ::

Freitag, 30. Mai 2003

Es gibt etwas, das ich unbedingt loswerden muss: Ich habe eine E-Mail erhalten (hört, hört). Nachdem der Absender mir seine ganze Lebensgeschichte um die Ohren gehauen hat, fragte er: »Wie geht es deinen Eltern? *Ach ja, deine Eltern*. Salam, die Leute machen sich Sorgen.«++

+ almuajaha.com.

++ Der Absender dieser Mail erging sich in Andeutungen über Salams Identität und die angeblichen Kontakte seiner Eltern zur Baath-Partei.

Danke der Nachfrage, sehr aufmerksam! Eigentlich geht es ihnen gut, danke. Mein Vater war bei einem Dinner, zu dem auch Garner* geladen war, der gerade seine zweite Woche in Bagdad weilt. Außerdem hat er ein paar Mitarbeiter von Barbara Bodine getroffen und mehrmals mit einigen von Bremers Leuten gesprochen. Ganz zu schweigen von den vielen Spitzenmilitärs südlich von Bagdad. Im Ernst, das ist kein Witz.

Wisst ihr, ich finde euer Verhalten verdammt scheinheilig! Kommt nicht auf die Idee, nicht mal eine Sekunde lang, dass ihr wisst, wer ich bin oder wer meine Eltern sind – bloß weil ihr diesen Blog lest. Längst nicht alles, was sich in diesem Haus abspielt, landet im Blog, geht also gefälligst woandershin, um Agatha Christie zu spielen. Ihr geht absolut respektlos mit den Leuten um, die mir als Erste George Orwells *1984* in die Hand gedrückt haben – ziemlich harte Lektüre für einen 14-Jährigen, der kaum Englisch kann. Aber dieses verbotene Buch hat eine ganze Menge in mir ausgelöst und mich gelehrt, die Welt, in der ich lebe, mit anderen Augen zu betrachten.

Verschleudert euren Dreck also woanders! Aber ich werde eure ekelhafte Neugier noch etwas anstacheln:

Hab ich euch erzählt, dass mein Vater sich bereit erklärt hat, als Vermittler im Kapitulationsprozess zwischen einigen irakischen Regierungsmitgliedern und der amerikanischen Verwaltung hier zu fungieren? Er ist ein Mann mit moralischen Prinzipien, und die Menschen hören auf seinen Rat.

Hab ich euch schon erzählt, wie einer von Bremers Mitarbeitern meinen Vater gefragt hat, was der Unterschied ist zwischen einem Stammesführer und einem religiösen Führer? Die schicken den Mann tausende von Meilen weit hierher, um uns zu regieren, und dann stellen sie solche dämlichen Fragen!

---

* Der pensionierte US-General Jay Garner (ein alter Freund des US-Außenministers Donald Rumsfeld) wurde damit beauftragt, die Übergangsverwaltung im Nachkriegs-Irak zu leiten. Als Direktor des neu eingerichteten Office of Reconstruction and Humanitarian Assistance for Iraq im Pentagon war er in der unmittelbaren Nachkriegsperiode de facto der Herrscher über den Irak, wenn auch weisungsgebunden gegenüber dem obersten Befehlshaber, US-General Tommy Franks. Die Wiederaufbaupläne unter Garner wurden als ineffektiv kritisiert. Wasser, Strom und die innere Sicherheit waren einen Monat nach der amerikanischen Invasion des Irak immer noch nur sporadisch vorhanden.

Hab ich euch von dem unendlichen Optimismus meines Vaters erzählt, den er in die Fähigkeit der Amerikaner setzt, hier etwas zu erreichen, wenn man ihnen nur genug Zeit gibt? Er ist wesentlich weniger skeptisch als ich. Seit die Amerikaner bei uns aufgekreuzt sind, haben wir uns mehr als einmal heftig gestritten.

So, und gleich noch ein paar Fakten: Meine Mutter, eine Soziologin, die mit ihrer Arbeit im Erziehungsministerium sehr zufrieden war, hat ihr Amt niedergelegt, als sie vor die Entscheidung gestellt wurde, entweder in die Baath-Partei einzutreten oder ihren Job aufzugeben. Sie wurde Hausfrau. Mein Vater, ein hoch angesehener Wirtschaftswissenschaftler, traf dieselbe Entscheidung und wurde Bauer.

Ihr seht also, es gibt eine Menge Dinge, die ich euch nicht erzählt habe – und ich fühle mich auch nicht dazu verpflichtet. Ihr versteckt euch doch auch alle hinter euren Blog-Namen und gebt nicht alles aus eurem Privatleben preis.

Ich finde, in der oben genannten E-Mail und auch auf einigen anderen Sites werden Dinge gesagt, die ziemlich daneben sind, z. B.:

> **Es hat den Anschein, als verfolgtest du mit dem, was du schreibst, zweierlei Ziele: Erstens versuchst du, den Beitrag der Amerikaner zum Sturz Saddams zu minimieren, und zweitens versuchst du zu beweisen, dass die Amerikaner schreckliche Grausamkeiten begangen haben, um Saddam loszuwerden. Und mit allem tust du, als wäre es die Sache nicht wert gewesen.**

Zum ersten Punkt. Den Beitrag, den die Amerikaner zum Sturz Saddams geleistet haben, kann man gar nicht »minimieren«. Die USA haben einen verdammten Krieg geführt! Wie kann man das »minimieren«? Ich habe es schon einmal gesagt: Wenn die USA nicht eingegriffen hätten, wären die Iraker bis ans Ende aller Tage von Saddams Söhnen und deren Söhnen regiert worden. Aber nehmt es mir nicht übel, dass ich nicht auf die Straße gerannt bin und Blumen gestreut habe, als die ersten Raketen kamen. Was den zweiten Punkt angeht, ich glaube nicht, dass irgendjemand das Recht hat, Streubomben auf Wohngebiete zu werfen und sich anschließend zu weigern, das Chaos zu beseitigen.

Wie auch immer.

Abgesehen davon verstehe ich eigentlich nicht, warum ich als Einziger von 26 Millionen Irakern *alles* erklären muss. Der Irak ist nicht länger das schwarze Loch, das er einmal war, und es gibt zahllose Journalisten hier, die ihre Sache besser machen, als ich es je werde. Seht ihr euch überhaupt die Nachrichten an? Kriegt ihr nicht mit, wie unterschiedlich die Leute auf die Anwesenheit der Amerikaner im Irak reagieren?

Vor ein paar Tagen war ich auf einer Pressekonferenz des ORHA* (bin mit jemandem reingekommen, der einen Presseausweis hatte), und der Typ oben auf dem Podium sagte als Antwort auf eine Frage, wahrscheinlich würden die Leute, die gute Erfahrungen mit den alliierten Truppen gemacht haben, sagen, dass alles besser wird, während diejenigen, denen Schlimmes widerfahren ist, sagen, dass alles den Bach runtergeht.

Ganz genau! Und deshalb ist es auch noch zu früh, um die *ganze* Geschichte zu beurteilen. Ich glaube also nicht, dass ich verpflichtet bin zu sagen, *alles* ist in Butter.

Und zu der Frage »Warum dokumentierst du nicht die Verbrechen von Saddam?«. – Könnt ihr denn nicht begreifen, dass das kein Thema ist, über das man locker in so einem Blog plaudern kann? Und was heißt schon »dokumentieren«? Ich, der kleine, hilflose Salam, soll Dinge dokumentieren, die sich über 30 Jahre hingezogen haben? Tut mir Leid, wenn ich euch enttäuschen muss, aber ich kann euch nur berichten, was sich auf den Straßen abspielt, und wenn ihr findet, dass die Journalisten das besser machen, dann solltet ihr vielleicht lieber lesen, was *die* schreiben. Allerdings müsst ihr euch etwas beeilen, denn eines Tages werden die Journalisten anfangen sich zu langweilen, wie in Afghanistan, und dann werden sie über Syrien oder über den Iran schreiben. Der Irak wird vom Radar der Medien verschwunden sein. Aus den Augen, aus dem Sinn. Gut so, Schwein gehabt, ihr habt die Wahlmöglichkeit. Ich muss verdammt nochmal hier leben.

:: salam 10:44h ::

** Office of Reconstruction and Humanitarian Assistance (Büro für Wiederaufbau und humanitäre Hilfe): ein 200-köpfiges Team aus ehemaligen Mitarbeitern des US-Militärs und anderer Regierungsabteilungen, Fachleuten für humanitäre Hilfe und irakischen Experten.

> Juni 2003

Sonntag, 1. Juni 2003

Ja Allah, erbarme dich unserer Seelen. Das alte staatliche Internet-Zentrum im Bezirk Adil wurde von Anarchisten übernommen, und die bieten KOSTENLOSEN Internetzugang an! Man braucht nur eine Nummer zu wählen – kein Passwort, keine besonderen Angaben. Wer hat schon mal *so was* erlebt?

Vor etwa einer Woche verbreitete sich das Gerücht, das Internetzentrum hätte eine Satellitenschüssel aufgestellt und würde den Server verwenden, der früher von der irakischen Regierung benutzt wurde. Uruklink.net* ist wieder da. Für nur 2000 Dinar konnte man in den vergangenen Tagen eine Stunde im Internet surfen. Das habt ihr nun davon, ihr gierigen Haie! Das Zentrum ist sehr gut ausgestattet. Sie haben 30 ihrer besten Computer zusammengestellt und verfügen über eine sehr gute Verbindung zum Internet. (Okay, 30 Computer für eine Stadt mit fünf Millionen Einwohnern ist nichts, aber es ist zumindest ein Anfang.) Sie genießen sogar den Schutz des Militärs. Die Leute, die in dem Laden arbeiten, haben ein paar Soldaten vom nächsten Kontrollpunkt gebeten, mal vorbeizuschauen – und der Offizier hat gleich gefragt, ob seine Männer mal ihre E-Mails abrufen könnten. Die ersten Leute, die reinkamen, waren völlig von den Socken.

Gestern dann haben sie einen Zettel aufgehängt, auf dem steht: **WIR FREUEN UNS, MITTEILEN ZU KÖNNEN, DASS MAN MIT DIESER NUMMER FREIEN ZUGANG ZUM INTERNET BEKOMMT.** Ein klitzekleiner Zettel am schwarzen Brett. Nichts auf der Welt hätte mir das Grinsen verleiden können, als ich diesen kleinen Zettel gesehen habe.

---

* www.uruklink.net.

Außerdem wird Bagdad in ungefähr zwei Wochen sein erstes GSM-Netzwerk+ bekommen. Erstmal ein paar tausend Anschlüsse, hauptsächlich für NGOs und Behörden. Ich glaube, MCI++ wird das übernehmen.

Radio SAWA+++ sollte das Stück »Connected« von Stereo MC nonstop laufen lassen.

:: salam 14:39h ::

Dienstag, 3. Juni 2003

Und ich habe mich schon die ganze Zeit gefragt, wann er es herausfinden und ob er sauer sein wird, weil ich ihm nichts davon erzählt habe. Ich glaube, er ist nicht sauer:

»Woher weiß ich, dass Bagdads berühmtester Blogger tatsächlich existiert? Weil er für mich gearbeitet hat.«*

Er benutzt Wörter wie »pummelig« und »puttenhaft«, um mich zu beschreiben. Ngrrr … Und was ist eigentlich daran auszusetzen, dass ich öfter »Dings« sage?

:: salam 9:22h ::

Mittwoch, 4. Juni 2003

Kolumne im *Guardian***

Stellenangebote: Präsident gesucht – fließende Englischkenntnisse Voraussetzung, erhält nur begrenzte Befugnisse. Großzügige Prä-

---

+ Die GSM Association ist eines der größten Unternehmen in der drahtlosen Kommunikationstechnologie. Der Handy-Hersteller bedient mehr als 850 Millionen Kunden in 197 Ländern (71 Prozent des Weltmarkts).

++ MCI ist ein internationales Kommunikationsnetzwerk für multinationale Konzerne, Behörden und amerikanische Privatkunden.

+++ Radio Sawa ist ein Service von US International Broadcasting, betrieben und finanziert vom Broadcasting Board of Governors (BBG), einer Abteilung der US-Regierung. Eine ihrer Leitlinien besagt, dass es im langfristigen Interesse der Vereinigten Staaten liegt, mit den Menschen im Nahen Osten direkt auf Arabisch zu kommunizieren. Radio Sawa sendet an sieben Tagen die Woche rund um die Uhr im ganzen Nahen Osten.

* Ein Post bei Slate mit der Überschrift »Salam Pax existiert wirklich« von Peter Maass am 2. Juni 2003.

** Seit dem 4. Juni schreibt Salam eine zweiwöchentliche Kolumne für den *Guardian*. Dies ist die erste; sie trägt den Titel »Baghdad Blogger« (www.guardian.co.uk).

mien. Diese Anzeige erschien auf der Titelseite der Zeitung *Ahrar*. Eine von den vielen neuen Wochenzeitungen, die in letzter Zeit wie Pilze aus dem Boden schießen. Es gibt im Irak zwei Fragen, die niemand beantworten kann: Wie viele Parteien gibt es derzeit? Und: Wie viele Zeitungen werden jede Woche gedruckt? Die meisten dieser Blätter bestehen aus nichts weiter als zwei bis vier Seiten Parteipropaganda. Keine Genehmigungspflicht, kein Ärger. Man druckt einfach drauflos. Ich ziehe in Erwägung, eine eigene Zeitung herauszugeben – *Pax News – Alle Gerüchte, jederzeit.*

Auf der Titelseite von *Ahrar* ist neben einem Foto des Gründers und Chefredakteurs eine Kolumne aus seiner Feder abgedruckt. Als der Zeitungsverkäufer bemerkte, wie ich das Foto anstarrte, sagte er: »Ja, das ist der Mann, der *Snud-al-sit* verkauft (das ist eine beliebte irakische Süßigkeit).« Vom Bäcker zum Zeitungsmacher – Kriege machen seltsame Dinge mit den Menschen.

Für 1750 Dinar habe ich fünf Zeitungen gekauft – etwa 1,50 $. Es war, als hätte ich das berühmte Brot von Bab-al-agha gekauft: heiß, knusprig und billig. Der Verkäufer, verwundert, dass ich so glücklich über die ganzen Käseblätter war, fragte mich glatt, ob ich noch eines umsonst haben wolle. Der absolute Zeitungshimmel! Hinterher stellte sich allerdings heraus, dass kein Schwein das Blättchen der Irakischen Kommunistischen Arbeiterpartei kauft – er wollte mir bloß eines aufs Auge drücken! Na ja, immerhin hab ich für die Hawza-Zeitung bezahlt, dann kann ich auch gleich die Kommi-Zeitung gratis dazunehmen!

Obwohl das Informationsministerium aufgelöst wurde und man etwa 2000 Angestellte auf die Straße gesetzt hat, geht es der Medienindustrie -- wenn man das so nennen kann – sehr gut. Außer den vielen Zeitungen haben wir jetzt einen Fernsehsender und einen Radiosender. Sie gehören zu dem, was unsere amerikanischen Aufpasser das »Irakische Mediennetzwerk« nennen. Meine Lieblingsfernsehsendung ist eine alte japanische Zeichentrickserie (bei uns heißt sie *Adnan wa Lina*), die vom Chaos nach einem dritten Weltkrieg handelt. Keine gute Wahl fürs Kinderprogramm, wenn ihr mich fragt.

Einige Städte haben ihr eigenes Lokalprogramm, und es gibt sogar zwei kurdische TV-Sender. Alles paletti also, hätte nicht der BBC World Service mit einem Schlag eine Lieblingsfreizeitbeschäftigung der Iraker zunichte gemacht: die Suche nach dem perfekten Empfang. Neuerdings sendet BBC Arabic nämlich ein Programm in Arabisch, aber es ist einfach nicht dasselbe, wenn es nicht dauernd kracht und knistert.

Zurzeit wird den ehemaligen Angestellten des Informationsministeriums eine Abfindung von 50 $ ausgezahlt: viel wütendes Geschrei und demonstratives Drohen vor den al-Dschasira-Kameras. Andere staatliche Angestellte hatten mehr Glück – die Leute von den E-Werken wurden nach dem neuen Gehaltsschlüssel bezahlt, den die Bremer-Verwaltung vorgeschlagen hat. (Zwischen 100 000 und 500 000 Dinar: 100 $ bis 500 $. Die Leute mit niedrigen Einkommen erhielten eine Erhöhung, den Leuten an der Spitze wurde die Sahne vom Kuchen genommen.) Wundersamerweise geben sich die Angestellten in den E-Werken schön langsam auch ein bisschen mehr Mühe, und die Situation bessert sich.

Benzin ist allerdings immer noch ein Problem, vor allem in Bagdad. Aber wenn man ein Stückchen aus der Stadt hinaus fährt, findet man Spritbudenbesitzer, die einen auf Knien bitten, bei ihnen zu tanken. Während es unten im Süden reichlich Benzin aus Kuweit gibt, werden Gerüchten zufolge Benzinrationen für Bagdad aufgekauft und an den Iran und die Türkei verscherbelt. Gar nicht so abwegig. Gestohlene Autos wurden über dieselbe Route geschmuggelt – mitten in Bagdad gab es einen Parkplatz, auf dem die Kisten versteigert und anschließend in den Norden verschoben wurden. Die westlichen Medien haben drei Wochen gebraucht, um das herauszufinden.

Aber die größte Sorge der Menschen in allen irakischen Städten gilt nach wie vor der Sicherheit. Man hört Geschichten über Raubüberfälle am helllichten Tag in belebten Straßen. Die neueste Methode besteht darin, dass ein Kind durch ein offenes Autofenster klettert und zu schreien anfängt. Im nächsten Augenblick tauchen vier Schläger auf, beschuldigen den Fahrer, er hätte versucht, ihr Kind zu entführen, schubsen ihn ein bisschen herum und nehmen ihm das Auto ab. Und die Schaulustigen drumherum werfen dem »Kinderschänder« böse Blicke zu. Man kann von Glück reden, wenn sie keine Pistole zücken.

Sollten sie doch eine Knarre aus der Tasche ziehen, kann man nur auf die Koalitionstruppen hoffen. Die gehen ziemlich hart mit Leuten um, die sie mit Schusswaffen erwischen. Immer häufiger werden Autos durchsucht; wenn sie eine Schusswaffe entdecken, legen sie dem Übeltäter Handschellen an, stülpen ihm einen Sack über den Kopf und – jetzt kommt die große Frage: und was? Wir haben immer noch keine Gesetze. Vor ein paar Wochen hieß es, sie dürfen niemanden länger als 24 Stunden in Gewahrsam halten. Jetzt heißt es, sie hätten Frauen-, Männer- und Jugendgefängnisse eingerichtet. Ich möchte ja nicht übertreiben und behaupten, es würde sich deshalb niemand mehr auf die Straße trauen. Im Gegenteil, viele Geschäfte haben wieder geöffnet. In der Karada-Straße, wo sich die meisten Läden für elektronische Geräte befinden, wird die Ware auf der Straße ausgestellt (14-Zoll-Fernsehbildschirme scheinen zurzeit der große Renner zu sein). Die Schulen haben wieder geöffnet, im Juli sollen die Prüfungen stattfinden. Der Verkehrsstau vor den Toren der Bagdader Universität ist unbeschreiblich. Die Imbissbuden im Stadtteil Harthija haben wieder geöffnet und sind überfüllt mit Jugendlichen. Tagsüber durch die Straßen von Bagdad zu fahren, ist ein Alptraum, weil so viele Autos unterwegs sind. Aber das alles hört um Punkt 19:00h auf, sobald es dunkel wird. Unsere lieben Freunde sind dann nirgends mehr zu sehen.

Das Problem ist, dass die Bemühungen um mehr Sicherheit durch die neuesten Ereignisse in Falludscha+, Hit++ und Bagdad aufgehalten werden.

\+ Am 27. Mai wurde die US-Armee von Unbekannten in der irakischen Stadt Falludscha angegriffen. Bei dem Anschlag kam ein US-Soldat ums Leben, sieben weitere wurden verletzt. Die Angreifer benutzten raketengetriebene Granaten und Schusswaffen. Es wird vermutet, dass die Schüsse aus einer Moschee in der Stadt kamen. Zwei der Angreifer wurden getötet. Einige Wochen zuvor, am 30. April, wurden achtzehn Iraker getötet, als US-Truppen während einer Demonstration gegen die Präsenz der Amerikaner das Feuer eröffneten. Die Soldaten erklärten, dies sei eine Reaktion auf Schüsse aus der Menge gewesen.

++ Eine wütende Menge plünderte am 30. Mai in der im Westen des Irak gelegenen Stadt Hit die Polizeistation, bewarf gepanzerte Fahrzeuge mit Steinen und zündete Polizeiautos an. Anwohner sagten aus, die Probleme hätten angefangen, als die Polizei angeblich US-Soldaten bei der Durchsuchung von Wohnungen nach Waffen unterstützt hatte.

Heute habe ich gehört, dass eine der Infanterie-Divisionen wieder in Kampfbereitschaft versetzt wird. In den Straßen wurde die militärische Präsenz erhöht. Die Soldaten selbst wirken nicht mehr so entspannt wie noch vor einer Woche. Auf al-Dschasira und Arabija werden wütende Iraker gezeigt, die sich über die Versprechen auslassen, die die Amerikaner nicht gehalten haben, und über den in Aussicht gestellten Wohlstand, von dem nichts zu bemerken ist. Iraker sind einfach ein ungeduldiges Volk. Wie soll man diesen Menschen klar machen, dass niemand diesen Wohlstand erleben wird, wenn sie sich nicht beruhigen und ein bisschen Kooperationsbereitschaft an den Tag legen? Ich möchte wirklich nicht dabei sein, wenn dieses Land in den Teufelskreis Besatzer gegen Besetzte gerät. Das darf nicht passieren.

Vor ein paar Tagen hatte ich ein interessantes Gespräch mit einem sehr redegewandten Taxifahrer. Er beschuldigte die Medien, einem Mann wie al-Sistani[+] keine Chance zu geben, eine andere, gewaltfreie Seite der Hawza[++] aufzuzeigen, und erzählte mir von einem Freitagsgebet, bei dem der Imam die Gläubigen dazu aufgefordert hatte, mit den Amerikanern zu kooperieren: »Sie haben Saddam verjagt, und ihr solltet ihnen eine Chance geben, ihren guten Willen zu zeigen.« Er hat mich sogar eingeladen, mir am nächsten Freitag die *Khutba* anzuhören. Vielleicht, vielleicht. Vielleicht hatte mein Freund G. am Ende doch Recht, vielleicht ist »vernünftige Imams in der Hawza« doch kein Oxymoron.

Sonntag, 8. Juni 2003

Seht euch G.s neuen Blog an:

> **Nach acht endlosen Stunden ... sind die Amerikaner abgezogen, nachdem sie in mehr als vierzig Häusern sechs schwere Luftabwehrgeschosse konfisziert haben. Die Iraker schimpften wütend über die Amerikaner, die unsere Frauen durchsuchen, unsere Selbstverteidigungswaffen konfiszieren und unsere armen, kleinen Hühner stehlen.**[+++]

[+] Ein führender schiitischer Geistlicher.

[++] Oberster Rat der schiitischen Würdenträger im Irak (Anm. d. Übers.).

[+++] geeinbaghdad.blogspot.com.

Husch, husch, seht es euch gleich an. Ich bin im Moment zu faul, um irgendwas zu schreiben. Es ist einfach zu heiß. Ich habe keine Ahnung, wie all die Ausländer die Hitze ertragen können.

:: salam 11:30h ::

Donnerstag, 12. Juni 2003

Der König[+] ist wieder da. Na ja, jedenfalls ist der »Pretender« wieder da – oder zumindest einer von ihnen. Ich glaube, es gibt drei, die sich Hoffnungen machen. Siehe »In Baghdad, Having A Good Heir Day«.[++]

Er ist der Erste der Möchtegernthronerben, der in Bagdad angekommen ist. Und was man ihm für einen Empfang bereitet hat, mein lieber Schwan, das Chaos wäre tatsächlich eines Königs würdig gewesen. Es hatte sich schon herumgesprochen, dass er mit dem ersten zivilen Charterflugzeug kommen würde, das voll gestopft war mit »humanitären Hilfsgütern«, Journalisten und seinen Koffern. Als Erstes stattete er dem königlichen Friedhof einen Besuch ab, wo er eine Rede halten und »seine« Leute treffen sollte. Kaum war er aus dem Auto gestiegen, setzte er dieses »Ich bin euer traditionelles Opferlamm«-Gesicht auf. Gleich darauf ereilte einige Schafe und Hühner zur Feier des Tages dasselbe Schicksal (die haben das allerdings nicht überlebt) – und das Fleisch wurde unter die »Armen« verteilt. Zeitweise rissen sich mehr Leute darum, an das Fleisch zu gelangen, als den großen Mann zu begrüßen. Und natürlich gab es einen tapferen jungen Mann, der sich durch die Menge arbeitete, sich ein Hühnchen stibitzte und damit das Weite suchte. Alle waren sofort hinter ihm her: »Wen interessiert es schon, was der König sagt? Schnappt euch das Fleisch!«

Jedenfalls, er ging rein und wurde sofort von der Presse überfallen. Es war eine denkwürdige Szene. Jetzt habe ich eine Vorstel-

---

[+] Am 10. Juni landete Sherif Ali bin Hussein, der Erbe des lange verwaisten irakischen Throns, nach 45 Jahren im Exil auf dem Bagdad International Airport. Vor dem Mausoleum auf dem königlichen Friedhof versammelten sich Stammesführer, um zuzusehen, wie er seinen königlichen Vorfahren die Ehre erwies.

[++] »In Bagdad frohlocken die Erben« von Sharon Waxman in der *Washington Post* vom 11. Juni 2003 (washington-post.com).

lung davon, wie ein »Rudelfick« aussieht. Es war brüllend heiß. Das Mausoleum ist winzig und fensterlos, und haufenweise verrückt gewordene Journalisten drängten sich da rein, um ein Foto zu schießen. Man konnte regelrecht sehen, wie der Typ (sorry, der Sharrif Ali) vor sich hinfluchte: »Was zum Teufel mache ich eigentlich hier?« Irgendwie hatte es ein Reporter von al-Arabija ins Mausoleum geschafft und führte, sehr zum Verdruss der ganzen Fotografen, ein kurzes Interview mit ihm. Anschließend rannte der al-Arabija-Reporter nach draußen und rief: »Wo ist mein Kameramann? Wo ist mein Kameramann?« Es war zum Totlachen. Sharrif Ali sollte vor den versammelten Honoratioren – Scheichs und Mitgliedern der »königlichen« Familie, die im Garten versammelt waren – eine Rede halten. Das Witzige war, dass ihn niemand sah, als er aus dem Mausoleum kam und auf das Podium trat. Er war umringt von einer Traube aus Kameras und Journalisten. Zwei Leute haben mich sogar gefragt, wer denn nun der König sei.

Der arme Mann schwitzte und schwitzte, aber sie ließen ihn gnadenlos unter der sengenden Sonne stehen. Einer seiner Begleiter hatte einen kleinen, batteriebetriebenen Ventilator auf seinen Hals gerichtet, was aber auch nichts daran änderte, dass sein Lächeln wie festgenagelt wirkte. Habt ihr schon mal versucht, in einem dunklen Anzug bei unerträglicher Hitze einen würdevollen Eindruck zu machen? Es ist zwecklos. Sobald euch die erste Schweißperle von der Nase tropft, fange ich laut an zu lachen.

Nach ein paar Versen aus dem Koran und ein paar Hochrufen kommen wir in den Genuss der Rede. Ich wartete die ganze Zeit auf den Augenblick, in dem er den Mund aufmachte – und auf die Gesichter der Leute, wenn sie feststellen, dass er ein lausiges Arabisch spricht. Er hat diesen charmanten Akzent, den Ausländer haben, wenn sie Arabisch sprechen. Na gut, ganz so schlecht ist es nicht, aber es klingt seltsam, irgendwie gestelzt.

Sehr langweilige Rede übrigens. Er war sich noch nicht mal zu schade, auf billigste Weise nach Beifall zu heischen: bessere Löhne, keine Schlangen an den Tankstellen, bla bla bla. Nur gut, dass er nicht den Applaus bekam, auf den er gehofft hatte.

Nächster Halt des hochwohlgeborenen Knaben: Pressekonferenz in einer RIESIGEN Villa am Fluss. Noch mehr Pressefuzzis, noch mehr dummes Zeug. Absolut uninspiriert.

Eine Viertelstunde nach Beginn der Pressekonferenz haben wir uns verdrückt. Vor dem Eingang, wo die Medien versuchten, irgendwas aus Sharrif Ali rauszubekommen, sahen wir einen fetten Mann, der einen der Begleiter seiner Königlichen Hoheit anbrüllte: »Ihr habt mich gebeten, euch durch die Stadt zu fahren, und ich hab gesagt, in Ordnung. Die haben mir ein Mittagessen versprochen, und warum lassen sie mich jetzt nicht rein?« Er meinte das Bankett, das gerade vorbereitet wurde.

Wie diese Pfeifen, die noch nicht mal in der Lage sind, eine Pressekonferenz zu organisieren, es schaffen wollen, ein Land zu regieren, ist mir ein Rätsel. Und ich kann mir jetzt schon vorstellen, wie die Leute auf die Schnösel reagieren werden, die darauf bestehen, Prinz und Prinzessin genannt zu werden.

Es war ein amüsanter Tag, wirklich.

:: salam 13:01h ::

Montag, 16. Juni 2003

Geht mal gemütlich auf der abu-Nawas-Straße am Fluss entlang spazieren und genießt die schöne Aussicht. Wenn ihr zu den Palästen kommt, bleibt ihr stehen und seht euch um (vor dem Krieg sind die Leute an dieser Stelle immer vorbeigeeilt). Auf der gegenüberliegenden Straßenseite stehen lauter schöne, alte Häuser im Kolonialstil. Nackte Ziegel. Sehr unauffällig, denn alles hier hat die Farbe von Sand. Dann plötzlich die Überraschung: das *New York Times*-Gebäude von Bagdad. Seht's euch an.✦

Hat es nicht irgendwann mal auf MTV eine Sendung gegeben, die sich *Real World* nannte? Wo fünf Leute zusammenwohnten, die sich überhaupt nicht kannten? Die hatten Häuser in den seltsamsten Farben. Jetzt haben wir so eines in Bagdad. Hätte vielleicht jemand Lust, eine *Real World*-Episode über das *New York Times*-Gebäude von Bagdad zu drehen? Das

✦ salampax.fotopages.com/?entry=445.

Haus, das aussieht wie eine Hochzeitstorte, ist schon da, und Leute, die sich nicht kennen, auch – ihr braucht nur noch eine Kamera.

:: salam 23:23h ::

Mittwoch, 18. Juni 2003

Schaurige Kriegsgeschichte Nr. 2 (Nr. 1 war die Nacht, als unser Viertel von der Ameriya-Straße aus von einem Panzer beschossen wurde.):

Gestern Abend gegen 22:30h habe ich versucht, ein Taxi zu bekommen (was sowieso idiotisch ist, denn ab 23:00h herrscht immer noch Ausgangssperre). Endlich hält eines an, und nach einigem Hin und Her einigen wir uns auf 2 000 Dinar. Kaum bin ich eingestiegen, fängt der Fahrer an, lauthals über »die« zu fluchen und zu schimpfen. Plötzlich dreht er sich um, guckt mich an und fragt grimmig: »Bist du Moslem?« Er hat den typischen Bart der Muslime, ist aus irgendeinem Grund stinkwütend, und ich habe nicht die Bohne Lust, mich mit ihm auf eine Diskussion über Theologie einzulassen.

»Ja, *alhamdullillah*. Ich bin Moslem.«

»Arbeitest du für ›die‹?«

O je, das kann ja heiter werden.

»Nein, natürlich nicht. Wie kommst du darauf?«

Schweigen.

»Wenn ich eine Handgranate unter meinem Armaturenbrett versteck, glaubst du, die würden sie finden?«

Scheiße!Scheiße!Scheiße!

»Hör zu, du solltest lieber vorsichtig sein. Die haben Geräte, mit denen sie solche Sachen finden können. Du solltest wirklich keine Handgranate spazieren fahren.«

»Aha! Du weißt also, was die für Geräte benutzen.«

Verdammt!

»Nein, nein. Ich meinte, die könnten *vielleicht* solche Geräte haben.«

Just in dem Moment fahren wir an einer US-Patrouille vorbei: ein Humvee und ein paar Soldaten zu Fuß. Der Taxifahrer nimmt den Fuß vom Gas, beugt sich über mich drüber, um aus dem Fenster sehen zu können, und starrt hinaus. Ich frage mich unterdessen, ob mich bereits die Handgranate, die der Typ gleich werfen wird, zerreißen wird oder ob ich im Kugelhagel der Amerikaner meinen Geist aushauchen werde. Am Ende begnügt sich der Fahrer damit, die Amis zu beschimpfen, und gibt Gas.

Mann, Mann, Mann. Ich glaube, ich habe gestern Abend bei einem verrückten Selbstmordattentäter im Auto gesessen: Ich schwör's, ich wollte ihn wirklich fragen, warum er eine Handgranate unter seinem Armaturenbrett versteckt, aber ich hab mir fast in die Hosen gemacht. Woher sollte ich auch wissen, ob er mir das Teil nicht gleich in den Hals rammt – bloß weil es *halal*[+] ist, diejenigen zu töten, die Agenten der ungläubigen Besatzer sind.

Was macht man also, nur mal ganz theoretisch, wenn man bei jemandem im Auto sitzt, der einen fragt, wo man eine Handgranate am besten verstecken kann?

Man könnte vielleicht annehmen, dass er zu dieser Bewegung gehört, die sich al-Auda (»die Rückkehr«) nennt und hier und da Attentate plant – ich wünschte, die Leute würden aufhören, diese Angriffe als »sporadisch« zu bezeichnen, aber darauf komme ich gleich noch. Was diesen Mann vielleicht noch gefährlicher macht, ist, wenn er nicht zu den Baath-Leuten im Untergrund gehört. Er wäre damit einer von den Schwachköpfen, die den Aufruf zum Dschihad[++] des Imam der abu-Hanifa-Moschee ernst nehmen. Genau diese Leute spielen der Auda in die Hände.

Nun aber zu den »sporadischen Angriffen«.

Nehmen wir die Ereignisse im Dorf El Muschahida: »Neun US-Soldaten werden bei Schusswechsel mit irakischen Freischär-

---

[+] Rechtmäßig, legitim.
[++] Heiliger Krieg.

lern verwundet.«[+] Ein Konvoi fährt durch das Dorf und wird angegriffen – mit Granaten und Kalaschnikows. Es ist Nacht, die Sicht ist schlecht. Die Amerikaner erwidern das Feuer und schießen auf den nächsten Kilometern wild um sich (d.h., falls sie nicht zu einem richtigen Angriff übergehen – seht euch an, was in Hir passiert ist).[++]

Wenn man die Leute im Dorf, im Bezirk oder in der näheren Umgebung befragt, wer die Angreifer waren, antworten sie, es seien Fremde gewesen – nicht aus der Gegend.

Denkt mal drüber nach. Wenn ich anti-amerikanische Gefühle in einer Gegend wecken wollte, in der die Leute den Amerikanern bis dato gleichgültig gegenübergestanden sind, wie könnte ich das wohl am besten bewerkstelligen?

Ich würde mir etwas überlegen, womit ich die Amerikaner dazu bringen könnte, genau dort irgendetwas Schlimmes anzurichten. Zum Beispiel auf Häuser und Läden schießen.

> **Saba Chalifa Machmud, 26, hatte auf der anderen Straßenseite seinen blau-weißen Kleinbus geputzt und stieg gerade aus dem Wagen, als die Soldaten im Konvoi als Reaktion auf den Angriff zu schießen begannen. Machmud packte seine Tochter, ein Kleinkind, das bei ihm war, und rannte ins Haus. Die Schüsse zerschlugen zwei Fenster seines Busses und rissen ein großes Loch in einen der Vorhänge.**[+++]

Ich würde dafür sorgen, dass sie sämtliche Häuser durchsuchen, die Männer fesseln, ihnen Säcke über die Köpfe stülpen und alle Kinder erschrecken.

[+] »Nine US Soldiers Are Wounded Battling Pockets of Iraqi« von Neela Banerjee in der *New York Times* vom 16. Juni 2003 (www.nytimes.com).

[++] »As US Fans Out in Iraq, Violence and Death on the Rise« (US-Truppen dringen weiter in den Irak vor, Gewalt und Tod nehmen zu) von Patrick E. Tyler in der *New York Times* vom 14. Juni 2003. Am 12. Juni feuerten Hussein-treue Kämpfer eine Granate auf einen M1-A1-Panzer in einem Konvoi von Fahrzeugen des Siebten Armored Cavalry Squadron ab. Die Soldaten erwiderten das Feuer und töteten zwei Iraker. Am Abend kehrte ein gepanzertes Fahrzeug nach Hir zurück und eröffnete das Feuer. Ein 70-jähriger Bauer, drei seiner Söhne und ein Enkel starben bei dem Angriff auf das Dorf. Nach Aussage der Dorfbewohner fuhren Vertreter des US-Militärs am nächsten Morgen in das Dorf, entschuldigten sich für den Angriff und sagten, er sei »ein Fehler« gewesen.

[+++] Aus dem Artikel von Neela Banerjee in der *New York Times*.

Das würde die Quecksilbersäule auf dem Amerikanometer von »Die sind mir eigentlich egal« augenblicklich auf »Was zum Teufel bilden die sich eigentlich ein?« hochschnellen lassen.

Seht euch mal die Angriffe der letzten Woche und deren Folgen an. Diese Dinge wiederholen sich und aus einem kleinen Schneeball entwickelt sich eine Lawine, die sich Aufruf zum Dschihad nennt – genauso wie im Stadtteil Adhamija in der Nähe der abu-Hanifa-Moschee. Dort endete eine Konfrontation zwischen Irakern und amerikanischen Soldaten mit zwei toten Irakern.

Was noch?

Einem Gerücht zufolge wurden einige Hochspannungsmasten im Norden durch Sabotage zerstört. Die Probleme mit der Stromversorgung haben sich verschlimmert. In unserem Viertel bekommen wir pro Tag fünf Stunden Strom – vor einer Woche war es noch viel besser. Die Leute fangen schon wieder an, über die Versprechungen zu schimpfen, die die Amerikaner gemacht und nicht eingehalten haben.

Noch mehr?

Drei Panzerminen sind auf den Straßen von Bagdad explodiert. Die erste unter einem Lastwagen, der zu einem Militärkonvoi gehörte. Ein Soldat wurde verletzt.

Die anderen beiden sind gestern explodiert. Die erste in einer Unterführung mitten am Tahrir-Platz. Und zwar unter einem Taxi. Es wurde niemand getötet, aber zwei Menschen wurden verletzt. Die zweite explodierte im Stadtteil Ghazalia, eine Frau wurde verletzt, ihre Tochter getötet. Diese zweite Mine war auf die Straße gelegt worden, nachdem die Amerikaner ihren Kontrollpunkt in der Straße geräumt hatten. Jetzt behaupten die Leute, die Amerikaner hätten die Mine selbst gelegt, was natürlich kompletter Blödsinn ist.

Tut mir Leid, das ufert allmählich aus. Ich war noch nie besonders geschickt darin, in wenigen Worten überzeugend zu argumentieren, aber ich hoffe, ich habe mich einigermaßen verständlich ausgedrückt. Was ich sagen will, ist: Diese Anschläge mögen vielleicht sporadisch und unorganisiert sein, aber sie bewirken genau das, was die Baathisten bezwecken: Sie machen es der amerikanischen Verwaltung verdammt schwer, irgendetwas Vernünftiges auf die Beine zu stellen oder ihre Versprechungen zu halten oder die Gefühle der Menschen zu verändern. Sie schüren das Feuer in einem Sommer, der sowieso schon viel zu heiß ist.

:: salam 9:59h ::

Mittwoch, 18. Juni 2003

Kolumne im *Guardian*+

Universitäten: Brutstätten der Unzufriedenheit? Studenten: geborene Revolutionäre? Tja, nicht in dieser Stadt. Ich habe einige schrecklich deprimierende Stunden in der Universität von Bagdad verbracht.

In letzter Zeit gleicht die Stadt einem Jahrmarkt voller Fahnen und Parolen. Meine Lieblingsfahne ist die der Irakisch-demokratischen Monarchie-Partei (nicht zu verwechseln mit der Irakischen Partei für die konstitutionelle Monarchie), wo auf Englisch draufsteht: **MONARCHY IS RELAXXATION**++. Hört sich an wie ein Werbeslogan für ein Abführmittel.

Man sollte meinen, dass sämtliche unterschiedlichen Meinungen in der Universität vertreten sind. Ich hatte mit hitzigen Diskussionen und politischen Debatten unter den Studenten gerechnet. Früher war das natürlich nie möglich, aber heute hält uns niemand mehr davon ab, zu sagen, was wir wollen. Weit gefehlt! Auf dem Gelände der Universität in Bab-al-Muadham sieht man noch nicht einmal die üblichen politischen Transparente mit Parolen wie **DIE HAWZA WIRD EURE SEELEN RETTEN** und **DER INC LIEBT DICH**.

Und die Studenten? Tja, die meisten sind völlig gleichgültig. Ich habe eine ganze Stunde lang mit zehn Studenten auf dem Campus der Universität unter einem Baum gesessen, und alles, was ich aus ihnen herausbekam, war ein kollektives

---

+ Dies ist die zweite Kolumne, die Salam Pax für den *Guardian* schrieb.
++ Monarchie ist Entspannung (Anm. d. Übers.).

»Ach … ich weiß nicht.«. Und die Parteien scheinen auch kein großes Interesse daran zu haben, die Aufmerksamkeit dieser jungen Leute zu gewinnen. Mit einer Ausnahme: Die Hawza (die schiitische Fraktion) bemüht sich auf bemerkenswerte Weise um die Studenten.

Auf dem Campus im Stadtteil Dschadrija (Maschinenbau, Naturwissenschaften und Politologie) gibt es eine Art Studentenvereinigung, die in den Räumen der ehemaligen Baath-Organisation residiert. Dort begegnet man einer Hand voll Studenten (ausnahmslos männlich), die von ihren Bemühungen berichten, anderen Studenten zu helfen, als Mediatoren zwischen ihnen und dem Lehrkörper zu fungieren und kostenlose medizinische Versorgung zur Verfügung zu stellen. Hörte sich alles ganz nett an, bis G. die Studenten nach ihren persönlichen politischen Präferenzen fragte. Es stellte sich heraus, dass sie alle Hawza-Leute waren – selbst die medizinische Versorgungsstation wird von der Hawza finanziert.

Wir sind dann zu der Wand rüber gegangen, an der früher die Ankündigungen der baathistischen Studentenorganisation hingen, und siehe da, die einzigen Ankündigungen stammten von der Hawza. Die einzige Studentenzeitung, die sich ebenso wie die Studentenvertretung »Freie Studentengruppe« nennt, bekommt ebenfalls Kohle von der Hawza. Also, ich habe ja nichts dagegen, dass sie die Studenten ein bisschen unterstützen, aber so, wie sie agieren, wird man das Gefühl nicht los, dass sie von Anfang an jede andere Möglichkeit zu eliminieren suchen.

Ich habe mich mit einem aus der Gruppe unterhalten, der mit dem religiösen Aspekt der Arbeit seiner Freunde nicht so viel am Hut zu haben schien. Als ich ihn fragte: »Welche Partei würdest du denn wählen?«, sagte er, dazu wolle er nichts sagen, das würde ihm nur Ärger einbringen. Das hat mich richtig wütend gemacht. Ich bin aufgesprungen und habe lauthals verkündet, ich sei ein gottloser Kommunist, und wenn ich das hier nicht sagen dürfe, sollten sie sich einen Namen geben, in dem das Wort »frei« nicht vorkommt.

Der einzige Lichtblick war eine Gruppe von Studenten und Professoren in der Fakultät für Kunst, die beschlossen haben, ein

Forum für Aufklärung ins Leben zu rufen, mit politischen Debatten und Diskussionsrunden.

Ich habe mich mit ein paar Frauen (!) unterhalten, die das erste Treffen vorbereiteten, und es klingt alles sehr interessant. Unter ihnen waren eine *Muhadschaba*✦, die meinte, man brauche zuerst eine religiöse Bildung, bevor man etwas von Politik verstehen kann, und eine andere, die offenbar liberalere Vorstellungen hatte. Zumindest gibt es bei denen unterschiedliche Meinungen. Die Studenten an der Kunstfakultät scheinen etwas weniger lethargisch zu sein als die Maschinenbauer.

Ein paar Tage zuvor hatten sie einen kleinen Zusammenstoß mit US-Soldaten, die auf dem Campus zu Fuß patrouillierten. Etwa 50 Studenten standen vor den Amerikanern und baten sie, nicht mit ihren Gewehren auf den Campus zu kommen, da ja sowieso schon alle Studenten an den Toren nach Waffen durchsucht würden. Im Allgemeinen gehören die Universitäten zu den sichersten Orten in Bagdad. Für viele der jungen Frauen, mit denen ich gesprochen habe, ist die tägliche Fahrt in die Uni die einzige Gelegenheit, aus dem Haus zu kommen. Früher fuhren einige von ihnen mit dem eigenen Auto zur Uni – jetzt tun sie das nicht mehr. Eine der Maschinenbau-Studentinnen hat mir allen Ernstes erzählt, dass sie sich neuerdings anders kleidet, seit ein Student sie auf ihre Klamotten angesprochen habe. Er hatte sie tatsächlich gefragt, ob sie sich nicht vor »den Amerikanern« fürchte. Sie antwortete, sie wisse nicht, was er meine, trug am nächsten Tag aber einen längeren Rock. Sie erzählte mir auch, dass sie garantiert keine Hosen mehr tragen werde, weil sie keine Lust habe, noch einmal von so einem Idioten angequatscht zu werden, der ihr vorschreiben will, was sie anzuziehen hat und vor wem sie sich zu fürchten hat. Tja, die Hawza leistet wirklich ganze Arbeit.

Donnerstag, 26. Juni 2003

Die letzten Tage waren ziemlich schlimm. Wenn ihr mich vor einer Woche gefragt hättet, hätte ich euch gesagt, ich sei sehr optimistisch – na ja, vielleicht nicht direkt optimistisch, aber

✦ Eine Frau, die die traditionelle *Hidschab*-Kopfbedeckung trägt.

ich hatte noch Hoffnung. Jetzt kann ich nur noch an zwei Dinge denken.

Das eine ist ein Satz, den meine Mutter gesagt hat, während wir uns die Nachrichten anschauten. Es hatte etwas mit den neuesten Angriffen auf die »Koalitionstruppen« und deren Vergeltungsschlägen zu tun. Sie meinte, sie hätte sich schon immer gefragt, wie die Menschen in Beirut oder Jerusalem ein halbwegs normales Leben führen könnten, wenn sie in Städten leben, die praktisch Militärzonen sind. Sie sagte, jetzt wisse sie, wie es ist, in einer Stadt zu leben, in der man sich an den Anblick von Panzern gewöhnt hat und es »normal« findet, wenn Militärpatrouillen einen auffordern, aus dem Auto zu steigen, um es zu durchsuchen. Oder wenn man den Fernseher einschaltet und nur noch hofft, dass man nicht schon wieder Bilder von Leuten sieht, die aufeinander schießen.

Das andere ist eine Bemerkung eines ausländischen Freundes, der an einem sehr heißen Tag ein paar Stunden in der Stadt verbracht hatte. Er kam rein, warf seine Mütze auf den Boden und sagte laut: »Ich möchte meine irakischen Freunde darüber in Kenntnis setzen, dass ihr Land dem Untergang geweiht ist.« Ich habe keine Ahnung, was das zu bedeuten hatte, aber der Satz geht mir nicht mehr aus dem Kopf.

In den vergangenen Tagen ist unglaublich viel passiert, und ich wünschte, ich hätte täglich etwas geschrieben. Ich weiß gar nicht, wo ich anfangen soll. Gehen wir ein paar Tage zurück. Zu dem Tag, kurz bevor die Bremer-Verwaltung zu dem Schluss kam, dass sie das Thema mit den arbeitslosen Soldaten und Offizieren keinen Tag länger aufschieben könne. Genauer gesagt zu dem Tag, an dem die Waffenbrüder ohne Job vor dem CPA+-Gebäude demonstriert haben: »US-Soldaten töten zwei Iraker während Demonstration«.++

Es war von Anfang an ein schlimmer Tag, ziemlich schnell geriet alles außer Kontrolle. Gegen neun Uhr früh hatte sich vor Sad-

+ Coalition Provisional Authority. Die erklärte Aufgabe der CPA besteht darin, dem irakischen Volk beim Wiederaufbau des Irak zu helfen. Siehe: cpa-iraq.org.

++ »US Troops Kill 2 Iraqis During Protest« auf www.abcnews.go.com. US-Soldaten eröffneten das Feuer auf Steine werfende Demonstranten in Bagdad, wobei zwei Iraker getötet wurden.

~~dams~~ (huch!) Bremers Palast (ist es nicht seltsam, wie geballte Macht sich von denselben Orten angezogen fühlt?) eine Menschenmenge versammelt. Wenn man sich an diesem Morgen dem Eingang des Palasts mit einem Auto genähert hätte, das nur annähernd so aussah, als könnten Journalisten drinsitzen, hätten die Leute sich darauf gestürzt und mit Schuhen auf die Windschutzscheibe gedroschen. An jenem Tag reagierten die Leute ziemlich empfindlich auf alles, was mit den Medien zu tun hatte:

> **AP[+]-Fotograf Victor Caivano sagte, die Demonstranten hätten die Soldaten und die Journalisten mit Steinen beworfen, so dass sie sich zurückziehen mussten.[++]**

Ein irakischer Kameramann, der für Reuters arbeitet (wenn ich mich nicht irre), wurde schwer am Kopf getroffen und musste von den amerikanischen Soldaten in Sicherheit gebracht werden. Die Situation schaukelte sich immer mehr hoch. Als ich dort eintraf, war bereits geschossen worden, und mehrere Demonstranten hatten Blut auf den T-Shirts. Immerhin, die Menge begann sich aufzulösen. Die meisten Leute hatten sich bereits verzogen, als von einem näher rückenden Konvoi aus Warnschüsse in die Luft abgegeben wurden – von da an war alles schief gelaufen. Journalisten und US-Soldaten wurden mit Steinen beworfen, irgendjemand im Militärkonvoi richtete sein Gewehr auf die Menge, vier Schüsse fielen, zwei Iraker wurden getötet (sie wurden von amerikanischen Soldaten ins Gebäude gebracht und starben kurz darauf), zwei wurden verletzt, ein Iraker wurde verhaftet.

Ich bin davon überzeugt, dass die Entscheidung zu schießen falsch war. Sie hatten bereits Warnschüsse abgegeben, warum also auf die Leute feuern? Die Menschen waren ohnehin schon fürchterlich aufgebracht, und nach den Schüssen wurden sie erst recht wütend. Das spricht nicht gerade für die Fähigkeit der Amerikaner, mit Menschenmassen umzugehen oder sie unter Kontrolle zu bringen. Bremer, dem mittlerweile klar geworden war, dass die Situation mit den arbeitslosen Militärs einen kritischen Punkt erreicht hatte (es ist immer schlecht, wenn

---

[+] Associated Press.

[++] »US Troops Wound 2 Iraqis During Protest« (US-Soldaten verwunden zwei Iraker bei Demonstration) von Arthur Max am 18. Juni 2003 (www.guardian.co.uk).

militärisch ausgebildete Leute einen zum Feind ausersehen), will den ehemaligen Soldaten einen geringen Sold zahlen (dagegen habe ich nichts einzuwenden) und eine kleine Armee von etwa 40 000 Mann aufstellen. (Brauchen wir deswegen gleich eine Armee? Es reicht doch, wenn ein paar Soldaten in hübschen Uniformen am Tag der Befreiung eine Parade veranstalten.)

Seit diesem Ereignis ging es rapide bergab. Die »Koalitionstruppen« fühlen sich nicht sicher, und wir fühlen uns auch nicht sicher. Man sieht das Misstrauen in ihren Augen und an der Art, wie sie diese schweren Gewehre auf einen richten, sobald man sich einem Kontrollpunkt nähert. Und falls ihr jemals neben einem Konvoi herfahrt, schaut bloß nicht aus dem Fenster – ihr habt sofort die Waffe im Gesicht, und zwar genau zwischen den Augen.

In einigen Gegenden ist die Situation noch etwas entspannter, US-Soldaten plaudern mit den Leuten, lassen Kinder auf ihren Panzern mitfahren oder kaufen sich halbe Hähnchen an einem Imbiss. Nervös sind sie vor allem dann, wenn sie ihre Position verändern oder Kontrollpunkte absichern. Ich kann es ihnen nicht verübeln, möchte auch nicht in ihrer Haut stecken. Aber ich hatte gehofft, dass der Tag, an dem sie in Zivilkleidung durch Bagdad spazieren, über unsere Märkte schlendern und sich unter die Leute mischen, eher kommen würde.

Ich hatte in den vergangenen Tagen Gelegenheit, ein paar Stützpunkte der US-Armee zu besuchen und mit einigen Leuten dort zu reden. Den meisten Spaß hatte ich in einem Lager im Süden von Bagdad, wo zu meiner großen Überraschung ein Soldat mit einer Cola in der Hand auf mich zukam und sagte: *»Schlonek?«* (»Wie geht's?« im irakischen Dialekt). Es stellte sich heraus, dass er im Irak geboren und 1985 nach Amerika ausgewandert war. Er war zum ersten Mal wieder in Bagdad und arbeitet als Dolmetscher und Übersetzer bei der US-Armee. Er wusste nicht so recht, ob er sich darüber freuen sollte, wieder hier zu sein. War wohl nicht gerade ein warmherziger Empfang – vor allem während der letzten Wochen, in denen er die Soldaten dauernd bei den Hausdurchsuchungen begleiten musste.

Erinnert ihr euch noch an den Mann, von dem G. euch erzählt hat, den Dolmetscher? Das war derselbe Typ! Das habe ich aber erst erfahren, als ich G. von meiner Begegnung mit ihm berichtet habe. Der Kerl ist wirklich sehr sympathisch und lustig. Schade, dass er so viel einstecken musste, weil er den »Invasoren« hilft.

:: salam 1:42h ::

Der reine Wahnsinn in der Stadt. Ich kann mir keinen anderen Ort vorstellen, an dem so viel explosives Metall im Umlauf ist. Die neueste Geschichte von der Sorte, wie sie sich zurzeit nur in Bagdad ereignen kann, ist eine Explosion in der Karadah-Straße, in der Nähe der Hauptstraße.

Ein Fotograf geht die Straße entlang und sieht einen Mann auf dem Boden liegen, der von oben bis unten mit Blut überströmt ist und dem ein Bein fehlt. Keiner wagt sich in die Nähe des Verwundeten. Der Mann hatte eine Handgranate in der Hosentasche, dieser Idiot. Und irgendwie ist sie losgegangen – peng! –, Bein ade. In Sichtweite stehen einige Leute, die sich ziemlich nervös umsehen.

Keiner traut sich, einem zu sagen, was los ist. Bis man einen freundlichen Ladenbesitzer findet, der alle Leute kennt. Er erzählt, die eigentliche Explosion habe sich in einem Teeladen ein Stück weit die Straße runter ereignet, wo alle möglichen zwielichtige Gestalten verkehren. Die Handgranate des Mannes sei in dem Teeladen hochgegangen, aber seine »Freunde« seien dermaßen darauf bedacht gewesen, dass bloß niemand in den Teeladen kommt und rumschnüffelt und Gott weiß was entdeckt, dass sie in aller Eile alles sauber gemacht, den Kerl ans andere Ende der Straße geschleppt und dort abgeladen haben.

Warum der Typ überhaupt eine Handgranate in der Hosentasche hatte? Tja, das kann alle möglichen Gründe haben. Ich glaube nicht, dass er ein Fedajin ist, wie dieser Taxifahrer, dem ich vor ein paar Tagen begegnet bin. Eine Handgranate ist einfach die beliebteste Waffe für Raubüberfälle – einem Mann mit einer Handgranate schlägt man so leicht nichts ab, oder?

:: salam 6:56h ::

Samstag, 28. Juni 2003

Werde für ein paar Tage in Basra sein. Kein Blog. Keine E-Mails. Seht euch in der Zwischenzeit mal G.s photolog an.+

:: salam 8:36h ::

+ geeinbaghdad.fotopages.vom.

> Danksagung und Blogroll

Mein Dank gilt der ganzen Blog-Community. Eure Unterstützung war einfach wunderbar! Thanx an alle, die gelesen, Links gesetzt oder Hilfe angeboten haben. Diana Moon du bist ein Rockstar! Danke!

Raïd and Ghaith, ich bin der glücklichste Mensch der Welt, weil ihr meine Freunde seid.

Danke auch meinen Eltern; ich werde euch nie vergessen, dass ihr mir verschlossene Türen geöffnet habt.

Blogroll

(Lest sie einfach!)

Diana Moon at [Letter From Gotham]

gotham.madhoo.com/

The Legendary Monkey at [Sudden Nothing]

vaspider.surreally.net/suddennothing/

Peter at T[he Pandavox]

pandavox.blogspot.com/

Jim Henley at [Unqualified Offerings]

highclearing.com/

Kashei at [Spot On]

kashei.blogspot.com/

Kathy K. and MommaBear at [On The Third Hand]

www.site-essential.com/

Al Barger at [The Culpepper Log]

www.morethings.com/log/